한국의 신모신화

김준기

동국대학교 국어국문과를 졸업하고, 경희대학교 대학원에서 구비문학을 전공하여 문학 석사와 박사 학위를 취득하였다.

그간 대학에서 신화와 민속학을 연구하고 강의해 왔고, 경희대 민속학연구소의 전임연구원, 학술연구교수로 근무하는 동안 마을조사를 다니며 민속에 대한 안목을 넓히기도 하였다. 저자가 전국적인 답사를 통해 수집하거나 채록한 자료들은 신화를 살아있는 민속현상으로 다루는 이 저작에서도 빛을 발하고 있다.

주요 논문으로는 「서사무가의 형식적 특징」·「한국문화의 원본사고」 등이 있고, 저서로는 『서사무가 당금애기 전집』 1, 2권(공저)과 『남한강 수운의 전통』(공저)·『남한강과 문학』(공저) 등이 있다.

서강학술총서
084

한국의 신모신화

김준기 지음

서강대학교출판부

서강학술총서 084

한국의 신모신화

초판 발행 | 2016년 4월 27일
지 은 이 | 김준기
발 행 인 | 유기풍
편 집 인 | 우찬제
발 행 처 | 서강대학교출판부
등록번호 | 1978년 9월 28일 제313-2002-170호

주 소 | 서울특별시 마포구 백범로 35번지
전 화 | (02) 705-8212
팩 스 | (02) 705-8612

ISBN 978-89-7273-308-9 94810
ISBN 978-89-7273-139-9(세트)

값 20,000원

* '서강학술총서'는 SK SUPEX 기금의 후원으로 제작됩니다.

잃어버린 신모를 찾아서

마리아 관음상이라고 불리는 소상(塑像)이 있다. 손바닥 만한 크기에 배모양[舟形]의 광배를 두른 이 소상에는 자애로운 표정의 신모(神母)가 의연히 앉아있고, 그녀의 품에는 손가락을 입에 물고 있는 앙증맞은 아기가 안겨져 있는 모습이 양각되어 있다. 이 소상을 소장하고 있는 박물관[1] 측의 설명으로는 성모 마리아가 아기 예수를 안고 있는 모습이라고 한다. 그런데 아무리 보아도 성모의 생김새는 성모 마리아보다는 관음보살을 닮았다. 그래서 이 소상을 마리아 관음상이라 부르는 것이다. 소상의 형태는 틀림없는 불상이지만, 이것을 불상으로 볼 수 없는 이유 중 하나는 관음보살이 아이를 안고 있을 리 없기 때문이라고 한다.

1956년 경주에서 출토되었다는 이 마리아 관음상에 대하여 박물관 도록에는 '경교(景敎)와 불교의 교류 및 경교의 한반도 유입을 보여주는 중

1 숭실대학교 기독교 박물관 소장.

요 유물'이라고 설명되어 있다. A. D. 7세기경 고대 동방기독교가 당나라에 전파되어 경교라는 이름으로 유행한 바 있으므로, 불교와 융합한 형태의 경교가 한반도에도 유입되었을 개연성은 다분하다.[2] 그렇다고 해도 이러한 추정으로 이 소상이 주는 의문점이 다 해결되는 것은 아니다. 경교의 바탕이 되는 네스토리우스교(Nestorianism)는 마리아의 성모설을 부정하는 종파이기 때문이다.

마리아 관음상 (출처: 숭실대 기독교 박물관)

2 최상한, 『불국사에서 만난 예수』, 돌베개, 2012.

아무튼 이 소상이 언제 어디서 만들어졌는지 현재로서는 확인할 길이 없지만, 경주에서 발굴되었다는 사실은 결코 우연이 아닌 듯하다. 신라에서는 신모에 대한 이미지가 친근한 이미지였다. 당시의 경주에는 남편 없이 잉태하여 혁거세를 낳았다는 선도산 신모의 이야기가 그녀에 대한 신앙과 더불어 널리 유포되어 있었다. 이 사실은 『삼국유사』의 '선도산 성모가 불사를 좋아하다'라는 조항이 증언해 준다.[3] 신모에 대한 신앙은 전 세계적으로 유포되어 있는 보편적 신앙이므로 어느 나라를 가든지 마주칠 수 있듯이 우리의 경우도 예외는 아니다. 고구려는 국중대회인 동맹에서 유화와 주몽을 국가의 신으로 섬겼는데, 유화는 주몽을 낳은 신모의 자격으로 추앙되었다. 또한 우리나라에서도 고대부터 신모상이 존재했다. 고구려에서 유화의 신상을 모셨다는 사실을 『삼국사기』의 기록을 통해 확인할 수 있다.

마리아 관음상이 7~8세기경 통일신라 때의 유물인지 아닌지, 국외에서 수입된 것인지 아닌지 등의 궁금증은 시원스레 해소할 수 없을 듯하다. 그렇다 하더라도 이 소상을 간직하고 바라보았던 고대 한국인들의 마음에는 전통적인 신모에 대한 신앙이 깃들어 있었음이 분명하다. 우리 민족에게 신모신앙은 외래에서 전파되어 온 것이 아니라 고유의 것이었고, 시대를 초월하여 이어져 온 민간신앙이었다.

그런데 우리는 왜 신모에 대한 고유의 신앙을 낯설게 느낄 정도로 잊어버리고 만 것일까? 이 의문은 외래종교의 도입과 제도적 수용에 따른 이념의 변화로 말미암아 겪은 신모의 수난사를 통해 답을 구할 수 있다.

지리산 중산리에 위치한 천왕사에는 커다란 바위를 깎아 만든 좌대

---

3 일연, 『삼국유사』, 선도산성모수희불사조.

위에 소박한 아낙네를 연상시키는 여성의 석상이 모셔져 있다. 불상처럼 보이지만 불상은 전혀 아니다. 기도를 하는 듯 두 손을 모으고 다소곳이 앉아있는 높이 1미터 정도의 아담한 여신상은 군데군데 파손되었다가 복구된 흔적이 남아 있다. 이 상흔들은 여신상이 오랜 세월동안 신앙의 대상이 되어 온 동시에 박해의 대상도 되어 왔음을 여실히 보여준다.

지리산 신모상(경남 산청군 시천면 중산리 천왕사) 2002. 5. 30.

이 여신상은 바로 지리산 천왕봉 정상에 모셔져 있다가 그간 행방불명이 되었다던 지리산 신모의 석상이다. 물론 이 석상이 언제 만들어진 것인지는 정확하게 고증할 길이 없지만, 지리산 신모상에 대한 기록을 들추어보면 그 파란만장한 역사를 가늠할 수 있다.

성모의 사당은 삼간이라 하며, 엄천리 사람이 고쳐지었는데 판자집 밑에 못을 매우 든든하게 쳤다고 한다. 만약 이렇게 하지 않으면 바람에 흔들리기 때문이다. 두 중은 벽에 그림을 그려 붙였다. 성모는 석상으로 만들었는데, 눈·눈썹·머리털 등이 완연하며 분을 발랐다.[4]

김종직의 『두류산록』에 실린 지리산 신모의 석상에 대한 기록이다. 지리산은 고대로부터 산신신앙의 중심지였다. 지리산은 신라시대 산신에게 제사지내던 삼산오악 중 하나였고, 노고단(老姑壇)이란 지명에도 지리산의 산신이 여성이며, 이 여산신에게 올리는 제사가 오랜 기간 동안 거행되었다는 사실이 스며들어 있다.

> 옛적에 개국조사 도선이 지리산조 성모천왕에게 은밀히 부탁하기를 만일 삼암사(선암사, 운암사, 용암사)를 창건하면 삼한이 통일된다고 했다. 성모는 곧 지리산 산신을 가리킨다.[5]

고려 때 용암사의 중창기에 전하는 기록은 지리산 신모가 성모천왕으로 불렸으며, 그녀에 대한 신앙이 고대까지 소급될 수 있음을 뒷받침한다. 더구나 도선이 지리산 신모에게 삼한의 통일을 위해 절을 짓게 부탁했다는 대목은 그녀가 지리산의 신모일 뿐만이 아니라 국가적인 여신으로서의 위상도 가지고 있었음을 말해 준다.

물론 삼국이 고대국가 체제를 갖출 무렵에 불교가 공인되면서 고유의 신앙이었던 무속은 상당한 정도의 타격을 입었다. 하지만 불교 또한 무속과의 대결에서 유리할 수만은 없었던지 무불(巫佛)의 습합을 통하여 마찰을 극복하려 했다. 인용문의 성모천왕과 도선의 관계는 이러한 상황을

4 김종직, 『점필제집』, 두류산록.

5 이능화, 이재곤 역주, 『조선무속고』, 백록출판사, 1983, 233쪽.

반영한 것이다.

> 태조 강헌대왕이 인월역에서 왜구를 격파했는데 나머지 왜인들이 산에 올라 신이 자기들을 돕지 않았다하여 신상을 찍어 버렸다고 한다.[6]

정말 왜구에 의해 이때 신모상의 이마에 칼자국이 생겼는지가 중요한 것은 아니다. 위의 기록에서 눈여겨보아야 할 사항은 신모의 힘을 빌려 이성계가 왜구를 토벌할 수 있었다는 민간층의 믿음이다. 이렇듯 지리산 신모는 국가의 수호신으로서 받들어지기도 했었다.

하지만 유교적 이념이 확고히 자리를 잡으며 무속은 탄압을 받게 되고 지리산 신모 또한 예외일 수 없었다.

> 천연선사는 의기가 많아 선비들과 자주 접촉했다. 그는 지리산 천왕봉의 석상을 성황신이라 칭하여 원근의 무당들이 모두 존경해 받들었으며 백성들도 생업을 전폐하고까지 석상을 받들었다는 말을 들었다. 천연은 단독으로 그 석상을 파쇄해 버렸다. 이로부터 모든 무당들은 기에 눌려 다시는 백성들을 속이지 못했다고 한다.[7]

위의 기록에는 지리산 신모에게 가해진 핍박이 잘 나타나 있다. 조선시대 사대부계층의 눈에는 무속신앙이 세상을 현혹하는 부정한 제사로 비쳐졌다. 천연선사가 무당들이 섬기던 신모상을 파괴한 행위는 이제 무불혼합의 유대감이 깨졌다는 사실을 말해 주고, 사대부들은 이러한 이이제이(以夷制夷)의 이야기를 통쾌히 여겼을 것이다. 하지만 『진양구지』에는

---

6 김선신, 『두류지』

7 유몽인, 『어우야담』

'그 뒤 어리석은 백성들이 다시 신상을 만들어 부정한 제사를 계속했다.'[8]고 적혀 있으므로 시대적 이념이 민간신앙까지 봉쇄하기에는 역부족이었다는 것을 증명해 준다.

일제강점기에 우리의 민간신앙은 타도해야 할 전근대적인 미신에 불과하다고 오도되었다. 조국의 근대화를 부르짖은 해방 이후의 사회적 상황도 이와 다를 바가 없었다. 이 와중에 지리산 신모의 사당은 유실되고, 신모상도 사라져 버리고 말았다.

지리산 신모의 석상은 그 후 우여곡절 끝에 조각난 채로 발견되었고, 현재는 복원되어 천왕사에 모셔졌다. 한동안 잃어버린 신모상을 애타게 찾던 천왕사 주지스님의 꿈에 지리산 신모가 현현(顯現)하여 발견할 수 있었다[9]는 또 하나의 전설을 잉태하면서 지리산 신모상은 천왕봉에서 내려와 지금의 자리에 좌정한 것이다.

지리산 신모상은 우리 고대사회에 위대한 어머니로 이야기되던 고유의 신모가 존재했다는 사실을 증명해 주는 동시에 그녀를 기리는 마음이 담겨 있는 신모상이 실재했었다는 구체적 증거다. 그렇다면 신라에도 선도산 성모상이 존재했을 개연성이 크다. 경주 지역에 산재해 있는 불상의 상호에는 선도산 성모의 얼굴이 반영되어 있고, 그 얼굴은 마리아 성모상과 크게 다르지 않았을 듯하다.

신라인들에게는 분명히 마리아 관음상이 지금의 우리처럼 생소하지는 않았을 것이다. 만약 신라인들에게 마리아 관음상을 보여 주며 "이 여인은 누구요?"라고 물어보면 선도산 신모라고 대답하고, "그러면 이 아이는 누구요?"라고 물어보면 그녀가 낳은 혁거세왕이라고 대답했을지도 모른다.

---

8 이능화, 이재곤 역주, 『조선무속고』, 236쪽.

9 장종인, 「지리산굿당」, 『굿』 제14호, 굿연구소, 2000, 37~38쪽.

하지만 현재 지리산 신모나 선도산 신모를 기억하는 사람들은 그리 많지 않다. 신모는 시대적 이념과 외래 종교의 탄압을 끊임없이 받아왔다. 이러한 시련 속에서 그녀의 잦아드는 생명을 붙들었던 힘은 민간층의 신모를 향한 신앙과 이야기였다. 그러나 지금은 우리의 무관심 속에서 대다수의 신모들이 역사의 흐름에 떠밀려 기억의 저편으로 사라져 버렸다. 이 신모들을 찾아서 지리산의 신모상처럼 되돌려 놓을 수는 없을까?

이러한 이유에서 우리가 한동안 잊고 지내던 고유의 신모와 그녀에 관한 이야기들을 찾아볼 필요가 있다는 생각을 갖게 되었다. 쉬운 작업은 아니겠지만 문헌자료나 구비전승에 남아있는 신모의 자취를 따라 가보면 길이 보일 수 있다. 그 길에서 우리는 잃어버렸던 수많은 신모와 재회하여 그녀에 대한 이야기를 들을 수 있고, 신모가 결코 우리 곁을 떠나지 않고 항상 지키고 있었음을 깨닫게 될 것이다.

2016년

김준기

**

지난겨울은 유난히 추웠지만, 신모와 함께한 시간은 행복했다. 사랑하는 가족들에 대한 미안한 마음도 겨우내 나를 컴퓨터 자판에 붙들어 놓은 일등공신임은 물론이다. 이 책자를 세상에 선보일 수 있도록 도움 주신 서강학술총서 기획위원회와 서강대학교출판부에 감사의 말씀을 올린다.

목 차

제 5 장 무조신화를 통해 본 신모신화

제 6 장 신모계 전승과 변화하는 신모

제 7 장 신모신화의 문학적 수용 양상

제1장

위대한 어머니 신모

제1장
위대한 어머니 신모

1. 신모와 신모신화의 개념

문헌설화나 구전되는 이야기에는 신령스러운 여성들이 자주 등장한다. 이 여성들 중에는 종래 대모(大母), 신모(神母), 성모(聖母) 등으로 불리던 여신들이 있다. 모든 여신에게 이런 호칭이 붙는 것은 아니므로 일반적인 여신들과 다른 개념을 지닌 듯하다. 단어마다 공통적으로 들어가는 '어미 모(母)'라는 글자가 우연히 붙었을 까닭도 없다. 그렇다면 그녀들은 위대한 어머니, 신령스러운 어머니, 성스러운 어머니라는 모성을 지닌 존재로 오랜 기간에 걸쳐 사람들에게 신앙의 대상이 되었던 여신들인 것이다.

이 글에서는 이러한 어머니 여신을 조명해 보려고 한다. 다양한 명칭을 혼용하는 것은 혼란을 줄 수 있으므로, '신모'로 용어를 통일하겠다. 학술적으로 통용되는 호칭이 신모이기도 하지만, 대모나 성모보다는 신모가 신이라는 자격을 명시해 주는 장점이 있기 때문이기도 하다.

신모신화는 신모에 관한 유래담이다. 즉 신모가 본래 어떤 여인이고, 무슨 신이한 행적을 남겼고, 어떻게 신모로 숭앙받게 되었는지를 설명하는 이야기다. 간혹 전승 과정에서 이야기가 유실되기도 하고, 그녀의 후대 공덕담이나 부수적 삽화들이 첨가되는 등 다양한 변이를 일으키기도 하지만, 신모신화의 본령이 그녀의 유래담이란 사실은 변하지 않는다. 따라서 신모에 대한 연구는 신모신화를 중심으로 이루어질 수밖에 없다.

그런데 자료들을 검토하다 보면 내용은 확실히 신모신화인데, 장르가 전혀 다르거나 세속적인 모습으로 변질돼서 신화라고 볼 수 없는 작품들과 마주친다. 이런 자료들은 신모계 전승으로 통칭하고 필요할 경우에는 해당 장르명을 표기하도록 하겠다. 구태여 전승이라는 두루뭉술한 개념어를 사용하는 이유는 신화, 전설, 민담 중 어느 하나로 확정하기에는 경계가 모호한 작품들이 많아서 혼란을 가중시킬 수 있고, 서사구조를 갖추지 못한 신앙적 진술도 있으므로 이러한 범주까지 포괄할 수 있는 용어가 필요했기 때문이다.

신모신화에 대한 연구는 학계에서 적지 않게 이루어졌고, 소기의 성과를 거두고 있기는 하다. 하지만 거인여성신화나 무조신화 등 몇몇 작품에 편중된 경향이 있어서 신모신화의 총체적 면모를 드러내기에는 아직 갈 길이 멀다고 본다. 기실 신모신화의 정체성에 대한 규명은 차치하고라도, 지금껏 신모에 대해서 명확한 개념 규정도 없는 실정이다. 부디 이 글이 신모에 대한 관심을 유발하고 신모신화의 연구가 진일보하는 데 도움이 되었으면 하는 바람이다.

일단 신모의 개념부터 되짚고 넘어가자. 신모는 여신과 동일한 의미가 아니라는 것을 명시해 둔다. 여신이 여성 신격의 일반적인 명칭이라면 신모는 그중 모성을 간직한 여신으로 범위를 한정한 개념이다. 즉 신모는 신이한 행적을 통하여 위대한 어머니의 자격을 획득하고 신앙의 대상이 된 여신이다. 하지만 신이한 행적이라는 설명도 애매모호한 측면이 있으므로 좀 더 명료하게 신모에 대한 범위를 규정해 보자. 신화에 나타나는 신모의 역할과 자격을 감안하면 다음과 같은 세 가지 조건으로 신모를 특징지을 수 있다.

(1) 자신의 신성한 행위에 의하여 신모가 되는 경우
(2) 신의 배우자로서 신모가 되는 경우
(3) 신이나 영웅의 어머니로서 신모가 되는 경우

신모는 위의 세 가지 조건 중 한 가지 이상의 자격을 갖추고 있다. 두 가지나 세 가지 자격을 두루 갖춘 신모도 있다는 뜻이다. 신모가 위와 같은 조건을 갖추게 된 경위나 이를 바탕으로 형성된 신화는 제각기 다른 시대적, 사회적 배경을 가지고 있다. 그래서 인류의 역사가 발전함에 따라 변화하는 신모의 관념과 이 관념의 형상화인 신모신화의 유형들에 대한 견해를 미리 제시할 필요를 느낀다. 이 견해는 현 상태에서는 가설에 불과할 수 있지만 본격적인 논의를 진행하는 동안 검증을 거치며 수정, 보완해 나갈 것이다. 유감스럽게도 우리의 신모들은 정체성이 규명된 사례가 많지 않아서 현 단계에서는 불가피하게 국외의 사례를 다소 언급할 수밖에 없는 점은 양해를 구한다.

첫 번째의 신모는 배우자나 자식들과 상관없이 자신의 신성한 행위에 의해 신격을 획득한다. 이 경우의 신모는 지모숭배 관념에서 비롯된 여신이다. 지모(地母)는 대지와 여성이 공유하는 생산력과 풍요로움의 이미지가 합치되면서 생겨난 신격이다. 'Great Mother', 'Mother Goddess'라는 용어에서도 알 수 있듯이 지모에게는 보편적으로 어머니의 의미가 강조된다. 지금 산 이름에 남아 있는 재래의 대모(大母)라는 명칭이 이와 유사한데, 여산신 역시 지모의 후대 모습이므로 같은 관념에서 유래된 명칭이라고 본다.

그리스 신화의 가이아는 대표적인 지모로 가장 원초적인 신모의 모습을 지니고 있다. 그녀는 천신 우라노스보다 앞서 존재하는 세상의 창조주이자 모든 신들의 근원이다. 그녀는 대지 그 자체이므로 '대지의 어머니'가 아니라 '어머니로서의 대지'다. 지모는 만물을 생명체로 보는 애니마티즘(animatism)의 관념을 배경으로 출발하여 대지를 신으로 인식하다가 점차 인격화된 신으로 발전하는 변모과정을 보여준다.[1] 이 단계의 여신으로 수메르신화의 티아마트나 켈트신화의 다누를 들 수 있다. 그녀들의 주검에서 대지가 형성되는데, 유방이나 유두가 산과 언덕으로 변한다. 인격신이 죽어서 대지로 변한다는 순서를 취하지만, 사실은 대지로 이야기되던 그녀들이 인격신으로 진화한 이후에도 전대의 신화가 여전히 남아서 전승되었기 때문에 여신을 죽음으로 몰아가면서까지 그녀의 사체에서 대지가 생겼다는 식으로 논리화를 시도했을 것이다. 다누의 경우는 좀 더 흥미로운 사례를 발견할 수 있다. 그녀가 앞치마에 돌을 담아 도로를 만들다가 앞치마가 찢어져 돌을 떨어뜨리는 바람에 거석 유구가 생긴다.[2] 왠지 우리의 마고할미를 아일랜드에서 보는 듯해서 반갑기도 하다. 다누나 마고할미는 대지가 인격화하는 과정에서 거인여성신이 등장했다는 정황을 시사해 준다. 현재 남아있는 이야기를 검토해 볼 때 이 단계의 신모신화는 단순한 관념의 형상화에 지나지 않으므로 완전한 서사구조를 갖춘 이야기로 발전하지는 못했던 듯하다.

두 번째, 신의 배우자로서 신모가 되는 경우는 고대 풍요굿에서 행해

1 타일러(E. B. Tylor)는 종교의 발달단계를 만물을 생명체로 보는 애니마티즘(Animatism), 정령숭배인 애니미즘(Animism), 인격신 숭배인 시이즘(Theism)으로 구분하고 있다. 김태곤·김진영·최운식, 『한국의 신화』, 시인사, 1988. 18쪽.

2 다케루베 노부아키, 박수정 옮김, 『켈트, 북구의 신들』, 도서출판 들녘, 2010. 55쪽.

졌던 신들의 결혼인 신성혼(神聖婚, Hierogamy)을 기반으로 한다. 이때의 신모는 천신의 선택을 받았기 때문에 신앙의 대상이 되므로 신모의 위상이 천신보다 낮아진다. 모계 사회를 지나 부계 사회가 확고하게 자리를 잡으면서 신앙체계도 천신숭배 중심으로 변화한 것이다. 그렇다고 신모가 지녔던 위대한 어머니로서의 자격이 손상되지는 않는다. 천신과 결합하는 신모도 천부지모(天父地母)의 관념에서 세상의 어머니이기는 마찬가지다. 그야말로 하늘 아버지, 땅 어머니의 신화가 발생한 것이다.

천신 우라노스를 낳았던 가이아는 우라노스의 배우자가 된 이후로는 더 이상 신화에서 독자적인 위상을 견지하지 못한다. 페니키아와 수리아에서 풍요의 여신으로 숭배하던 아세라도 바알의 어머니라는 설과 아내라는 설이 공존한다. 이는 지모로 숭앙하던 신모가 후에 천신의 배우자인 신모로 변이되어 갔다는 사실을 귀띔해 준다. 바알과 아세라의 제의는 문란한 성적 요소를 내포하고 있었다고 하므로, 이 제의가 신성혼을 중심으로 하는 풍요제였음을 짐작할 수 있다.

무녀의 기원을 밝히는 무조신화(巫祖神話)도 신성혼 관념을 바탕으로 하는 신모신화의 대표적 유형이다. 무조신화는 인간 여성이 천신과 결혼함으로써 신모의 자격을 획득하는 과정이 중심 내용을 이룬다. 무당은 고대 종교에서 고귀한 존재였지만, 그 고귀함은 자체의 신성성이 아니라 그녀가 신과 인간을 중재할 수 있는 능력을 갖추었기 때문에 주어진다. 그리스 신화의 푸쉬케는 에로스의 아내가 되어 신의 세계에 편입하고, 당금애기 역시 천신과의 결합을 통해 신모로 좌정한다.

세 번째는 신모가 신이나 영웅을 출산하는 어머니로서 등장한다. 첫 번째의 경우가 세상의 창조주인 신모에게 초점을 맞추고 있다면, 세 번째의 경우는 그녀가 낳은 자식에게 초점이 이동된다. 그녀가 낳은 자식이 신, 문화영웅, 종족이나 국가의 시조로 숭배를 받는 주체인 것이다. 세 번째에 해당하는 신모는 이미 첫 번째나 두 번째의 과정을 거친 신앙의 대상이었지만, 그녀가 아이를 낳는 순간부터 신모의 신격은 빛을 잃는다. 신모가 자식에게 자신의 위상을 물려 주는 신화의 세대교체가 일어나는 셈이다. 그리스 신화에서 티탄신족의 여신인 레토는 자체 신격을 갖춘 여신이었을 테지만, 아폴론과 아르테미스 쌍둥이 남매를 낳은 후부터는 그들의 어머니로 기억될 뿐이다. 이러한 현상 때문에 세 번째의 신모신화는 독립적인 이야기라기보다는 신이나 영웅의 탄생담에 들어가는 삽화의 성격을 띤다.

이주족이 선주족을 정복하면서 성립한 고대 부족국가에서는 두 종족을 원활히 연합시키기 위한 수단으로써 신모신화를 활용했다. 이주족은 이동세력의 속성상 천신족을 자처했고, 선주족은 토착세력의 속성상 지신족으로 남았다.[3] 그러나 두 종족의 완전한 융합은 천신과 지신 사이에서 태어난 자식에 의해 달성된다. 그가 통합종족의 새로운 시조인 건국주의 자리에 오르는 것이다. 고조선이나 부여계 건국신화들에 수용된 웅녀나 유화의 신화가 대표적 사례다. 그녀들은 전대부터 신모로 숭앙받던 대상이었지만, 건국신화에 차용되면서 단군과 주몽의 어머니로만 인식된다.

지금까지 신화에 등장하는 여신들 중 신모에 해당하는 조건을 세 가지로 구분하여 제시하고, 아울러 각 신모의 특성을 반영하며 전개되었을 신모신화의 개략적 유형들에 대해 살펴보았다. 다소 성급한 단정일 수 있지만, 나름의 소견을 제시하는 동안 이 글에서 살펴볼 신모가 어떤 성격의 여신이고, 신모신화가 어떤 유형의 이야기인지에 대해서는 대체적

3 우리 민족의 계통은 선주민인 고아시아족과 새로운 이주민인 알타이족이었다고 하므로 「단군신화」에는 위와 같은 역사적 상황이 반영되어 있을 것이다.
김정배, 『한국민족문화의 기원』, 고려대출판부, 1974. 171~179쪽.

인 윤곽이 잡혔을 것이다.

인류의 역사가 변천함에 따라 신모에 투영되는 관념도 달라졌고, 신모신화도 새로운 시대상과 사회상을 반영하면서 다양하고 복잡한 유형으로 발전했다. 더욱이 현재 우리가 접할 수 있는 신모신화들은 거의 단일 유형이 아니라 복합 유형이고, 서로 다른 시대적 층위의 이야기들이 뒤엉켜 있는 작품이 대부분이다. 하지만 이러한 복잡다기함 속에서도 변하지 않는 공통분모는 신모가 위대한 어머니이고, 신모신화에는 그녀에게 기대하는 사람들의 소망이 깃들어 있다는 점이다.

2. 연구 과제 및 방법

일반적으로 신화라고 하면 문헌에 기록된 고대 건국신화를 떠올리지만, 신화는 결코 그러한 범주에 한정되지 않는다. 건국신화 외에도, 성씨의 시조신화인 씨족신화와 지역의 수호신인 산신과 서낭신화, 그리고 무속신의 본풀이인 서사무가 등을 신화의 범주에 포함시켜야 한다. 이 확장된 범주의 신화들을 총체적으로 다룰 때 비로소 우리 신화가 지니고 있는 특징이나 제반 현상을 올바르게 인식할 수 있다.

이 글의 주된 목적은 우리 신화에 등장하는 신모의 정체성을 규명하고, 신모신화가 나타내고자 하는 상징의미를 밝히는 데 있다. 하지만 신모신화는 후대 문학에 지대한 영향을 미치며 현재까지 이어지므로, 사적 전개양상에 대해서도 거론하지 않을 수 없다. 다양한 범주의 신화를 연구대상에 포함시키고, 후대 문학으로 이어지는 영향수수관계까지 다루다 보면 길을 잃기 십상이다. 따라서 연구에 정확성을 기하고 의미 있는 결과를 도출하기 위해서 목적지에 이르는 동안 경유해야 할 지점마다 이정표를 세워 두는 것이 바람직하다. 이 연구의 이정표가 될 세부적 과제들을 다음과 같이 설정한다.

첫 번째 과제는 고대 건국신화에 나타난 원신화(原神話)[4]로서의 신모신화의 모습을 찾아내는 작업이다. 고대는 역사와 신화가 마주치는 지점이므로 실존 영웅을 신화의 주인공으로 포장하는 데 열중했다. 고대 건국신화가 무에서 유를 창조하는 식으로 신화를 새롭게 창조했을 리는 없고, 당연히 전대에 이야기되던 원신화에서 신성원리를 차용하였을 것이다. 그렇다면 건국신화에 등장하는 국조의 탄생담이나 결혼담은 전시대에 전승되던 신모신화의 영향을 받아 형성되었을 가능성이 높다. 이러한 관점에서 고대 건국신화를 분석하여 작품에 수용된 신모신화를 찾아내고 그 면모를 밝히는 연구가 필요하다.

두 번째 과제는 고대의 여산신신화가 건국신화로 역변이를 일으키는 현상을 검토하는 작업이다. 문헌에 기록된 「선도산신모신화」나 「가야산신모신화」는 고대 산신신화인데, 각각 혁거세와 김수로의 탄생담으로도 이야기되었다. 본래 산신이었던 그녀들이 후대에 무슨 연유에서인지 기존의 건국신화와 무관하게 국조의 어머니로서 숭앙을 받는 것이다. 산신신화가 건국신화로 변이되는 과정을 밝히는 연구는 그 자체로서도 의미가 있지만, 첫 번째 과제에서 제기되었던 원신화로서의 신모신화가 건국신화에 수용되는 과정을 구체적인 자료를 통하여 검증하는 일이기도 하다.

세 번째 과제는 중세 건국신화에 수용된 신모신화가 어떤 모습으로 변화되었는지를 살펴보는 작업이다. 후백제의 「견훤설화」나 「고려세계」

4 이 글에서 사용하는 원신화는 고대 건국신화 이전에 성립된 자연발생적 신화를 지칭한다.

에 실린 왕건의 선대에 대한 전승 중에는 세속화되었다고는 하지만 신모신화의 후대형임이 분명한 이야기가 포함되어 있다. 이는 중세에도 신모신화가 여전히 위력을 발휘하고 있었다는 사실을 말해 준다. 고대와는 다른 중세의 시대적, 사회적 배경 속에서 신모신화가 예전의 모습과 어떤 공통점과 차이점을 지니는지를 조명하는 일이 이 과제의 주안점이다.

네 번째 과제는 서사무가 「당금애기」와 「바리데기」를 분석하여 신모신화의 원형을 재구하고, 이 신화가 내포하고 있는 상징의미를 밝히는 작업이다. 두 서사무가는 살아있는 신화로서 천신과 무조의 결합이라는 신성혼을 기본 내용으로 하므로, 신모신화의 유풍을 간직하고 있는 작품들이다. 이를 근거로 삼아 무조신화의 서사구조를 분석하여 신모신화의 고대적 양상에 대해 논의해 보려 한다. 한 걸음 더 나가 고유의 종교현상이었던 무속의 원리를 적용하여 재구된 신모신화를 해석한다면 이 신화가 간직하고 있는 심층적 상징의미에 접근하는 고찰도 가능하리라 본다.

다섯 번째 과제는 후대 신모계 전승을 검토하여 신모신화의 다양한 변이 양상을 밝히는 작업이다. 여성 신격을 가진 산신과 서낭신의 유래담이나, 거인여성신화, 결혼을 중심 내용으로 하는 민담들은 지금도 들을 수 있는 이야기들이다. 이 이야기들은 신화적 색채가 약화되어 극도로 세속화된 면모를 보이므로 신모신화와의 상관관계를 직접적으로 확인하기 힘든 경우가 태반이다. 하지만 신모계 전승들을 면밀히 분석해 본다면 작품 속에 내재되어 있는 신모신화의 잔재 요소와 시대적 변화 모습을 동시에 찾아낼 수 있을 것이다.

여섯 번째 과제는 신모신화가 우리 서사문학에 끼친 영향을 규명하는 작업이다. 신화는 문학적 상상력의 출발점이다. 어찌 보면 후대의 서사문학은 신화를 자양분으로 삼아 자라난 결실들이라 할 수 있다. 따라서 신화에 대한 연구는 단순히 개별신화의 연구 성과로 마무리되는 것이 아니라 후대 문학과의 연관 관계를 조망하는 작업까지 범위를 넓힐 필요가 있다. 이 과제에서는 고소설 등의 후대 서사문학으로 고찰의 범위를 넓혀 신모신화가 우리 문학의 원천으로서의 역할을 충실히 담당해 왔음을 밝힘으로써 이러한 신화연구의 방향성을 제고하는 기회로 삼고자 한다.

위에서 제기된 여섯 가지 연구과제들을 수행하려면 신모신화, 신모계 전승, 후대 여성서사문학 등 적지 않은 작품들이 거론되고 분석되어야 한다. 작품의 분석에 정확성을 기하기 위하여 이 글에서는 다음과 같은 세 가지 단계를 거치는 방법을 기본 원칙으로 삼아 연구를 진행하겠다.

첫 번째 단계는 작품이 드러내고 있는 사항을 있는 그대로 제시하여 현상적 관찰을 하는 것이다. 이렇게 객관적 자료를 제시함으로써 연구자의 선입견에 의하여 논의가 진행되는 오류를 최소한으로 줄일 수 있다고 본다. 연구대상이 되는 작품의 모든 내용을 기술하는 편이 이러한 방향성에 합당하겠지만 현실적으로 불가능한 일이다. 그래서 필요한 본문을 최대한 제시하되, 본문의 제시가 비효율적이라고 판단될 경우에는 작품의 내용을 파악하기에 지장이 없을 만큼 서사단락으로 정리하여 제시하겠다.

두 번째 단계는 작품이 내포하고 있는 의미의 해석이다. 신화는 상징들로 이루어진 체계이며, 이러한 상징들은 인류의 사회적, 문화적 활동을 통해 구축된 심리적, 종교적 현상이므로 현상적 관찰만으로 의미를 포착해 낼 수 없다. 따라서 이 상징들의 해석에 민속학, 종교학, 심리학 등 인접학문의 연구 성과에 도움을 얻는 과정은 필수적이다.

세 번째 단계는 해석을 통해 도출된 결과에 대한 검증이다. 이 과정에서는 문학 작품뿐만 아니라 현재까지 이어지고 있는 민속이나 무속 등 고유한 문화현상과 비교 고찰을 한다거나, 상호간의 영향수수관계를 검토하는 등 다양한 방법을 모색할 것이다.

연구방법에서 점검해야 할 또 다른 사항은 작품의 분석단위를 어떻게 설정할 것인가 하는 문제다. 이 글에서는 일반적인 설화의 구성단위인 유형, 단락, 화소를 중심으로 논의를 진행하겠다.

유형(Type)은 '독립적으로 존재하는 전승적인 이야기'[5]로, 일정한 서사 내용을 공유하는 유사한 이야기들의 묶음을 뜻한다. 그러므로 실제의 작품 분석에서 유형은 어떤 특정 각편에 해당하는 이야기는 아니고 현존 작품들의 공통요소를 기반으로 재구성되는 이야기가 될 수밖에 없다. 또한 동일한 유형에서 출발한 이야기라 할지라도 전승과정 중 변별적인 특성을 획득하여 독립적인 가치를 지닌 작품군이 파생되는 경우도 있다. 이렇듯 한 유형에서 파생된 변이형은 하위 유형으로 다루기로 한다.

유형은 단일한 이야기로 되어 있는 경우도 있지만 두 가지 이상의 이야기가 결합되어 구성된 작품들도 있다. 이러한 작품들에서 구성요소로서의 이야기를 구분할 필요가 있을 때는 삽화(episode)라는 용어를 사용하겠다.

단락은 이야기를 구성하는 중간 단위인데, '하나의 상황에서 인물의 완결된 행위'[6]로서, 이야기의 진행 상황을 고찰할 수 있는 분석단위다. 그러나 이야기에서 상황은 인물의 행위와 일대일의 대응관계가 있는 것이 아니라 하나의 상황이 몇 가지 행위로 이루어질 수도 있다. 따라서 이 글에서의 단락은 인물의 행위를 개별단위로 하는 것보다는 인과적 상

5 Sthith Tompson, "The Folktale" (New York: Holt, 1946), p. 416.

6 서대석, 『한국무가의 연구』, 문학사상사, 1980, 27쪽.

황을 중심으로 구분하는 것을 원칙으로 삼는다.

화소(motif)는 '전승에서 존속되는 이야기의 최소 요소'인데, 이야기를 구성하는 '1) 행위자(actor), 2) 특정 대상들(certain items), 3) 개별적 사건(single incident)'[7]이 화소에 해당한다. 작품을 구성하고 있는 모든 화소들이 논의에 필요한 것은 아니므로 이 글에서는 단락을 구성하는 화소 중 핵심적 역할을 수행하는 화소만을 선별하여 고찰하기로 한다.

신모신화에 대한 연구는 위에서 제시한 과제와 방법을 통해 수행될 것이다. 아무쪼록 이 연구가 우리의 고대 신화를 재조명하는 소중한 단서를 마련하고, 원시 지모신앙에서 출발한 신모신화가 현재의 산신·서낭신앙으로 변모하는 과정과 문학적 변용을 통해 여성서사의 원형적 틀로 자리 잡으며 지대한 영향을 미쳐왔다는 사실을 증명할 수 있기를 기대한다.

신화는 전승이 중단된 상고시대의 이야기가 아니다. 신화는 인류의 세계 인식과 신앙 원리를 간직한 채 현재까지도 구연(口演)되거나 읽히고 있는 것이다. 더욱이 문화산업의 시대를 맞이한 요즘 학계와 문화계에 일고 있는 신화에 대한 지대한 관심 덕분에 우리 신화가 지닌 문화유산으로서의 가치가 폭넓게 조명되고, 이러한 성과를 활용하여 다양한 문화상품이 개발되기도 하였다. 신모신화에 대한 필자의 연구도 우리 신화의 가치를 제고하는 데 미력하나마 보탬이 되었으면 하는 바람이다.

---

7 Sthith Tompson, "The Folktale" p. 415.

제2장

고대 건국신화에 등장하는 신모

제2장
고대 건국신화에 등장하는 신모

고대 건국신화에 등장하는 신모의 모습을 살펴보는 것으로 논의를 시작하자. 신모신화를 다루면서 전형적인 남성 영웅인 국조(國祖)에 대한 이야기부터 연구를 출발해야 하는 것은 아이러니한 일이 아닐 수 없다. 하지만 문헌에 전하는 가장 오래된 우리 신화의 자료들이 건국신화이기 때문에 어쩔 수 없는 노릇이다. 그렇다고 해서 우리 신화의 출발점이 건국신화일 리는 없고 고대국가의 성립시기가 신화의 전성기일 리도 없다. 신화가 형성되기 시작한 시기를 후기 구석기 시대라고 보는 것이 일반적인 정설이다. 이후 신석기 시대의 농업혁명을 거치면서 신화적 관념은 더욱 성숙해지고 이를 바탕으로 다양한 신화들이 형성되었을 테니, 오히려 이때가 신화의 전성시기였다고 할 수 있다. 아쉽게도 이 시기의 신화들은 문헌에 정착되지 않아서 윤곽조차 확인할 길이 없으므로 기록으로 남아 있는 후대 신화들을 통해서 유추해 내는 도리밖에 없다.

문헌에 전하는 고대신화들은 대부분 건국신화로 국조의 탄생과 국가의 유래를 주요 내용으로 삼고 있다. 이 중 국조의 신이한 탄생 대목은 새롭게 창작되었다기보다는 기존의 원신화에서 신성원리를 차용하였을 터이다. 천신과 신모의 결합은 건국신화에 나타나는 보편적인 신화소인데, 이는 천부지모(天父地母)의 관념에 기대어 이야기가 형성되었다는 것을 뜻하므로 신모신화의 원형적 모습을 확인하려면 고대 건국신화에 대한 점검은 필수적이다.

1. 민족의 어머니 웅녀

1) 「단군신화」 속의 여러 이야기

「단군신화」는 『삼국유사』, 『제왕운기』, 『세종실록지리지』, 『동국여지승람』 등 여러 문헌에 기록되어 전한다. 그런데 이 기록들이 각기 상이한 내용을 가지고 있다는 점은 허투루 볼 수 없는 문제다. 이러한 사실은 「단군신화」가 오랜 전승과정을 거치는 동안 신화에 대한 인식이 달라지면서 이에 상응하는 변이를 일으켰다는 의미이니, 각 기록의 변이된 형태들은 서로 다른 시대적 층위를 가지고 있는 셈이다. 따라서 「단군신화」의 여러 기록을 이본(異本)으로 보고 이들의 변이 양상과 그 변이를 일으킨 원인에 대해 규명할 필요가 있다.

우선 「단군신화」의 출전에 대한 일반적 사항을 정리해 보자. 『삼국유사』는 고려 충렬왕 7년(1281)에 편찬되었고, 『고기』에서 인용했다는 주가 달려 있다. 『제왕운기』는 고려 충렬왕 13년(1287)에 이승휴가 쓴 한문서사시로, 주기(註記)의 인용문헌은 『본기』로 되어 있다. 두 문헌의 편찬연대가 별로 차이가 나지 않는데도 불구하고 수록된 「단군신화」가 서로 상이한 이유는 인용된 원전이 다르기 때문이란 것을 알 수 있다. 또한 『세종실록지리지』는 단종 2년(1454)에 간행되었고 『단군고기』를, 『동국여지승람』은 성종 17년(1486)에 간행되었으며 『고기』를 인용문헌으로 삼고 있다. 「단군신화」가 기록된 주요 문헌들을 연대순으로 열거하였지만 이 순서대로 오래된 각편을 정할 수 없다는 난점이 있다. 각기 『고기』, 『단군고기』, 『본기』 등의 기록에 의거했다는 단서가 붙어 있어서 간행 당시의 전승을 그대로 기록한 내용이 아닌 까닭이다. 또한 인용된 원전들도 『고기』의 경우 단순히 옛 기록이라는 뜻인지, 특정문헌의 명칭인지 알 수가 없고, 『본기』 역시 어떤 사서의 본기를 말하는지 불명확하다. 설령 원전들이 실재했던 책자라고 해도 모두 전해지지 않는 관계로 연대 검증이 불가능하기는 마찬가지다.[1]

이러한 한계점을 돌파하기 위해 설화연구에서 사용하는 이본고찰의 방법을 원용하여, 기록들의 내용을 단락으로 제시하고 변이형태의 특징과 발생 원인에 대해 살펴보기로 하자. 일단 각 이본의 내용을 확인하기 위해 서사단락을 제시하면 <표 1>과 같다.

〈표 1〉「단군신화」의 이본 비교

	『삼국유사』(고기)	『제왕운기』(본기)	『세종실록지리지』(단군고기)	『동국여지승람』(고기)
A	1. 환인의 아들 환웅이 세상에 뜻을 둔다. 2. 환웅이 천부인 세 개를 가지고 무리 삼천 명과 태백산 신단수 아래로 내려온다. 3. 환웅은 인간의 일을 주관하며 세상을 다스린다.	동일	동일	동일

1 『고기』가 『본기』보다 오래된 문헌이라는 견해가 있어 주목된다. 『본기』는 고려초의 『구삼국사』를 근거로 한 것이고, 『고기』는 옛 기록이라는 뜻이 아닌 특정문헌의 명칭인데, 삼국초에 편찬되어 고려초까지 개정과 보정을 거듭한 문헌이라 추정했다.
リサンホ,「檀君神話の 歷史性 上」, 月刊 『韓』 23, 1973.

B	1. 곰과 호랑이가 사람이 되고자 환웅에게 기원한다. 2. 환웅은 쑥과 마늘을 곰과 호랑이에게 주고 백일 동안 햇빛을 보지 말라고 한다. 3. 호랑이는 견디지 못했으나 곰은 견뎌내고 사람이 되었다. 4. 웅녀가 아이를 낳게 해달라고 신단수에서 기원한다. 5. 환웅이 사람으로 변해 웅녀와 혼인한다. 6. 웅녀가 단군을 낳는다.	1. 단웅천왕이 손녀에게 약을 먹여 사람이 되게 한다. 2. 손녀가 단수신과 혼인하여 단군을 낳는다.	『제왕운기』와 동일	『삼국유사』와 유사 ※ 신이 곰에게 영약(靈藥)을 주어 여자로 변하게 한다.
C	1. 단군이 평양성에 도읍하여 조선이라 부른다. 2. 아사달 장당경으로 천도 한다. 3. 아사달에 숨어 산신이 된다.	1. 단군이 조선의 왕이 된다. 2. 아사달에 들어가 신이 된다.	1. 단군이 나라를 세우고 조선이라 칭한다. 2. 하백의 딸과 혼인하여 동부여왕 부루를 낳는다. 3. 아사달에 들어가 산신이 된다.	『세종실록지리지』와 유사 ※ 부루가 북부여의 왕이 된다. 단군이 산신이 되었다는 내용이 없다.

<표 1>에서 드러나듯이 「단군신화」는 기록된 내용의 차이가 나타나는 지점에 따라 세 부분으로 나누어 볼 수 있다. 고정된 A와 유동성을 보이는 B와 C가 그것인데, 이를 각각 대단락 A, B, C라 지칭하기로 한다.

대단락 A는 네 문헌의 기록들이 일치한다. 단군의 아버지로 환웅을 앞세우는 대목이고, 환웅이 지상세계에 하강하여 인간을 다스리는 내용이다. 대단락 B의 경우 『삼국유사』는 『동국여지승람』과 내용이 유사하고, 『제왕운기』는 『세종실록지리지』와 동일하다. 이 부분은 환웅의 배우자이자 단군의 어머니로서 웅녀 혹은 천신의 손녀가 등장하며, 대단락 A와는 달리 여성의 행위에 서사의 초점이 맞춰진다. 대단락 C는 단군에

대한 기록이다. 『삼국유사』와 『제왕운기』에는 단군이 조선을 건국하고 후에 산신으로 좌정한다는 기술 외에 이렇다 할 서사적 내용이 없는 데 비해, 『세종실록지리지』와 『동국여지승람』에는 해부루의 탄생 대목이 있다.

대단락 A는 공통된 부분이고 대단락 B, C는 전승변이를 일으킨 부분이다. 대단락 B의 삼국유사 유형과 제왕운기 유형, 대단락 C의 삼국유사 유형과 세종실록지리지 유형 중 어느 것이 오래된 형태인지는 속단할 수 없으나, 「단군신화」가 이렇게 고정된 부분과 전승변이를 일으키는 부분으로 나누어진다는 특성은 이 대단락들이 각자 독립적인 전승력을 가진 에피소드였다는 사실을 암시한다. 「단군신화」는 단일한 이야기가 아니라 환웅신화(대단락 A), 신모신화(대단락 B), 단군신화(대단락 C)로 구성된 복합적 이야기였다는 것이다. 특히 대단락 A, B의 이야기는 「단군신화」가 성립되기 이전부터 존재했던 원신화들인데, 고조선이 자리 잡는 과정에서 국조인 단군의 신성한 계보를 마련하기 위해 의도적으로 차용되어 조합되었다고 판단된다.

대단락들을 차례로 검토하여 제기된 가정을 증명해 보기로 하자. 여기서 우리가 우선시해야 할 관심사는 두 유형 중 어떤 것이 고형인가 하는 성급한 궁금증보다는 변이를 일으키게 된 원인과 그러한 변이가 지니는 시대적 특징은 무엇인가 하는 점이다.

2) 창세의 신 환웅

「단군신화」에서 우리의 관심사는 신모신화에 해당하는 대단락 B이지만, 그렇다고 대단락 A를 소홀히 다룰 수는 없다. 신모의 배우자인 천신이 어떤 존재인지도 확인을 해야 하기 때문이다. 대단락 A는 기록마다 세부적인 사항을 가감하는 정도의 차이가 있을 뿐 서사단락을 구성하는 기본적 행위는 일치한다.

(1) 환인의 아들 환웅이 세상에 뜻을 둔다.

환인은 하느님을 지칭하는 차자표기(借字表記)다. 권람의 『응제시주』에는 천제 환인이라고 명시하고 있어서 이 사실을 확인할 수 있다. 『삼국유사』에서 환인을 제석이라고 주석한 이유는 불교의 천신과 환인을 동일시하려는 일연의 의도겠지만,[2] 결국 천상의 최고신임은 마찬가지다.

그의 아들 환웅은 인간세상을 널리 이롭게 할 뜻을 품고 있다. 환웅을 서자[3]로 설정한 이유도 장자세습제도의 영향 하에서 아버지의 세계인 천계에서 분가시키기 위한 복안일 것이다. 주몽의 서자인 온조가 고구려를 떠나 백제를 건국하는 사례를 떠올리면 쉽게 이해되는 설정이다.

(2) 환웅이 천부인 세 개를 가지고 무리 삼천 명과 태백산 신단수 아래로 내려온다.

환웅이 인간세계로 내려오는 천신 하강의 대목이다. 태백산은 물론 성산(聖山)을 상징한다. 성산은 우주축의 상징으로 하늘과 땅 두 영역의 접합점이며 연결점이다.[4] 신단수의 상징 의미 역시 이와 동일하다. 신수(神樹)는 우주수·세계수와 대응되는 나무인데 우주축의 중심을 이루는 곳이

2 제석은 제석환인으로 불리며, 산스크리트어 'Sakra-Devanam Indra'의 번역어로 천계의 최고신을 지칭한다.
김두진, 「단군고기의 이해방향」, 『단군신화논집』, 새문사, 1990, 129쪽.

3 고려시대의 서자는 첩의 아들이 아니라 맏아들 이외의 뭇 아들을 모두 포함한다.
홍기문, 『조선신화연구』, 지양사, 1989, 162쪽.

4 M. Eliade, "The Myth of the Eternal Return", Trans. Willad.R.Trask, Princeton Univ. press, 1965, p. 13.

며, 시베리아 샤머니즘에서는 천신의 아들이 주거하는 장소라고 생각하는 곳이다.

> 천신의 아들이 어린아이일 때 지상에 살고 있는 인간들의 조상이 되기 위해 하늘에서 내려온다. 지상에는 우주수가 있어 이 우주수에 의해 양육된다. 이 아이가 성인이 된 뒤에 자신이 어디서 태어났는가를 이 나무에게 물었을 때 이 나무는 그에게 그의 신분을 일러 준다. 그것이 계기가 되어 그는 그의 아내를 얻기 위한 장도에 오른다.[5]

인용한 야쿠트족의 신화는 환웅신화와 겉보기에는 이질적인 듯하지만 1) 천신의 아들이, 2) 인간과의 관계 설정을 위해서, 3) 우주수에 자리 잡는다는 동일한 화소로 이루어진 이야기다. 따라서 환웅신화는 시베리아 샤머니즘의 보편적 관념으로 구성된 신화이며, 고대 부족국가의 성립 이전인 수렵사회에서 전승되던 원신화일 가능성이 크다.

물론 환웅이 풍백, 우사, 운사를 데리고 내려왔다거나 곡식을 주관했다는 내용은 농경사회의 특징을 반영하고 있다. 그러나 이는 후대 건국신화에 차용되었을 때의 시대적 층위의 이야기며, 『삼국유사』에만 국한된다. 모든 이본의 공통적인 대목은 환웅이 인간을 다스리기 위해 천부인 세 개를 가지고 무리 삼천 명과 함께 태백산 꼭대기 신단수로 내려와 신시를 열었다는 내용일 뿐이다.

(3) 환웅은 인간의 일을 주관하며 세상을 다스린다.

단락 (3)은 환웅이 인간 세상에 내려온 후 직접 인간을 다스리며 교화시

5 Wilhelm Schmidt, "Nationalepos der Jakuten," pp. 473~516.
김열규, 『한국신화와 무속연구』, 일조각, 1982, 27쪽에서 재인용.

켰다는 천인합일(天人合一)의 내용이다. 천신의 하강을 통해 비로소 인간 세상은 하늘의 질서에 동화되어 신성해질 수 있는 것이므로, 이 단락은 태초의 신성시공이 지상에 도래한다는 신화적 상징의미를 내포한다.

대단락 A의 내용을 종합해 보면, 천인합일이 일어났던 '아득한 그때(in illo tempore)'[6]에 관한 기술이다. 환웅이 인간세계에 강림한다는 서사구조도 단순한 편이고, 태초의 신성한 사건에 대한 신화적 기억이기도 하므로 전승변이가 일어나기 어려운 대목이다. 대단락 A는 「단군신화」의 구성요소로서 새롭게 창작된 신화가 아니라 환웅신화라고 불릴 만한 서사구성을 가진 독립된 신화다. 즉 환웅신화는 「단군신화」의 성립 이전부터 독자적으로 전승되던 천신강림형의 원신화였는데, 고조선 사회에서 당시의 천신인 환웅을 국조의 부계(父系)로 설정하기 위해 전대의 신화를 건국신화인 「단군신화」에 차용한 것이다.

『규원사화』에 실린 환웅신화는 창세신화로서의 독자적 위상을 가지고 있어서 이와 같은 주장을 뒷받침해 준다.

(1) 환인이 환웅을 시켜 혼돈 상태에 있던 하늘과 땅을 나누게 한다.
(2) 만물이 생성되자 환웅은 만물의 주인으로 삼기 위해 인간을 창조한다.
(3) 환웅은 무리를 이끌고 인간세계로 내려와 인간을 다스린다.[7]

『규원사화』의 기록은 (1), (2)의 단락이 첨가되었지만, (3) 단락은 다른 문헌들의 기록과 일치한다. 그런데 단락의 내용을 통해 알 수 있듯이 『규

---

6 M. Eliade, "The Myth of the Eternal Return", p. 4.

7 북애, 신학균역, 『규원사화』, 명지대 출판부, 1986, 18~21쪽.

원사화』의 환웅신화는 '(1) 천지개벽 → (2) 인간창조 → (3) 인세차지'라는 창세신화의 전형적 구성으로 되어 있다.

『규원사화』는 조선시대 숙종 원년(1795)에 북애노인이 『진역유기』 등 전대의 책자를 기반으로 하여 기술했다는 민간사서[8]다. 물론 이 책자는 현재 위서(僞書)로 취급되고 있지만 이 글에서의 관심사는 이 사서의 역사적 고증이 아니라 이 사서가 갖고 있는 신화적 가치다. 역사적 진위를 판별한다는 부담감을 내려놓고 민간층의 신화 인식을 살핀다는 관점에서 『규원사화』의 환웅신화에 접근한다면, 이 신화야말로 태초에 있었던 신성한 사건의 기술인 창세신화의 위상을 가진 훌륭한 신화자료다.

민족신화는 그것이 역사적 사실의 재구성이든, 관념적 인식의 형상화이든 간에 개별 신화들이 모여서 총체적 신화체계[9]를 이루는 경향이 있다. 『규원사화』와 『환단고기』 같은 민간사서들은 이러한 특성이 강하게 나타나서, 천지개벽과 인간창조에 관한 창세신화에서 출발하여 후대 신화들까지 순차적으로 연결함으로써 『구약성서』의 창세기와 유사한 총체적 신화체계에 육박하고 있는 현상을 발견할 수 있다. 이는 민간사서들이 공식적인 역사기록과는 달리 민간전승을 바탕으로 하는 신화적 역사관을 가지고 기술된 서적이라는 점을 말해 준다. 「셍굿」이나 「창세가」 등과 같은 서사무가도 '천지개벽 → 인간창조 → 인세차지경쟁 → 일월조정' 등의 순서로 무가가 진행되므로 이러한 신화의 총체화 현상이 민간신앙과 깊은 관련이 있다는 사실을 짐작할 수 있다.[10]

---

8 '비기류 사서', '선가류 사서' 등으로 지칭되며 사학계에서는 '위서'로 취급되는 책자다.

9 N. 프라이, 『신화문학론』, 김상일역, 을유문화사, 1971, 40쪽.

10 우리의 창세신화는 다음 문헌을 참고하였다.
김헌선, 『한국의 창세신화』, 길벗, 1994.

3) 토템적 시조모 웅녀

「단군신화」의 대단락 A가 원래 환웅신화로 독립 전승되던 천신하강의 신화였다면, 대단락 B 역시 독자적으로 이야기되던 신모에 대한 유래담일 가능성이 짙다. 서사단락을 분석하여 이 점을 검증하고 아울러 신모신화의 고대적 모습도 찾아보기로 하자.

대단락 B는 이본에 따라 두 종류의 상이한 유형으로 구분할 수 있는데, 결코 전승변이로는 설명할 수 없는 차이점을 지니고 있다. 두 이본을 삼국유사 유형과 제왕운기 유형으로 지칭하겠다. 대단락 B가 삼국유사 유형처럼 당시의 쌍분제적 질서와 토템사상을 반영한 것[11]이든, 제왕운기 유형처럼 제의적 맥락을 드러내는 것[12]이든 환웅의 천강과 단군의 탄생을 연결하는 부분이고, 여성이 등장하여 그 매개의 역할을 담당하므로 두 유형 모두 신모신화에 부합하는 이야기다.

대단락 B는 신화의 주체가 환웅이 아니라 신모로 시점이 이동하며, 신과 인간이 분리된 상황을 전제로 한다. 먼저 『삼국유사』에 기록된 내용을 단락별로 살펴보자.

(1) 곰과 호랑이가 사람이 되고자 환웅에게 기원한다.

이 단락에서 눈에 띄는 것은 변신 화소다. 여기서는 동물이 사람으로 변신하므로, 이 화소 자체는 수렵사회에 만연하던 토테미즘의 영향에서 성립된 것으로 보인다. 특히 동북아시아는 주로 곰을 토템적 조상으로 삼는 부족이 거주하는 지역이었다.[13] 따라서 웅녀는 토착 집단의 토템적

11 황패강, 「단군신화시고」, 『한국서사문학연구』, 단국대출판부, 1977, 93~96쪽.

12 김열규, 『한국의 신화』, 일조각, 1979, 27쪽.

13 이정재, 『동북아의 곰문화와 곰신화』, 민속원, 1997.

조상으로 숭앙되던 신모였을 개연성이 짙기 때문에 환웅신화 못지않은 오랜 연원을 간직한 원시 신모신화의 주인공일 수 있다.

하지만 화소가 형성되는 시기와 이야기에 수용되는 시기가 일치하는 것은 아니라는 점을 고려해야 한다. 화소가 이야기에 적용될 때는 작품의 문맥 속에서 새로운 상징의미를 획득하게 된다. 웅녀의 변신은 단순히 외형의 변화만을 가져오는 것이 아니라 내적 자질의 변화까지 포함한다. 이전과는 다른 차원으로의 상승적 존재이행을 한다는 의미를 내포하게 되는 것이다. 천신과의 결합은 일상적인 결합과 구별되는 신성한 행위다. 일상의 신분에서 탈피하여 새로운 존재로서 거듭나야 하는 것이 신성을 접하는 신화적 원리다. 따라서 이 단락은 지상적 존재였던 웅녀와 호녀가 천신과 인연을 맺기 위해서 거쳐야 하는 신분이행의 통과제의 절차를 밟기 시작했다는 의미를 지닌다.

(2) 환웅은 쑥과 마늘을 곰과 호랑이에게 주고 백일 동안 햇빛을 보지 말라고 한다.

단락 (2)에서 보이는 쑥과 마늘, 그리고 햇빛을 보지 말라는 금기는 통과제의의 과도기적 시련을 나타낸다. 특히 입굴(入窟)의 시련은 기존 세계와의 단절과 죽음을 상징한다. 새로운 존재로의 이행은 이전의 존재질서를 소거하고 다시 태어남을 요구한다.[14] 햇빛이 차단된 어둠의 공간에 감금되는 입굴이야말로 자궁으로 돌아간다는 상징의미를 가진 신화소이므로, 이를 통해 상징적 죽음과 재생이 이루어진다는 발상은 보편적인 신화적 관념에 속한다.

14 프레이저, 장병길역, 『황금가지 I』, 삼성출판사, 1982, 396~407쪽.

(3) 호랑이는 견디지 못했으나 곰은 견뎌내고 여인이 되었다.

단락 (3)에서는 웅녀가 주어진 시험을 완수하고 천신과 관계를 맺을 수 있는 새로운 신분으로 재탄생한다. 마침내 그녀는 신모가 될 수 있는 자격을 획득한 것이다.

단락 (1), (2), (3)까지의 내용은 통과제의의 과정인 분리(separation), 과도(transition), 통합(incorporation)의 절차와 완전히 대응된다.[15] 웅녀가 수행한 통과제의는 천신과의 결합을 목적으로 하므로 입무식(入巫式)을 전제로 한다.

(4) 웅녀가 아이를 갖게 해달라고 신단수에서 기원한다.

단락 (4)에서는 신단수가 다시 등장한다는 점에 주목해 보자. 존재 변화를 통해 무당의 자격을 획득한 웅녀가 신단수에서 천신을 청배하는 굿을 거행하며 천신과의 결합을 기원하고 있다. 신단수는 환웅이 하강했던 곳으로 신의 세계와 인간의 세계가 접합하는 우주축을 의미했다. 그렇다면 이는 신단수가 이미 하늘로 돌아가 버린 환웅을 다시 맞이하는 제의적 장소가 되었다는 뜻이므로 천신이 더 이상 지상에 거주하지 않는다는 정황이 드러난다. 이제 천신은 굿을 거행해서 지상에 청배되어야 하는 존재가 되고 만 것이다. 따라서 대단락 B의 웅녀신화는 대단락 A의 환웅신화에 속해 있던 신화가 아니고 시대적 층위가 다른 독립된 신화였음을 확인할 수 있다.

---

15 Arnold Van Gennep, "The Rites of Passage," Chicago : The University of Chicago Press, 1960, p. 11.

(5) 환웅이 인간으로 화신해서 웅녀와 혼인한다.

여기서 유의해야 할 구절은 '환웅이 짐짓 변화하여 웅녀와 혼인하다[雄乃假化而婚之].'라는 대목인데, 단락 (1)의 '항상 신인 환웅에게 기원하다[常祈于神雄].'라는 구절과 현격한 차이를 보인다. 웅녀가 사람이 되려고 기도하는 행위는 천신에 대한 기원의 형태이므로 환웅이 지상에 존재하지 않는다 해도 가능한 일이지만, 환웅이 웅녀와 혼인하려면 지상에 강림하여 육신화(肉身化)되어야만 한다. 육신화를 거친 환웅과 인격화를 거친 웅녀의 결합으로 비로소 신성혼이 이루어진다.

이 신성혼은 천신과 무녀의 결합이지만 천지의 결합을 상징하기도 하므로 입무식의 완성인 동시에 풍요굿의 성격을 띤다.

(6) 웅녀가 단군을 낳는다.

단락 (6)에서는 천신과 신모의 결합으로 국조가 태어난다는 건국신화의 일반적인 원리가 드러난다. 신성혼은 세상의 재창조 행위에 비견되는 행위이므로,[16] 이로 인하여 국가의 시조가 탄생하고 새로운 시대가 도래한다는 신화적 발상은 지극히 자연스럽다.

위의 고찰을 종합해 보면 삼국유사 유형의 대단락 B는 (1), (2), (3) 단락으로 이루어진 통과제의 절차와 (4), (5), (6) 단락으로 이루어진 신성혼 절차로 구성되어 있다. 대단락 B는 웅녀를 중심으로 전개되므로 웅녀신화라 지칭할 만하고, 환웅이 천계에 속한 청배신으로 나타난다는 사실을 통해 대단락 A와는 별개의 독립된 신모신화였음을 알 수 있다.

다음으로 제왕운기 유형의 대단락 B를 살펴보자. 삼국유사 유형에 비

16 M. Eliade, "The Myth of the Eternal Return", pp. 24~25.

해 제왕운기 유형은 간단한 기술로 되어 있다.

(1) 단웅천왕이 손녀에게 약을 먹여 사람의 몸이 되게 한다.

단락 (1)은 간략하게 서술되었지만, 삼국유사 유형의 (1), (2), (3)단락과 같은 통과제의에 관한 내용임을 한눈에 알아차릴 수 있다. 손녀가 약을 먹고 사람의 몸이 되는 장면은 여성이 신의 배우자로서의 자격을 획득하기 위해 새로운 존재로 재탄생된다는 상징의미를 지닌다.

(2) 손녀가 단수신과 혼인하여 단군을 낳는다.

단락 (2)는 삼국유사 유형의 단락 (5), (6)에 해당하는 신성혼과 국조의 탄생 대목이다. 그런데 단웅천왕의 손녀가 박달나무 신과 혼인하여 단군을 낳았다는 내용이 혼란스럽다. 기록을 곧이곧대로 해석하면 단군의 족보가 이상하게 꼬이는 현상이 발생한다. 환웅(단웅천왕)의 손녀가 환웅이 아닌 단수신과 결혼하여 단군을 낳았다면 환웅은 단군의 아버지가 아닌 외증조부가 된다. 또한 단수신이 굿에서 청배된 환웅이라면 손녀가 할아버지와 결혼하는 것이다. 이 정도의 근친상간이야 신화에서 흔히 발생하는 현상이라고 치부하고 넘길 문제는 아니다.

그런데 손녀라는 호칭이 아무래도 수상쩍다. 이 문제는 서사무가에 등장하는 당금애기, 서장애기, 가문장애기 등 여주인공의 이름 뒤에 '애기(혹은 아기)'라는 애칭이 붙는다는 점에서 해명할 실마리를 찾을 수 있다. 고유어 '애기'를 '손녀(孫女)'라는 한자어로 표현했을 가능성이 있기 때문이다. 그렇다면 단웅천왕의 손녀는 천신인 단웅천왕을 섬기는 무녀를 가리킨다. 천신을 모시는 무녀라고 해서 항상 천신과 함께 지낼 리는 없고, 필요할 경우 굿을 거행하여 천신을 청배하면 그만이다. 따라서 이 단락은 천신의 애기인 무녀가, 자신의 몸주신인 단웅천왕을, 그가 강림하는 박달나무에서 청배해서, 신성혼을 거행하는 모습을 담은 대목이라 하겠다.

지금까지 삼국유사 유형과 제왕운기 유형의 단락들을 분석하여 두 이야기가 제시하는 내용을 살펴보았다. 전혀 다른 이야기인 듯한 두 유형이 사실은 같은 의미를 지닌 상이한 기록일 뿐이라는 사실을 이미 감지했을 것이다. 이 점을 두 유형의 원문을 대조하면서 검토해 보자.

> 그때 곰 한 마리와 호랑이 한 마리가 같은 굴에 살면서 사람이 되고자 항상 신인 환웅에게 기원했다. 환웅이 신령스러운 쑥 한 방과 마늘 스무 개를 주면서 말하기를, "너희가 이것을 먹고 백일 동안 햇빛을 보지 않으면 곧 사람의 형상으로 되리라."라고 했다. 곰과 호랑이는 그것을 받아서 먹었다. 곰은 세 이레 동안 금기를 지켜서 여인의 몸이 되었으나, 호랑이는 능히 지키지 못하여 사람의 몸이 되지 못했다. 웅녀는 혼인을 할 데가 없는 까닭에 매양 박달나무 아래서 아기를 낳게 해달라고 축원했다. 이에 환웅이 짐짓 변화하여 웅녀와 혼인했더니 바로 잉태하여 아들을 낳았다. 그 아이의 이름을 단군왕검이라 했다.[17]

> (단웅천왕이) 손녀에게 약을 먹이고 사람의 몸이 되게 했다. 단수신과 혼인해서 아들을 낳았는데 단군이라고 이름 지었다.[18]

두 이야기를 구성하는 인물과 소재는 표면적으로 '웅녀 / 손녀', '쑥·마늘 / 약', '환웅 / 단웅천왕 혹은 박달나무의 신'이라는 차이점을 보이지만, 내면적으로는 각각 무녀·존재변화의 매개체·천신이라는 공통적 상징의미를

17 일연, 『삼국유사』, 고조선.

18 이승휴, 『제왕운기』

지닌다. 그러므로 두 유형은 여성이 존재 변화를 거쳐 무녀의 자격을 획득한 후 청배된 천신과 결합한다는 '다른, 그러나 동일한 이야기'[19]인 것이다.

〈표 2〉 삼국유사 유형과 제왕운기 유형의 신모신화 비교

상징의미	삼국유사 유형	제왕운기 유형
무녀	웅녀	손녀
존재변화의 매개체	쑥, 마늘	약
천신	환웅	단웅천왕, 박달나무의 신

삼국유사 유형은 신화의 형태를 갖추고 있는 데 비해 제왕운기 유형은 신화라기보다는 제의적 모습에 가깝다. 이러한 이유로 제왕운기 유형은 웅녀신화가 굿을 통하여 실연(實演)되던 장면을 반영한 기록으로 보인다.

> 어떠한 인간의 행위이든 간에 그것이 어느 정도 정확하게 태초에 신이나 영웅이나 조상들에 의하여 행해진 행위를 반복하는가 하는, 그 정도만큼 실제적인 힘을 획득한다. 신적인 결합은 지상의 풍요를 확실하게 한다.[20]

인용한 견해는 상당히 관념적이기는 하지만 현재 거행되는 굿을 통해서도 확인할 수 있는 종교의식의 원리다. 굿은 청배된 신의 행위를 형상화하여 재연한 후 바라는 사항을 기원하는 행위인 것이다.[21] 이렇듯 굿에서 발견할 수 있는 신화의 제의적 실연은 고대굿에서 유래된 기본원리일

19 정진홍, 『종교학서설』, 전망사, 1980, 120~121쪽.

20 M. Eliade, "The Myth of the Eternal Return", pp. 24~25.

21 졸고, 「서사무가의 형식적 특징」, 『한국민속학보』 3, 한국민속학회, 1994. 136쪽.

텐데, 고대굿 중 대다수는 풍요다산을 기원하기 위한 풍요굿이었다.

여기서 신화가 먼저냐, 제의가 먼저냐 하는 문제를 제기해서 판가름내기는 불가능하다. 하지만 신화나 제의가 형성되기 전에 그 바탕을 마련하는 신앙적 관념이 선행한다는 데는 이론의 여지가 없다. 따라서 신모가 천신과 결합하여 지상의 풍요가 도래한다는 신앙적 관념이 신화로 전승되기도 하고, 제의로 공연되기도 하면서 상보적 관계를 유지했다는 것은 명백하다.

요서지역의 홍산문화에 속하는 우하량에서 발굴된 여신상은 여러모로 웅녀를 연상케 하는 특징을 보여 관심이 모아지고 있다. 기원전 5000~3500년경으로 추정되는 신석기문화를 간직한 이 유적의 여신 사당에서 흙으로 제작된 여인과 동물의 소조상 파편들이 발견되었다. 여신상의 경우 신격이 지모신인지 조상신인지의 논란이 있다지만, 지모로 숭앙되던 여신이 시조모로서 숭앙되는 것은 일반적인 종교 현상이다. 여신상과 함께 출토된 동물상은 발도 곰모양이고 머리 부분에 넣었던 것으로 추정되는 곰의 턱뼈가 함께 출토되어 곰상임이 확실시된다.[22]

이러한 정황을 근거로 할 때 한반도의 진입로였던 요서지역에 곰을 토템으로 하는 집단이 거주하며 여신을 숭배하는 제사를 지냈었다는 사실을 알 수 있다. 이 집단이 웅녀가 속했던 곰족의 집단이라고 단정할 수는 없지만, 그럴 개연성은 충분하다. 또한 여신을 모시는 사당이 존재했다는 사실은 신석기 시대에 신모신앙이 성행했고, 그녀에게 주기적으로 제사를 드렸다는 증거이므로, 웅녀신화와 같은 신모신화가 고대 건국

22 우하량 여신묘에 대한 사항은 다음 책자를 참조하였다.
이형구, 『한국 고대문화의 비밀』, 새녘, 2012.

신화 이전에 이미 형성되어 제사의식과 더불어 구연되었다는 논지를 강력하게 뒷받침해 준다.

4) 단군의 아들 부루

대단락 C의 삼국유사 유형은 신화와 역사가 접맥되는 부분이다. 단군은 신화적 인물이 아니라 역사적 인물로 여겨지며, 단락들의 내용에서도 하늘의 다스림이 아닌 인간의 다스림이 드러난다.

(1) 단군이 평양성에 도읍하여 조선이라 부른다.
(2) 아사달 장당경으로 천도한다.
(3) 단군은 아사달에 숨어 산신이 된다.

명색이 「단군신화」인데도 정작 「단군신화」에서는 그에 대한 이렇다 할 일대기가 없어서 미완성 작품을 보는 듯하다. 이러한 특징은 문헌에 정착된 「단군신화」가 그의 신성한 혈통을 강조하려는 목적에 치중했고, 이를 위한 신성원리를 이미 신성성을 확보하고 있던 원신화에서 찾는 데 주력했다는 뜻이다.

그런데 단군이 아사달에 숨어 산신이 되었다는 단락 (3)의 결말은 의미심장한 여운을 남기고 있다. 단군이 사후에도 민간신앙의 대상으로 자리잡고 있었다는 의미이기 때문이다. 왕은 재위했을 때 신봉되었던 것과 마찬가지로 죽어서도 당시에 살던 사람들의 의식 속에서 살아서와 똑같이 숭앙되기 마련이다.[23] 단군은 제정일치 시대에 천군임과 동시에 군주

23 Theodor H. Gaster, 'Myth and Story', " Sacred Narrative", Alan Dundes ed. Los Angeles : University of California Press, 1984, p. 116.

로서 신앙의 대상이었다. 따라서 그에 대한 신앙은 죽음 후에도 지속되어 사람들의 마음속에 산신으로 좌정할 수 있는 것이다.

단군신앙은 다수의 지역 전승을 형성시켰으며 현재까지 이어지고 있다. 단군신앙의 중심지 중 하나인 강화도만 해도 단군이 하늘에 제사를 지내던 장소라는 참성단[24]이 마니산 정상에 있다. 지금도 이곳에서는 매년 개천절 행사가 거행되고, 올림픽의 성화가 올림포스 산에서 채화되듯이 전국체전의 성화가 이곳에서 채화된다. 근방의 정족산성은 삼랑성(三郞城)이라도 불리는데, 단군이 세 아들을 시켜 쌓았기 때문에 이와 같은 명칭이 생겼다는 전설이 전해 온다. 단군에게 정말 부루, 부소, 부우, 부여라는 네 아들이 있었는지,[25] 부루를 제외한 나머지 세 아들이 어떤 행적을 남긴 인물들인지는 민간사서 외에는 자료가 남아 있지 않아 논의를 진전시키기가 힘들다. 하지만 단군이 주인공이 되어 펼쳐진 단군신화다운 「단군신화」가 실제로 존재했으며, 널리 유포되어 있었다는 정황을 지역전승들이 증명해 준다.

이 중 단군의 첫째 아들이 부루였다는 『규원사화』의 내용은 『세종실록지리지』와 『동국여지승람』에 기재된 「단군신화」에서도 확인할 수 있다.

(1) 단군이 나라를 세우고 조선이라 칭한다.
(2) 단군이 하백의 딸과 혼인하여 동부여왕(혹은 북부여왕) 부루를 낳는다.
(3) 단군은 아사달에 들어가 산신이 된다.

---

24 『신증동국여지승람』, 강화도호부.

25 북애, 신학균 역주, 『규원사화』, 60~62쪽.

지리지(地理誌) 유형의 대단락 C부분은 단군과 하백의 딸이 해부루의 부모로 등장한다. 어찌된 영문이었든지 간에 단군이 동부여의 왕 해부루의 아버지이니 이 유형은 「단군신화」의 후대 변이형임이 분명하고, 이와 더불어 단군신앙이 고조선의 멸망 이후에도 민간층에 지속적으로 영향을 미치고 있었다는 사실을 말해 준다.[26]

해부루의 탄생담은 환웅에서 단군으로, 웅녀에서 하백의 딸로 신격의 명칭만 바뀔 뿐, 대단락 B의 천신과 신모의 결합이라는 신성혼의 양상이 반복된다. 이러한 현상은 신모신화가 다른 신화의 일부가 아니라 독립적인 전승력을 가진 원신화였다는 것을 방증해 준다. 신모신화는 지모숭배 관념에서 유래된 후 풍요다산을 기원하기 위하여 굿에서 구연되거나, 실연되면서 형성된 원신화였다. 원신화의 주인공이었던 신모는 부족국가들의 성립시기에는 국조를 신성시하기 위해 시조모로 차용되는데, 이는 신모신화가 해당 시대와 지역에서 신봉되던 여신으로 대체되면서도 천신과 신모의 결합이라는 서사적 골격은 유지하며 꾸준히 전승되었기 때문에 가능한 일이다.

지금까지의 논의를 종합하면 현전하는 「단군신화」의 여러 유형들은 두 가지 종류의 독립된 원신화를 연쇄적으로 조합하면서 이루어진 형태다. 첫째는 천신신화(대단락 A)로 하늘에서 하강하여 천인합일을 이루었던 천신에 대한 신화고, 둘째는 신모신화(대단락 B)로 천신과 결합하여 지상의 신으로 좌정하는 신모에 대한 신화다.

고대 건국신화가 전대의 원신화를 차용하는 현상은 비단 「단군신화」

26 마한지역에서도 단군신앙이 활발히 전개되었다 하는데, 『삼국유사』에 의하면 마한은 고조선의 왕이었던 준이 세운 나라다. 따라서 이 지역의 단군신앙은 고조선의 유민들에 의해 정착되었을 것이며, 웅진나루의 전설은 그중 웅녀신화의 영향을 받은 것으로 보인다.

에만 국한되는 사항은 아니므로 후대 부여계 건국신화를 고찰하면서 이 현상을 재검토해 보자.

2. 부여의 신모 유화

국조의 탄생담에 원신화가 차용되는 현상은 이후 혼란스러울 정도로 극심하게 성행했다. 『삼국사기』나 『삼국유사』에 기재된 북부여, 동부여, 고구려의 건국신화에서도 이러한 사례를 발견할 수 있다. 혼란의 양상은 국조의 아버지와 어머니를 누구로 설정했는지를 살펴보면 확연하게 드러난다. 부여계 부족국가들 역시 국조의 탄생담에 부계로는 천신신화를, 모계로는 신모신화를 차용하여 기본적인 틀로 사용하고 있지만, 대상 신을 시대적 변화에 알맞게 교체하며 당대의 신성성을 확보하고 있다.

1) 태양의 의인화 해모수

고조선의 멸망 후 역사에 등장하는 부여계 부족국가들은 국가의 존엄성과 정체성을 획득하기 위한 방편으로 자신들의 집단이 고조선을 계승한 세력이었다거나, 그와 반대로 새로운 건국세력이었음을 부각시키려고 했다.

해부루가 단군의 아들로 설정되는 것은 전자의 경우에 속한다. 「단군신화」의 대단락 C에 등장하는 해부루는 단군과 하백의 딸 사이에서 태어난 아들인데, 『세종실록지리지』에서는 동부여의 왕이 되고, 『동국여지승람』에서는 북부여의 왕이 된다. 도대체 해부루는 북부여의 왕인가, 동부여의 왕인가? 이 문제는 고민할 필요가 없을 듯하다. 역사적 자료를 검토해 보면 둘 다 맞는 말이다.

> 북부여왕 해부루의 대신인 아란불이 꿈을 꾸니, 천제가 내려와서 이르기를 "장차 나의 자손을 시켜서 여기에다 나라를 세우게 하려 하니 너는 딴 데로 피해 가거라. 동해변에 가섭원이란 곳이 있는데 땅이 기름져서 도읍을 차리기에 알맞으니라."라고 했다. 아란불이 왕에게 권하여 그곳으로 도읍을 옮기고 나라의 명칭을 동부여라고 했다.27

『삼국유사』 동부여조에 따르면 해부루는 북부여 지역에 나라를 세웠다가 새롭게 발흥한 이주세력에게 밀려 동부여 지역으로 도읍을 옮긴 것이다. 해부루 집단이 나라의 권위를 높이기 위해 고조선을 계승한다는 명분으로 단군을 국조의 아버지로 선점하는 바람에 그 후 북부여 지역에 정착하는 신흥세력은 기존의 천신이 아닌 새로운 천신을 내세울 수밖에 없었다.

> 그 옛 지역(북부여)에는 어디서 온 지도 모르는 사람이 스스로 천제의 아들 해모수라고 하면서 와서 도읍을 세웠다.28

해모수 역시 천제의 아들임을 자처했지만, 아버지인 천제가 구체적으로 어떤 존재인지를 밝히지는 못하고 있다. 그 대신에 해모수 집단은 국조를 신성시하는 방향으로 신화의 권위를 살려 나갔다.

> 천제가 태자를 보내 부여왕의 옛 도읍에 내려가 놀게 하니 해모수라 이른

---

27 일연, 『삼국유사』, 동부여.

28 김부식, 『삼국사기』, 고구려본기.

다. 그는 다섯 마리 용이 끄는 수레를 타고 하늘에서 내려왔다. 따르는 무리 백여 명은 모두 흰 고니를 탔다. 아롱진 구름이 그 위에 떠오르고 구름 속에서 음악 소리가 울려 퍼졌다. 웅심산에서 십여 일을 머물고 비로소 내려왔는데, 머리에 까마귀 깃털의 관을 쓰고, 허리에 용광검을 찼다. 아침에는 정사(政事)를 돌보고 저녁이 되면 하늘로 올라가니 세상에서는 그를 천왕랑이라고 불렀다.29

해모수가 주인공이 된 북부여의 새로운 건국신화는 환웅신화의 전승변이형에 해당한다. 해모수가 지상으로 내려올 때 웅심산에서 십여 일을 머무는 장면은 환웅이 태백산 신단수로 내려와서 신시(神市)를 개창하는 장면에 대응한다. 따라서 태백산과 마찬가지로 웅심산도 천계와 지계를 잇는 통과적 매개 지점인 우주축으로서의 상징의미를 갖고 있는 것이다.

그런데 해모수는 아침에 정사를 돌보고 저녁이 되면 하늘로 다시 승천한다. 이러한 모습은 태양의 의인화와 다를 바 없으므로 자연신화학파의 신화기원설을 떠올리게 한다. 해모수는 태양의 속성을 지닌 존재이므로 매일 저녁 하늘로 돌아가는 법이다.

『삼국사기』나 『삼국유사』에 기록된 「해모수신화」는 역사적 기술이라는 제약으로 간략한 줄거리만 인용되었을 뿐이나, 「동명왕편」이나 『세종실록지리지』에는 비교적 상세한 내용이 기술되어 있다. 「동명왕편」의 기록은 『구삼국사』를 인용했고, 『세종실록지리지』는 『고기』를 인용했다 하는데 두 기록이 서로 일치한다. 천신이 하강하여 인간을 교화한다는 천신신화는 원신화의 고정적인 틀을 유지하고 있지만, 세부적 내용들은 후대로 내려갈수록 문학적 수식을 첨가하며 장황하게 형상화되었다. 이

29 이규보, 『동국이상국집』, 「동명왕편」. 인용문은 이 책에 실린 『구삼국사』의 내용이다.

로써 우리는 환웅신화를 기반으로 새롭게 재탄생된 천강신화인 「해모수신화」를 접할 수 있다.

「해모수신화」는 후에 고구려의 건국신화에 수용되는데, 이 과정에서 부여계 부족국가의 신화체계에는 적지 않은 혼란이 발생한다. 고구려는 부여계 국가 중 후발주자로 출발했지만 점차 정복국가로 성장하며 광대한 영토를 개척한다. 이러한 고구려의 위상은 비단 외적인 국력의 신장에서만 나타나는 것은 아니었다. 고구려의 건국신화도 국가적 이념을 반영하면서 재편성된다. 「해모수신화」의 수용은 범부여계 국가의 적통자로서 고구려의 명분을 세우는 일이기도 했다. 고구려가 「광개토왕릉비」와 「모두루묘지」 등 비문에까지 건국신화를 언급할 정도로 자신들의 건국신화에 자긍심을 가지고 널리 알리고자 했던 이유도 그런 의도와 무관하지 않다.

> 동명왕의 일은 변화가 신이한 것으로써 여러 사람의 눈을 현혹하려는 것이 아니고, 실로 나라를 창업한 신비한 사적이다. 이것을 기술하지 않으면 후세인들이 장차 무엇을 보고 알 것인가? 그러므로 시를 지어 기록하니, 이는 천하로 하여금 우리나라가 본래 성인의 나라임을 알게 하고자 할 따름이다.[30]

훗날 이규보가 「동명왕편」을 쓰게 된 동기가 곧 고구려 사람들이 당대 「주몽신화」를 구연하고 기록했던 동기였다. 이러한 노력이 민간전승에도 강력한 영향을 미쳐, 「주몽신화」가 고려 때까지 '비록 배운 것 없는 미천한 남녀들까지도 제법 그에 관한 일들을 이야기할 수 있을 정도'로 유포되었던 동인인 것이다.

30 이규보, 『동국이상국집』, 「동명왕편」

2) 하백의 딸 유화의 정체

> 시조 동명성제의 성은 고 씨요, 이름은 주몽이다. 이보다 앞서 북부여의 왕 해부루가 이미 동부여로 피해가고, 부루가 죽자 금와가 왕위를 이었다. 이때 금와는 태백산 남쪽 우발수에서 한 여자를 얻었는데 그녀의 내력을 물으니, "저는 하백의 딸로 이름은 유화라고 합니다. 여러 아우들과 함께 나와 놀고 있을 때 한 남자가 나타나서 제 말로 천제의 아들 해모수라고 했습니다. 저를 웅신산 밑 압록가의 집 속으로 유인하여 사욕을 채운 다음 가더니 돌아오지 않았습니다. 부모는 내가 중매도 없이 남에게 몸을 허락했다고 급기야 이 우발수로 귀양을 보냈습니다."라고 말했다. 금와가 이상히 여기고 그녀를 집에 가두었더니 햇빛이 비쳤는데, 몸을 피하니 햇빛이 또 따라 비쳤다. 이로 인하여 태기가 있었고 닷 되들이만한 큰 알을 낳았다.[31]

『삼국유사』 고구려조의 「주몽신화」는 동부여왕 금와가 유화를 우발수에서 얻게 되는 사건에서 출발한다. 이는 해부루의 양아들인 금와가 자신의 배우자로 유화를 취했다는 뜻이다. 하지만 금와가 만난 유화가 하백의 딸이라면, 『세종실록지리지』나 『동국여지승람』 등의 기록에 '단군과 하백의 딸이 혼인하여 해부루를 낳았다.'고 했으니 유화는 금와에게 할머니뻘이 된다.

인용문에서 유화가 해모수에게 겁간당하고 하백에게 추방당하는 이야기가 신화의 보편적인 기술형태인 순차적 구성이 아니라 유화에 의해 회상되는 중간삽화로 들어간다는 점도 특이한 현상이다. 이러한 미심쩍은 사항들을 감안할 때 유화의 회상담은 민간층에 유포되어 있던 별개의 신모신화였다가 나중에 「주몽신화」에 삽입되었을 공산이 크다. 천신이 하

---

31 일연, 『삼국유사』, 고구려.

강하여 하백의 딸과 직접 관계를 갖는다는 내용의 신모신화가 「주몽신화」의 성립 이전에 독립 전승되고 있었다는 뜻이다.

건국신화의 이본들을 면밀히 대조해 보면 서로 모순을 일으키는 내용이 상당수 포함되어 있음을 발견할 수 있다. 이 모순된 내용은 각기 다른 천신신화나 신모신화를 차용하는 바람에 발생한다. 앞서 언급했듯이 민족신화는 개별 신화들이 모여 연쇄적 신화체계를 이루는 경향이 있다. 이는 『세종실록지리지』의 기록에서도 나타나는 현상이므로 이 기록을 통해 신모신화 쪽의 혼란상을 살펴보자.

(1) 상제 환인에게 서자가 있으니 이름은 웅이었다. 지상에 내려가 인간을 이롭게 다스리고자 하여 하늘의 삼인(三印)을 받고 태백산 신단수 밑으로 내려오니 그가 곧 환웅천왕이다. 손녀에게 약을 먹여 사람이 되게 했는데, 단수신과 혼인하여 아들을 낳으니 이름을 단군이라 지었다.

(2) 단군이 비서갑 하백의 딸을 취하여 아들을 낳고 이름을 부루라 했다. 그가 동부여왕이 되었다.

(3) 천제가 태자를 보내어 부여의 고도에 강유하니 해모수라 일컬었다.

(4) 성북 청하 하백에게 세 딸이 있는데, 첫째는 유화이고, 둘째는 헌화이며, 셋째는 위화이니 모두 자태가 아름답고 수려했다.

인용문은 (1) 고조선, (2) 동부여, (3) 북부여, (4) 고구려 순이다. 동부여는 고조선의 단군을, 고구려는 북부여의 해모수를 국조의 아버지로 설정함으로써 천신의 혼란상은 피할 수 있었지만 신모의 경우는 여전히 문제를 야기한다. 일연은 위와 같은 혼란상에 대해 다음과 같이 기술하고 있다.

『단군기』에 의하면 단군이 서하에 있는 하백의 딸과 친하여 아들을 낳아서 부루라고 이름 지었다. 지금 이 기록을 상고해 보면 해모수가 하백의 딸과 사통해서 주몽을 낳았다 했는데, 『단군기』에는 아들을 낳아 부루라고 이름을 지었다 했다. 그렇다면 부루와 주몽은 배(씨)다른 형제일 것이다.[32]

이 혼란상은 당시 건국신화가 천신으로 신봉되던 단군과 해모수만을 부계로 원용한 것이 아니라, 당시의 신모였던 하백의 딸을 모계로 설정함으로써 유발된 현상이다. 그런데 여기서 단군의 배우자이자 해부루의 어머니인 비서갑 하백의 딸과, 해모수의 배우자이자 주몽의 어머니인 성북 청하 하백의 딸 유화가 과연 동일한 여신이냐 하는 의문이 생긴다.

하백은 고대사회의 수신으로서 도처에서 신봉되던 신격이다.[33] '하백(河伯)' 즉 '강의 우두머리'라는 명칭으로 미루어 보아도 하백은 고유명사가 아니라 수신을 지칭하는 보통명사라고 볼 수 있다. 그렇다면 비서갑 하백은 태백산 근처에 살고 있는 수신이고, 성북 청하 하백은 압록강에 살고 있는 수신이다. 따라서 해부루와 주몽의 탄생담에 도입된 하백의 딸은 별개의 여신이라 결론지을 수 있다. 하지만 신화적 상징의미로 보면 하백이 해당 지역의 수신이라는 점이나 수신의 딸이 신모의 자격을 지닌다는 점에서는 동일하다.

하백의 딸에 대한 논의를 통해 토테미즘 사회에서 유래된 웅녀와는 다른, 이질적인 사회적 배경을 가진 신모가 당시에 등장했다는 정황을 도출할 수 있다. 이때의 신모는 물과 땅의 기운을 동시에 가지고 있는 여신으로 농경사회에 적합한 이미지를 갖추고 있다.

만주에서 구전되던 신화인 『천궁대전(우처구우러번)』에는 태초에 물

32 일연, 『삼국유사』, 고구려.
일연은 부루와 주몽을 배가 다른 형제라 하였으나 씨가 다른 형제라야 논리가 맞다.

33 중국 황하강의 신도 하백인데, 이 한자 이름이 도입되면서 보편적 수신의 명칭으로 사용된 것으로 보인다.

거품에서 태어났다는 아부카허허라는 여신이 등장한다. 이 여신은 버들 천모라 불리기도 하는데 버드나무는 주로 물가에서 자라며, 물과 땅을 아우르는 이미지를 가진 식물이니 생명과 창조의 여신에 부합하는 이름이다. '버들개지'라는 뜻을 가진 유화(柳花) 역시 수신의 딸이자 곡물신의 성격을 지니고 있었다. 따라서 건국신화에 인용되기 전 유화는 아부카허허에 비견하는 여신으로 독자적인 신화를 가지고 있던 농경사회의 신모였을 터이다.[34]

3) 두 가지 유형의 유화신화

고구려의 건국신화는 전대의 건국신화에 비해 복잡한 서사전개의 양상을 보이고, 오랜 기간의 전승과정을 거치며 첨가된 다양한 화소들도 잘 보전하고 있다. 이는 이규보 덕분이지만, 그가 유려한 서사시 「동명왕편」을 저술했다는 측면보다는 『구삼국사』의 기록을 주석으로 인용했다는 측면이 더 크게 작용한다. 『구삼국사』의 「주몽신화」는 이미 영웅서사문학의 면모를 갖추고 있었다. 『구삼국사』의 사례로 미루어 보건대 『삼국사기』 이전에 존재했던 유교의 합리주의적 사관에 영향을 받지 않은 사서들에는 다양한 고대신화들이 이처럼 상세한 내용으로 실려 있었던 듯한데, 유감스럽게도 모두 유실되고 말았다. 그러나 신화적 역사의 가치를 인정해 준 고려의 문호 덕분에 「주몽신화」는 주몽의 출생부터 죽음에 이르는 영웅의 일대기가 온전히 남아 지금까지 전해질 수 있었다.

---

34 아부카허허에 대한 사항은 다음 책자를 참조하였다.
김재용 · 이종주, 『왜 우리 신화인가-동북아 신화의 뿌리 <천궁대전>과 우리 신화』, 동아시아, 2004.

(1) 해모수가 다섯 마리 용이 끄는 수레를 타고 웅심산에 잠시 머문 후 내려온다.
(2) 해모수는 아침에 정사를 돌보고 저녁에는 승천한다.
(3) 해모수는 웅심연에서 놀고 있는 하백의 세 딸들을 궁실로 유인한 후 유화를 차지한다.
(4) 하백이 중매를 통해 청혼하지 않은 것을 꾸짖자 해모수는 유화와 함께 하백의 궁으로 간다.
(5) 해모수는 하백과의 변신 시합에서 이기고 정식으로 유화와 혼인을 한다.
(6) 하백은 해모수의 마음이 변할까봐 크게 취하게 하여 가죽부대에 유화와 함께 가두지만, 해모수는 가죽을 찢고 홀로 하늘로 올라가 버린다.
(7) 하백은 유화를 꾸짖으며 입술을 세 자나 뽑아 우발수로 추방한다.
(8) 금와에게 취해진 유화는 입술을 잘리자 말을 하게 된다. 전후 사정을 들은 금와는 유화를 별궁에 가둔다.
(9) 햇빛이 쫓아가면서 비추자 유화는 잉태하여 커다란 알을 낳는다.
(10) 알을 불길하다고 여겨 버렸으나 동물들이 보호하므로 유화에게 되돌려지고, 그 알에서 주몽이 태어난다.
(11) 비범한 능력을 타고났고 활도 잘 쏘는 주몽을 금와의 왕자들이 시기한다. 주몽은 준마와 마리, 오이, 협보라는 세 벗을 얻는다.
(12) 주몽은 벗들과 함께 도망하여 엄체수에 이르렀는데, 물고기와 자라들이 다리를 놓아주어 무사히 탈출한다.
(13) 유화가 보낸 비둘기를 쏘아 오곡의 종자를 얻은 후 졸본에 고구려를 세운다.
(14) 비류왕 송양과의 대결에서 이기고 송양을 굴복시킨다.

⒂ 주몽이 승천하자 옥채찍으로 장례를 지낸다.

「동명왕편」에 인용된 『구삼국사』 고구려본기나 『세종실록지리지』에 기록된 「주몽신화」의 내용은 거의 일치한다. 단락 ⒂ 뒤로 유리왕의 이야기가 이어지지만 이 글의 관심사인 신모신화와는 관련성이 없는 부분이므로 생략했다.

위에서 제시한 「주몽신화」의 단락을 살펴보면, 이 신화가 다섯 부분으로 구성되어 있음을 알 수 있다. 이 부분들을 각각 대단락 A, B, C, D, E라 표기하고, 각 대단락의 중심 내용을 정리하면 다음과 같다.

A. ⑴~⑵ 해모수의 하강담
B. ⑶~⑺ 해모수와 유화의 결합담
C. ⑻~⑽ 유화의 일광감응에 의한 주몽의 탄생담
D. ⑾~⑿ 주몽의 신이한 성장담
E. ⒀~⒂ 주몽의 건국담

「주몽신화」의 다섯 부분 중 대단락 A와 B, 대단락 B와 C 사이에는 괴리된 시대적 층위가 엿보이며, 그 이음새도 매끄럽지 못한 감이 있다. 대단락 A는 앞서 살펴본 대로 천신하강 계통의 「해모수신화」인데, 북부여의 건국신화로 독립 전승되던 이야기다. 다른 부족국가의 신화를 차용하여 「주몽신화」의 모두(冒頭)로 삼았으므로 괴리감이 느껴질 수밖에 없다. 또한 B와 C는 서로 다른 신모신화의 유형들이 뒤엉켜 있는 현상이 나타난다. 이 부분은 신모가 잉태하는 계기를 마련하는 대목이다. 그런데 대단락 B는 천신이 신모와 직접 사통하는 내용이고, 대단락 C는 햇빛에 의해 신모가 잉태하는 내용이다. B와 C에서는 서로 다른 이중의 잉태과정이 들어가 있는 셈이므로, 별개의 신모신화 두 편이 조합된 것이 아닌가 하는 의심을 품게 된다.

대단락 A는 이미 살펴보았으니 해모수와 유화가 직접 결합하는 대단락 B부터 면밀히 점검하여 이 문제를 해결할 실마리를 찾아보자. 해모수는 배우자를 찾아서 자신의 후계자를 갖기 위해 웅심연으로 내려온다. 그의 의도는 '얻어서 왕비를 삼으면 후사를 둘 수 있다.'라는 구절에 직접 드러난다. 그래서 그는 하백의 세 딸들을 구리로 된 궁전에 가두고 첫째인 유화를 취해 관계를 맺는다.

> 왕이 세 여자가 크게 취한 것을 기다려 급히 나가 막으니 여자들이 놀라 달아나다가 맏딸 유화가 왕에게 붙잡혔다.[35]

원시시대 약탈혼의 흔적이 남아 있는 듯한 해모수와 유화의 결합은 수신인 하백의 분노를 사게 된다. 해모수는 오룡거(五龍車)를 타고 수중에 있는 하백의 궁으로 찾아간다. 해모수는 하백과의 변신시합에서 승리함으로써 자신이 천제의 아들임을 입증하고 정식으로 유화와 혼례를 올린다.

여기까지의 이야기는 민담에서도 흔히 들을 수 있는 보편적인 결혼식담의 줄거리다. 대개 외지에서 온 남자 주인공이 자신의 짝이 될 공주에게 구애를 하고, 왕은 공주의 구혼자들에게 난제를 해결하도록 하여 자격을 검증하며, 이 과정을 통과한 남자 주인공이 공주를 차지한다. 유화와 결합한 후 다시 정식 혼인을 치르게 되는 이중혼의 구조 역시 민담에서 흔히 발견할 수 있는 특징인데, 현재의 약혼과 결혼에 해당하는 고대적

35 이규보, 『동국이상국집』, 「동명왕편」.

풍습이 화석처럼 서사구조에 각인되었다고 보면 된다.

그런데 해모수가 건망증이 심각한 수준이 아니라면 유화를 취한 목적이 후사를 얻기 위함이라는 사실을 잊었을 리가 없다. 그냥 유화와의 사이에서 자식을 낳아 자신의 후계자로 삼아야 논리에 맞다. 북부여는 해모수 당대로 역사를 마감하는 부족국가가 아니므로, 북부여의 신화가 온전히 남아 있었다면 대단락 B는 해모수의 후계자인 동명왕[36]의 탄생 대목에 관련된 서사였다고 추정할 수 있다.

하지만 고구려의 「주몽신화」에서는 해모수가 이렇듯 어려운 과정을 거쳐서 결혼에 성공한 후 유화를 동반하지 않고 혼자 승천해 버린다. 이는 환웅이 웅녀와 결합한 후 곧바로 이야기 속에서 사라지는 상황과 다를 바 없다. 천신은 원래 천상에 속해 있는 존재이니 하늘로 돌아가는 것이 당연하다. 문제는 해모수가 유화를 제대로 임신시키지도 못한 채 지상에 남겨 두는 상황이다. 결국 대단락 B의 내용은 주몽의 탄생과는 무관한, 해모수와 유화의 결연담이라는 동떨어진 삽화로 남는다. 또한 대단락 B는 '천신하강 - 혼사장애 - 신모와 결합 - 천신의 사라짐'이라는 웅녀신화와 일치하는 서사구성으로 되어 있다. 그러므로 이 부분은 「주몽신화」의 일부가 아닌 신의 배우자로서의 신모에 대한 유래담으로 구전하던 유화신화였을 터이다.

대단락 C는 일광감응에 의해 유화가 주몽을 잉태하고 알을 출산하는 대목이다. 이 내용은 중국사서에 기록된 동명왕 계통의 신화에서도 발견할 수 있는데, 아예 해모수와 같은 천신이 등장하지 않고 대단락 C부분부터 이야기가 시작된다. 그중 『논형』은 1세기경의 책자이니 동명왕 계통

36 넓은 의미의 동명왕계 신화는 부여계 국가들인 부여, 고구려, 백제의 건국신화를 포괄하는 개념이다. 이 글에서는 '동명왕 (범 부여계 신화) > 주몽 (고구려)'의 의미로 사용하겠다. 서대석, 「백제신화연구」 『백제논총』 1집, 백제문화개발연구원, 1985, 34쪽.

의 신화 기록 중 가장 오래된 자료다.

> 북쪽의 이족(夷族)인 탁리국왕의 하녀가 임신을 하자 왕은 하녀를 죽이려 했다. 하녀가 대답하기를 무슨 달걀만한 크기의 기운이 하늘로부터 내려온 까닭에 임신이 되었다고 했다. 후에 아들을 낳았는데 돼지우리에 던져 두었지만 돼지가 입김을 불어넣자 죽지 않았다.37

『논형』에 기록된 동명왕의 탄생담은 신모가 천신과의 직접 결합을 통해서가 아니라 일광감응에 의해서 잉태한다는 화소가 형성되었다는 것을 말해 준다. 다만 동명이 알에서 태어나지 않는다는 점이 우리의 기록과 차이를 보일 뿐이다. 또한 이와 같이 '남편 없이 잉태하는[不夫而孕]' 신모신화의 유형은 이후 일반화되어 「선도산신모신화」나 「대관령국사서낭신화」 등 후대 신모계 전승으로 이어지므로 무심히 지나칠 수 없다.

여기서 왜 이러한 변이형이 형성되었느냐 하는 문제가 제기된다. 더구나 이러한 현상은 동명왕 계통의 신화에서만이 아니라 동아시아 여러 민족의 신화에서도 나타나는 공통적인 변이 현상이다.

> 세 사람의 천녀가 연못에서 목욕을 하고 있을 때 신까치가 붉은 열매를 물어다가 작은 천녀의 옷 위에 놓았다. 작은 천녀가 입에 물자 갑자기 뱃속으로 들어가더니 드디어 아이를 뱄다. 곧 한 사내아이를 낳았는데 나면서부터 말을 하고 생김새도 기이했다.38

---

37 『논형』, 조험편.
『논형』뿐 아니라 『삼국지』 위서 동이전, 『후한서』 동이전에 같은 내용이 보인다. 태어난 아이는 동명이고 후에 부여의 왕이 된다. 따라서 이 유형의 신화가 범부여계 국가들 사이에 유포되어 있었다는 사실을 알 수 있는데, 특히 고구려의 전신인 졸본부여에서 유행했던 유형인 듯하다.

인용문은 우리와 인접해 있던 만주의 건국신화인데, 세 사람의 천녀는 유화, 훤화, 위화와 대칭을 이루고, 신까치가 물어다 주었다는 붉은 열매는 햇빛으로 잉태하는 유화를 연상케 한다. 따라서 동아시아에서는 비슷한 화소들로 조합된 다양한 신모신화가 전승되었으며, 신모가 천신과 결합하여 잉태한다는 이야기와 남편 없이 잉태한다는 이야기는 서로 다른 유형의 독립된 신모신화였음을 짐작할 수 있다. 하지만 두 유형의 신모신화는 애초 별개의 근원에서 형성된 이야기가 아니라 근원은 같지만 역사적 변천에 따라 갈라지는 이형태들이라 판단된다.

유목사회에서는 천신이 신앙의 대상에서 우세한 위치를 점유한다. 유목민들은 이동 생활을 하였기 때문에 지상에 정착한 신보다는 어느 곳에서든지 청배(請拜)하여 강림할 수 있는 천신을 선호한다. 그 반면에 천신은 집단적 이동체계에 필요한 규율을 강요하고 통제하는 역할도 담당했으므로 두려움의 대상으로 인식되기도 하였다. 그렇기 때문에 천신은 농경사회로 접어들면서 사람들의 마음속에서 소원해지기 마련이다. 또한 「해모수신화」에서 보았듯이 천신은 속성 상 하늘에 귀속된 신이므로, 정착 생활을 하는 입장에서는 지속적으로 자신들과 함께 있을 수 있는 지상에 귀속된 신을 선택한다. 그래서 천신보다는 지상에 영원히 존재하면서 풍요와 안정을 가져다 줄 수 있는 신모에게 더욱 관심이 쏠리는 것이다. 이러한 시대적, 사회적 변천에 따른 신앙층의 의식 변화에서 천신은 잊혀가는 숨은 신(Hidden God)이 되며, 절체절명의 순간에만 떠올리는 원격신(Deus otiosus)이 되고 만다.[39]

그러므로 농경 정착 생활을 기반으로 하는 고대사회에서는 신모신화가

38 『만주원류고』, 권 1. 만주를 건국하는 아이신기오로 부쿠리용숀의 탄생담이다.

39 M. Eliade, "The Sacred and The Profane", pp. 121~125.

천신신화보다 더 일반적으로 전승되는 경향이 있다. 새롭게 형성되는 건국영웅의 탄생담도 변화된 신성원리를 수용하여 엄격한 천신이 사라지고 자애로운 대상인 신모가 부각된다. 어쩌면 신모는 천신에게서 분리되는 순간 독자적으로 신앙되던 원초적 지모의 위상을 회복하게 되는지도 모른다.

외경의 대상을 기피하려는 성향은 언어현상에서도 나타난다. 신의 이름이 금기의 대상인 것은 제반종교에서 발견할 수 있는 공통적인 특징인데, 대상과 명칭을 동일시하는 원시심성에서 기인된다. 이로 인하여 신의 이름은 음운의 변화를 통해서 지칭되거나 상징적 표현으로 대체되며, 언어로 이루어진 신화는 이 금기현상에 즉각적으로 반응한다. 천신과 신모의 결합을 상징하는 매개로 사용하였던 햇빛, 붉은 열매는 태양을 대신하는 상징물이다. 그러므로 천신과 신모가 결합한다는 전시대의 직접 결연의 화소는 천신의 신격이 희미해지는 과정 속에서 햇빛, 알, 열매 등의 상징물로 대체되면서 남편 없이 잉태한다는 간접 결연의 화소로 변이를 일으키는 것이다.

이러한 견해를 검증하기 위해서 이번에는 『수서(隋書)』에 기록된 고구려 건국신화를 살펴보자.

> 고려의 선조는 부여에서 나왔다. 부여왕이 한때 하백의 딸을 얻어서 방안에 두었더니 햇빛이 따라 비추므로 느끼고 잉태하여 큰 알 하나를 낳았다. 껍질을 깨니 남자아이가 나왔고 이름을 주몽이라 했다.40

앞서 언급했던 『논형』에서는 신모가 잉태하는 계기가 달걀만한 기운

---

40 『수서』, 고려.

이 하늘에서 내려왔기 때문이라고 했다. 그러나 『수서』의 「주몽신화」에서는 햇빛이 따라 비추어 커다란 알을 낳는 것이다. 커다란 알은 태양의 상징물이 분명하고 만주 건국신화의 천녀가 먹은 붉은 열매와 대칭을 이룬다. 따라서 이 잉태의 매개물 역시 천신이 숨는 현상에서 비롯된 변이화소들이다. '태양 → 햇빛 → 달걀만한 기운 → 붉은 열매 → 알'로 천신을 대신하는 상징물이 점차 변모하면서 여인이 알을 낳는다는 화소[41]가 신화에 등장하는 것이다.

> 『서언왕지』에 이르기를 서국의 궁녀가 애를 배더니 알을 낳았기에 상서롭지 않은 것이라고 생각하고 물가에 내다 버렸다. 그 남편 없는 여인에게 개가 있어 곡창이라고 이름 지었는데 물가에 사냥을 나갔다가 내다 버린 알을 주워서 물고 돌아왔다. 그녀가 이상히 여겨 따뜻하게 덮어 둔 결과 부화되어 아이가 태어났다.[42]

동이족으로 한때 중국 동북지역의 맹주로 군림했던 서국의 언왕 역시 여인이 알을 낳는다는 탄생담을 가지고 있으므로, 이 난생화소(卵生話素) 또한 동이족 사이에서 널리 유포되어 있었음을 확인할 수 있다.

따라서 현전하는 「주몽신화」에는 '천신과의 결합'과 '일광감응', 그리고 '여인이 알을 낳음'이라는 시대적 층위가 다른 신화소들이 혼재하고 있는 것이다. 이처럼 신모의 잉태과정에 여러 층위의 화소가 공존하는 특성은 다양한 변이들을 양산할 만큼 신모신화의 구연 기회가 많았다는

41 기록에는 생일란(生一卵), 초생란(初生卵), 인생조란(人生鳥卵) 등으로 나타나고, 이를 인태적(人態的) 출산형, 인생란(人生卵) 등으로 지칭하기도 했지만 고정된 용어는 아니므로 '여인이 알을 낳음'으로 표기하기로 한다.

42 『박물지』, 권 7.

사실을 방증해 준다.

> 북사에 이르기를 고구려에는 10월에 제천행사를 거행했는데 음사(淫祠)가 많았다. 신묘는 두 곳이 있어서 하나는 부여신이라 하여 나무를 새겨 부인의 상을 만들었다. 다른 하나는 고등신이라 하였는데, 시조이며 부여신의 아들이라 한다. 모두 관서를 설치하고 사람을 보내 지키게 했다. 대개 하백의 딸과 주몽이라고 한다.[43]

위의 기록에서 보듯이 고구려의 제사 대상에는 해모수가 포함되지 않는다. 고구려의 신앙도 신모인 유화와 국조인 주몽에 한정되어 있었던 것이다. 당나라 군사가 침략하여 고구려가 멸망하자, 동명왕모의 소상(塑像)에서 사흘 동안 피눈물이 흘렀다는 기록[44]도 보인다. 이는 유화가 시조모로서 고구려의 역사와 함께 했음을 의미한다.

대단락 D, E는 주몽의 성장, 건국, 죽음으로 이어지는 전형적인 영웅의 일생이 펼쳐진다. 이 부분부터 신화의 주인공이 주몽으로 바뀌는데, 이제 신의 시대는 쇠퇴하고 역사적 영웅의 시대가 도래했음을 선포하는 듯하다. 대단락 D, E에서는 주체가 주몽이므로 유화가 자주 등장하지는 않지만, 자애로운 어머니로서의 역할은 두드러진다. 그녀는 주몽에게 활과 화살을 만들어 주고, 준마(駿馬)를 골라 주며, 오곡의 종자를 전해 준다.

> 주몽이 이별할 때 차마 떠나지 못하니 어머니가 말하기를 "너는 어미 하나 때문에 걱정하지 마라." 하고 오곡의 종자를 싸주어 보냈다. 주몽이 살아서 이별하는 마음이 애절하여 보리 종자를 잊어버리고 왔다. 주몽이 큰 나무

43 김부식, 『삼국사기』, 제사.

44 김부식, 『삼국사기』, 고구려본기, 보장왕 5년. 안정복, 『동사강목』, 제3 하.

밑에서 쉬는데 비둘기 한 쌍이 날아왔다. 주몽이 "아마도 신모께서 보리 종자를 보내신 것이리라." 하고 활을 쏘아 한 화살에 모두 떨어뜨렸다. 목구멍을 벌려 보리 종자를 얻고 나서 물을 뿜으니 비둘기가 다시 소생하여 날아갔다.[45]

유화는 자신이 건네준 보리 종자를 아들이 잊어버리고 가자 비둘기의 뱃속에 다시 넣어 날려 보낸다. 이 장면은 그녀가 곡물신으로서의 신격을 유지하고 있음을 암시해 준다. 그런데 왜 주몽은 동부여를 탈출하면서 어머니를 모시고 갈 생각조차 하지 않았을까? 그 해답은 그녀의 남편 금와 때문은 아닐 것이고, 주몽이 자신의 어머니를 '신모'라고 부르는 데서 찾을 수 있을 듯하다. 인용했던 「삼국사기」 제사조에서도 확인할 수 있듯이 유화는 '부여신'이었다. 「주몽신화」에 수용되기 전부터 유화는 동부여에서 농경신, 풍요의 신으로 숭앙되던 신모였다. 따라서 유화는 이야기 속에서도 주몽과 함께 떠나지 못하고 동부여의 역사가 지속되는 한 그곳에 남을 수밖에 없는 존재였던 것이다.[46]

3. 신라의 신모 알영

1) 혁거세와 천강란의 의미

앞서 천신이 숨는 현상으로 말미암아 남편 없이 잉태한다는 새로운 유형의 신모신화가 파생되었다고 밝힌 바 있다. 천신이 숨는 현상은 비단 신모신화만이 아닌 천신신화에도 영향을 주었을 것이다. 이 점을 「혁거세

45 이규보, 『동국이상국집』, 「동명왕편」

46 부여신인 유화의 사당을 고구려로 옮긴 것은 동부여의 멸망 이후의 일이다.

신화」를 통해 살펴보자.

> 양산 밑 나정이라는 우물가에 번갯빛처럼 이상한 기운이 땅에 닿도록 비치고 있었다. 그리고 흰말 한 마리가 땅에 꿇어앉아 마치 절을 하는 듯한 모양을 하고 있어서 그곳을 찾아가 조사해 보았다. 거기에는 자줏빛 알 한 개가 있었다. 혹은 푸른 큰 알이라고도 한다. 말이 사람을 보더니 길게 울고는 하늘로 올라가 버렸다. 알을 깨고서 어린 사내아이를 얻었는데, 모양이 단정하고 아름다웠다. 모두 놀라하며 이상하게 여겨 그 아이를 동천(東泉)에 목욕시키자 몸에서 광채가 나고 새와 짐승들이 따라서 춤을 추었다. 이내 천지가 진동하고 해와 달이 청명해졌다. 이에 그 아이를 혁거세왕이라고 이름 지었다.[47]

기록에 의하면 빛과 같은 기운이 땅으로 내려와 몸에서 광채를 발하는 아이가 태어났다고 했다. 이어지는 구절에 '천자가 이미 내려왔다[天子已降].'라고 혁거세가 하늘의 아들임을 명시하고 있다. 천자의 하강은 세상의 재창조와 상응하는 의미를 지닌다. 천지가 진동하고 해와 달이 청명해졌다는 징험이 이를 증명해 주고 있다. 그런데 문제는 매개체인 자줏빛 알이다. 이 알에서 태어난다는 난생화소로 말미암아 「혁거세신화」는 북방계 신화와는 다른 남방계 신화라는 주장이 제기되기도 했지만, 난생화소가 남방계 신화의 고유한 특징이라고 말하기는 어렵다. 이 화소는 앞서 살핀 바 있듯이 만주, 몽고 등의 북방계 신화에도 보편적으로 나타나는 화소인 것이다. 따라서 난생이라는 특징으로 신화의 계통을 분류하는 것은 적절하지 않다고 본다.

동부여의 「금와신화」는 혁거세신화의 남방계설을 반증하는 사례가 될

---

47 일연, 『삼국유사』, 박혁거세.

수 있다.

> 부루는 늙도록 아들이 없었다. 어느 날 산천에 제사를 지내 후사를 얻으려 했다. 이때 타고 가던 말이 곤연에 이르러 큰 돌을 보고는 마주하며 눈물을 흘렸다. 왕이 이상히 여기고 사람을 시켜 그 돌을 들추니 거기에 어린아이가 하나 있었는데, 모양이 금빛 개구리와 같았다. 왕은 기뻐하며 말했다. "이것은 필경 하늘이 나에게 아들을 주시는 것이로구나."[48]

물론 「금와신화」에는 난생화소가 겉으로 드러나 있지는 않다. 하지만 두 신화에 사용된 나정이라는 우물과 곤연이라는 연못, 백마와 타고 가던 말을 통한 예조, 알과 큰 바위라는 소재들은 거의 완벽한 대칭을 이루고 있으며, 거기서 하늘이 준 금빛 나는 아이를 얻었다는 결과도 일치한다. 화소보다는 유형구조가 계통을 구분하는 선순위의 기준이므로 「금와신화」와 「혁거세신화」를 같은 계통의 신화 유형이라고 보는 편이 타당할 것이다.

그렇다면 일광감응이 점차 여인이 낳은 알로 대체되는 것처럼 하늘에서 내려온 알인 천강란(天降卵) 또한 천신하강의 후대 변이형태일 가능성이 크다. 혁거세를 왕으로 추대하는 여섯 마을 촌장들도 모두 하늘에서 마을에 있는 산으로 하강한 존재들이다. 만약 그들이 알의 상태로 내려왔다면 이 사항을 기록하지 않을 이유가 없다. 곧 그들의 신화는 천신하강의 유형이었다는 것이다. 이러한 근거들은 사로국의 신화가 천신하강 유형에서 천강란 유형으로 자체 변이를 일으켰다는 관점에 힘을 실어준다.

---

48 일연, 『삼국유사』, 동부여.

하늘이라는 단어는 '한 +울(하늘)'로 구성되는데, '한'이라는 어근에 붙는 '울' 역시 접미사가 아니라 태양의 의미를 지니는 어근으로 볼 수 있다.[49] 사울(3일), 나울(4일)의 경우는 분명히 '울'이 날[日]의 의미를 지닌다. 알이 하늘에서 내려온다는 것은 곧 태양이 강림했다는 동음이의어를 사용한 은유적 표현에서 구상된 신화소일 것이다. 신화의 기원설 중 '언어질병설'은 신화의 일반적인 형성 원인을 설명하기에는 역부족이지만, 다의적 의미를 가진 단어를 의도적이든 아니든 달리 해석함으로써 신화의 구성요소가 변이되기도 한다는 부분적 요인을 설명해 주기에는 충분하다. 그러므로 「혁거세신화」와 같은 천강란 유형의 신화는 종래의 천신하강의 유형에서 천신 → 태양 : 알[日] → 알[卵]이 내려오는 단계로 은유적 교체를 일으키면서 형성된 천신신화의 변이형이라 사료된다.

비교신화학적 관점에서도 이 견해는 뒷받침된다. 그리스 신화에서 우주란(Cosmic egg)은 일명 빛의 알(Egg of light)이라고 불리며, 여기서 빛과 생명의 신이 탄생했다고 한다. 이러한 신화적 인식은 빛의 알과 태양과 천신이 동일한 근원을 가지고 있다는 관념에서 비롯된다.

> 혁거세는 필경 우리말일 것인데 혹 불구내왕(弗矩內王)이라고도 한다. 밝은 빛으로 세상을 다스린다는 뜻이다.[50]

혁거세란 이름 또한 태양의 의미를 내포한다. 인용문에서 '赫居世'는 혁거세라고 읽는 한자어가 아니라 우리말 '弗矩內(불구내)'의 차자표기이고, 세상을 밝힌다는 의미라고 했다. 그렇다면 혁거세의 붉을 혁(赫)은

49 서정범, 『우리말의 뿌리』, 고려원, 1989, 229~230쪽.

50 일연, 『삼국유사』, 박혁거세.

'ᄇᆞᆰ'의 훈독(訓讀) 표기이고, 안 내(內)는 'ᄂᆡ(뉘>누리)'의 음독(音讀)표기다. 따라서 혁거세의 신라 때 우리말 이름은 'ᄇᆞᆰᄂᆡ[弗矩內]'이며, 현대식 이름은 '밝은 누리'에 해당한다.

이런 관점에서 보면 알은 태양의 대체물이며, 「혁거세신화」 역시 천신이 사라지는 현상을 반영한 천신신화의 변이형이다. 하늘에서 알로 내려왔다 뿐이지 혁거세는 환웅이나 해모수에 버금가는 위상을 갖는 것이다. 이에 기존의 천신신화는 천신하강 유형과 천강란 유형이라는 하위유형으로 나누어지게 된다.

2) 알영우물에서 태어난 계룡의 딸

혁거세는 신모의 개입 없이 탄생하는 국조이므로 「단군신화」나 「주몽신화」와는 다른 서사가 전개되리라 기대할 수 있겠다. 하지만 「혁거세신화」 역시 천자의 하강 이후 신모와 결합하는 이야기로 이어진다. 건국신화도 구비전승 되다가 정착하는 장르이므로 다른 구비문학 장르와 마찬가지로 고정체계면을 이루는 부분과 비고정체계면을 이루는 부분[51]이 있다. 대개 이야기의 유형구조가 고정체계면이라면 구성요소들은 비고정체계면에 속한다. 「혁거세신화」도 천강란이라는 새로운 화소를 사용하며 비고정체계면에서는 변화를 일으키고 있지만, 기존 신화들을 통해 고정화되어 버린 하늘과 땅의 결합에 의해서 종족이, 국가가, 세계가 새롭게 창조된다는 신화의 고정체계면을 탈피할 수는 없었을 것이다. 그래서 『삼국유사』에서는 '같은 날' 운명처럼 그의 배필이 될 알영이 태어난다.

그 당시의 사람들이 다투어 가면서 치하하기를 "천자가 이미 내려오셨으니

51 조동일, 『서사민요연구』, 계명대 출판부, 1979, 73쪽.

> 마땅히 덕이 있는 황후를 찾아내어 배필을 정해야겠다."라고 했다. 이날 사량리 알영우물(달리 아리영 우물이라고도 한다)에 계룡이 나타나더니 왼쪽 옆구리로 계집아이를 낳았다(달리 이르기를 용이 나타났다가 죽어서 그 배를 가르고 얻어냈다고도 한다). 얼굴이 아주 고우나 입술이 닭의 주둥이와 같았는데 월성 뒤에 있는 냇가에 데리고 가서 목욕을 시켰더니 그 주둥이가 헤쳐져서 떨어졌다. 이로 인하여 그 냇가를 발내라고 불렀다. 남산 서쪽 기슭에 궁실을 짓고 거룩한 두 아이를 받들어 길렀다. [……] 여자 아이의 이름은 태어난 우물의 이름을 따서 지었다.[52]

『삼국사기』의 기록과 『삼국유사』의 기록은 외형상 별 차이가 없지만, 『삼국사기』는 역사의 객관적 기록이란 인식에서인지 비교적 간결하게 기술된 데 비하여 『삼국유사』는 상세한 편이다. 『삼국유사』는 주석을 통해 다르게 전해지는 이야기들을 소개하고 있는데, 이는 일연 자신이 정확한 기록을 위해 노력한 흔적이기도 하겠고, 알영에 대한 이야기가 다양한 유형으로 민간층에서 전승되었다는 사실을 뜻하기도 한다. 알영의 탄생담은 이 글에서는 처음 등장하는 신모의 탄생담이기 때문에 더욱 관심을 기울이지 않을 수 없다.

알영은 우물가에서 태어난다. 알영이라는 이름 자체를 우물 이름에서 따왔다는 대목도 의미심장하다. 우물은 사람들에게 식수와 생활용수를 공급하는 생명의 원천이자 공동체의 중심 장소였으므로 전통사회에서 신성 공간으로 여기던 곳이다. 그래서 국가와 마을에서는 우물과 관련된 제사를 지내기도 했다. 지금도 남아있는 우물고사와 용알뜨기 같은 민속은 예로부터 내려오는 우물신앙의 유풍이다. 신라의 두 성인인 혁거세와

52 일연, 『삼국유사』, 박혁거세.

알영이 각각 나정과 알영정이라는 우물가에서 출생하는 것은 결코 우연의 일치가 아닌 것이다.

신성공간인 우물에 신이 깃드는 것은 당연한 일이다. 우물의 신은 전통사회의 수신인 용이다. 그래서인지 이야기 속의 우물은 용궁으로 통하는 비밀 통로이기도 하다. 계룡은 닭 모양의 벼슬과 부리를 가지고 있는 용인데, 상서로움을 나타내는 예표였다. 계룡은 신라시대 국가에서 제사를 지내던 오악(五岳) 중 서악이었던 계룡산이란 산 이름에도 등장하므로, 중국의 용이 유입되기 전부터 존재하던 우리 고유의 용이었을 것이다. 고대사회에 용신신앙이 널리 유포되어 있었다는 사실은 문헌기록을 통해서 확인되고,[53] 특히 기우제의 기록이 많이 남아있다. 이는 용이 전통적인 수신이며 기후와 관련된 신임을 입증해 주는 실례다.

알영은 이렇듯 신성 공간인 우물에서 수신인 계룡에 의해 태어나는 여신이다. 따라서 알영이 수신의 자격을 물려받는 존재임은 자명하다. 이는 유화가 수신인 하백의 딸이란 점과 상응한다. 물은 농사에서 대지의 비옥함만큼이나 필수불가결한 요소이므로, 농경사회에서 물을 지배하는 권능을 가진 존재가 신앙의 대상이 되는 것은 마땅한 이치다. 이러한 이유에서 고대 사회에서 신모는 땅의 속성만이 아닌 물의 속성도 갖출 필요가 있었고, 신화에서는 신모가 수신의 딸인 동시에 지신으로 형상화되었다고 본다.

또한 알영의 탄생담 중 눈에 띄는 대목은 계룡이 왼쪽 옆구리로 계집아이를 낳았다는 구절이다.[54] 유화가 왼쪽 옆구리에서 주몽을 품은 알을 꺼냈다는 것과 흡사한 내용이다. 계룡의 배를 가르고 알영을 얻었다는

53 박용식, 『한국설화의 원시종교사상연구』, 일지사, 1992, 89~94쪽.

54 『삼국사기』에서는 오른 쪽 옆구리에서 태어난 것으로 기록되어 있다.

주석에 기록된 이본의 내용까지 포함시키면 석가모니의 탄생 장면과도 유사하다. 이러한 사례들은 제왕절개식 출산이 고대신화에서 탄생의 신이함을 강조하기 위해 사용하는 보편적 화소였음을 알려 준다. 그렇다면 알영은 전형적인 고대 영웅의 면모를 지니고 출생하는 셈이다.

이렇듯 알영은 혁거세 못지않은 신이한 탄생담을 갖고 있다. 이는 알영이 혁거세의 배우자로 차용되기 이전부터 독자적으로 숭앙되던 여신이었다는 뜻이다. 알영은 계룡과 인간의 형상을 공유한 반인반수(半人半獸)의 여신이다. 신격의 발전 단계에서 동물신이 인격신으로 변모하는 과정 중에 반인반수의 과도기적 형상을 거치는 경우가 있다. 중국의 여와나 서왕모가 그 대표적인 사례에 해당한다. 여와는 인간의 머리에 뱀의 몸을 하고 있었고, 서왕모는 표범의 꼬리와 호랑이 이빨을 갖고 있었다가 후대 아름다운 부인의 모습으로 변하게 된다. 우리 신화에서는 반인반수의 신들이 거의 등장하지 않는 편이지만 알영은 확실히 반인반수의 모습으로 태어난다. 이러한 형상은 그녀가 계룡을 토템으로 삼는 고대 종족의 신모로서 만만치 않은 이력을 가지고 있었던 여신임을 암시해 준다.

하지만 알영은 「혁거세신화」에 수용되면서 현실적인 왕비의 모습으로 변한다. 알영을 월성 뒤편의 시내에서 목욕시키자 닭의 부리 같은 주둥이가 떨어지는 장면은 유화가 금와에게 취해지기 전 입술을 세 번이나 잘리는 장면과 진배없다. 이는 천신과 결합하기 위해 신모가 수행하는 통과제의적 변신의 화소이므로, 새로운 자격으로 재탄생한다는 상징의미를 지닌다. 수성(獸性)을 제거한다는 의미까지 포함하면 웅녀의 사례까지 연결된다. 이로써 알영은 천신과 결혼할 준비를 마친다.

알영은 혁거세와 결혼을 함으로써 국모의 자리에 오르지만, 알영이 지니는 신모의 속성은 이 결혼에 의해 주어지는 것이 아니다. 본래 그녀는 지신과 수신의 자격을 갖춘 채 태어난 존재다. 일연의 주석을 통해 짐작할 수 있듯이 신라인들이 알영의 탄생담을 꾸준히 이야기한 이유도 그녀가 혁거세의 배우자 혹은 남해왕의 어머니여서가 아니라, 그녀가 고대 신모의 자격을 갖춘 여신이라고 믿었기 때문이다.

더 이상 신화의 주인공이 아닌 역사의 대상으로 왕비 알영이 등장했을 때도 신라인들은 그들이 바라던 신모의 모습을 그녀에게 투영시켰고, 그녀도 신모의 역할을 충실히 수행했다.

> 17년 임금이 6부를 두루 돌아보는 길에 왕비인 알영도 따랐다. 농사와 누에치기를 열심히 하도록 권장하고, 토지의 이로움을 다하도록 했다.[55]

『삼국사기』 혁거세의 편년(編年) 기록에 알영은 두 번에 걸쳐 등장한다. 한 번은 혁거세 5년 그녀의 탄생과 결혼에 대한 신화적 기록이고, 두 번째가 17년의 역사적 기록이다. 인용문을 통해 왕비 알영이 수행했던 역할이 농경사회에서 바라던 신모의 역할이었음을 확인할 수 있다. 그녀는 백성들을 위해 토지의 이로움을 극대화하여 풍농을 이루는 풍요의 여신으로서의 면모를 보여준 것이다.

알영의 역할 중에 잠농(蠶農)이 포함되어 있었다는 사실도 놓치지 말아야 할 사항이다. 신라 유리왕은 자신의 두 딸에게 각자 부녀들을 거느리고 편을 짜게 해서 길쌈내기를 시켰다.[56] 이처럼 왕실의 왕비나 왕녀에게는 직조를 담당하는 역할도 주어졌다. 중국의 양잠의 신 서릉씨[57]는 황제

---

55 김부식, 『삼국사기』, 신라본기, 혁거세.

56 『삼국사기』, 신라본기, 유리이사금. 한가위 때 부른 「회소곡」의 유래가 된 이야기로 왕실에서 길쌈놀이 행사를 주도하여 길쌈을 적극 권장하였음을 알 수 있다.

57 『회남자』 잠경(蠶經)에는 황제의 비 서릉씨가 잠신으로 되어 있고, 사마천의 『사기』에는 서릉씨의 딸인 황제의 비 누조가 잠신으로 되어 있다. 서릉씨가 이름이 아니라 가문의 성씨라고 보면 두 기록에 나타난 황제의 비는 다른 인물이 아닌 동일인물이다.

의 비였다고 하는데, 이와 같은 이미지를 왕비 알영의 역사적 기록에서도 발견할 수 있다. 조선시대에는 왕비가 서릉씨에게 제를 올리고 몸소 누에를 치는 선잠제를 주관했었다. 표면적인 제사형식은 중국의 영향을 받았겠지만, 이면에 흐르는 전통은 우리의 경우도 그 뿌리가 깊다. 일본에서도 아마테라스 여신이 벼와 보리농사, 양잠과 직조를 발명했다고 한다. 따라서 동아시아의 고대사회에서는 신모에게 농경의 신뿐만 아니라 양잠과 직조의 신으로서의 자격이 주어졌으며, 신모의 이러한 역할은 고대 왕실의 국모에게 고스란히 투영되었다는 사실을 유추해 낼 수 있다.

4. 가락국의 신모 허황옥

1) 구지봉에 청배된 김수로

『가락국기』는 고려 문종 때 금관주지사(金官州知事)로 있던 문인이 썼던 글을 일연이 간략하게 정리해서 『삼국유사』에 실어놓은 김해지역의 향토지 성격을 띠는 역사기록이다. '천지개벽이 있은 후' 나라 없이 마을 생활을 하던 시절부터 글이 시작되며 신화·전설·풍습·왕의 계보 등의 기술로 이어진다. 그래서인지 『가락국기』는 한 관리가 관할지역에 부임해서 전해들은 구비전승들을 옮겨 적은 글이라는 특성을 보인다.

가락국의 건국신화는 여러모로 「혁거세신화」와 유사한 모양새를 갖고 있다. 우선 신화의 출발점이 되는 신을 맞이하는 대목부터 「혁거세신화」와 「김수로신화」는 흡사하다.

임인년 삼월 계욕일(禊浴日)에 거주지 북쪽 구지봉에서 누군가를 부르는

이상한 소리가 나서 사람들이 이삼백 명이나 그리로 모여들었다.[58]

혁거세를 맞이했던 사로국 여섯 촌장들은 삼월 초하루에 마을 젊은이들을 거느리고 알천 언덕 위에 모였었다. 이와 마찬가지로 가락국 아홉 촌장들이 마을사람들과 삼월 첫 사일(巳日)에 구지봉에 올라가 김수로를 맞이하고 있다. 두 사례 모두 봄에 집단적으로 거행된 마을굿에 대한 기록일 테니, 굿이 진행되는 동안 천신이 강림한다는 신화적 믿음은 자연스러워 보인다. 또한 번갯빛 같은 이상한 기운이 땅에 드리워져 자줏빛 나는 알을 얻는다는 「혁거세신화」나, 자줏빛의 줄이 하늘로부터 드리워지고 붉은 보로 싼 금합이 내려와 황금알을 얻는다는 「김수로신화」나 알을 획득하는 장면도 대동소이하다.

그런데 「김수로신화」에서는 천신하강과 천강란의 양상이 뒤섞여 있는 듯한 미심쩍은 구절을 발견할 수 있다.

> 마치 사람의 소리와 같은 데 형체는 감추고 목소리만 들렸다. "여기 누가 있느냐?" 구간(九干) 등이 대답했다. "우리들이 있습니다." "내가 있는 곳이 어디인가?" 구간들이 대답했다. "구지입니다." "하늘이 나에게 이곳에 와서 나라를 세우고 임금이 되라고 명령하셨다. 그래서 내려온 것이다."

아홉 촌장을 위시한 가락국 사람들이 구지봉에 모인 까닭은 그곳에서 목소리가 들렸기 때문이다. 신과 주고받는 대화는 이 대목이 굿의 한 장면이라는 것을 암시해 주는데, 대화의 내용은 굿이 거행되는 시간과 공간을 신에게 고하는 것이다. 이 부분은 현행 굿에서도 확인할 수

---

58 일연, 『삼국유사』, 가락국기. 이 단원에서 가락국기의 인용문은 출전을 생략한다.

있는 굿의 전형적인 도입단계와 일치한다. 굿의 구성은 1) 굿이 거행되는 시간과 공간을 금기, 정화시켜 신을 청배한 다음, 2) 신과 공감적 관계를 맺고, 3) 원망사항을 기원한 후 신을 돌려보내는 삼단구성으로 되어 있다.[59]

> 구간(九干) 등이 그 말처럼 다 함께 즐거워하고 노래를 부르며 춤을 추다가 한참 만에 쳐다본즉 자줏빛의 줄이 하늘로부터 드리워 땅에까지 닿았다. 줄 아래를 찾아보니 붉은 보로 싼 금합이 있었다. 열어 보니 해와 같이 동그란 황금 알이 여섯 개가 들어 있었다.

인용 부분은 굿에서 청배된 신이 하강하는 대목이다. 그런데 "여기 누가 있느냐?" 하면서 하늘이 명령하여 자신이 내려왔다고 구간과 실컷 대화를 나눠 놓고 정작 하늘에서 황금알이 담긴 금합이 여섯 개 내려온다는 것은 도무지 앞뒤가 맞지 않는다. 따라서 「혁거세신화」 이전에 육부의 촌장들이 하늘에서 마을의 산으로 내려온 것처럼, 김수로도 본래 천신이 구지봉으로 직접 내려오는 형태였다고 보아진다. 그런데 '계림의 관직과 의례를 가져다 썼다.'고 『가락국기』에서도 밝혔듯이 가락국의 문화, 제도는 사로국의 영향을 많이 받았다. 이와 마찬가지로 「김수로신화」도 천신하강 계통의 신화였다가 나중에 사로국에 널리 유포되기 시작했던 혁거세의 탄생담에 영향을 받아 천강란 계통의 신화로 변이되었다고 추정할 수 있다.

59 졸고, 「서사무가의 형식적 특징」, 136쪽.

2) 가락국으로 온 아유타국의 공주

김수로의 탄생 이후 『가락국기』의 내용은 그가 왕으로 즉위하여 수도를 정하고, 궁궐을 짓고, 왕위를 놓고 탈해와 변신시합을 하는 대목으로 이어지지만 이 글의 관심사는 아니므로 생략한다. 그보다는 김수로가 배우자인 허황옥을 맞이하여 혼인하는 신모신화에 해당하는 장면을 중점적으로 살피는 것이 바람직할 것이다. 이 부분은 내용을 파악할 필요가 있기 때문에 단락 대신 단락별 줄거리를 제시하겠다.

(1) 구간은 수로왕에게 자신들의 딸 중에서 배필을 고를 것을 종용한다. 수로왕은 하늘의 명에 따라 왕후를 맞이할 것이라 말하면서 사양한다.

(2) 수로왕은 유천간과 신귀간 등 신하를 보내 왕후를 맞이할 준비를 갖추게 한다. 그때 바다의 서남쪽 모퉁이로부터 허황옥을 태운 붉은색 돛단배가 붉은색 깃발을 휘날리며 다가왔다. 신하들이 허황옥을 맞이하여 궁궐로 모시려 했지만 그녀는 경솔하게 따라갈 수 없다며 거절한다.

(3) 신하들이 이 사실을 수로왕에게 아뢰자, 왕은 대궐에서 어느 정도 떨어진 산기슭에 장막을 쳐서 임시로 궁궐을 만들어 놓고 허황옥을 기다린다.

(4) 허황옥은 별포나루에 배를 대고 산에 올라 입고 있던 비단 바지를 벗어 산령(山靈)에게 예물로 바친다.

(5) 수로왕은 허황옥을 임시 궁궐인 장막에서 맞이한다. 그녀는 자신이 아유타국의 공주임을 밝히고 수로왕을 찾게 된 연유를 설명한다. 부모의 꿈에 하늘의 상제가 나타나 수로왕의 배필이 되라고 명했고, 그래서 그녀는 바다 끝까지, 하늘 끝까지 수로왕을 찾아다니다 이곳에 이르게 되었다고 했다. 수로왕은 이를 미리 알고 있었다고 말

한다.

(6) 수로왕과 허황옥은 혼인하여 이틀 밤과 하루 낮을 장막에서 보낸 다음 8월 1일 정오에 대궐로 돌아온다.

김수로와 결연하는 허황옥은 하늘이 점지해 준 여인이다. 이 사실은 그녀의 부모가 꾼 꿈으로도, 김수로의 예견력으로도 제시된다. 허황옥은 표면적으로는 아유타국의 공주지만 신화의 상징으로는 신모이므로, 위에서 요약한 내용이 신성혼의 이야기라는 점은 확연하다. 이 사실은 다음과 같은 기록자의 소견에서도 드러난다.

> 왕이 왕후와 함께 사는 것은 마치 하늘에게 땅이 있고 해에게 달이 있고 양(陽)에게 음(陰)이 있는 것과 같았다.

인용문은 신성혼이 건국신화의 필수적인 구성요소로 인식되는 이유와 그것이 상징하는 의미를 나름대로의 비유로 밝히고 있다. 이러한 소견을 풀어서 설명하면 천지와 일월, 그리고 음양이 결합하듯이 신성혼은 평상시 상극(相剋)을 이루던 요소들을 상생(相生)의 조합으로 변화시키며, 세상의 조화를 이룩하는 의식인 것이다.

단락 (5)에 나타나는 허황옥의 회상으로 미루어 보면 그녀도 만만치 않은 내력을 가지고 있는 여인이다. 비록 「김수로신화」에서는 대화중에 언급되는 간략한 회상으로 처리되었을지라도, 인도에 있던 나라라고 추정되는 아유타국의 공주가 하늘의 계시를 받고 바다 끝까지 하늘 끝까지 배필을 찾아 헤매다가 마침내 김수로와 조우해서 결혼한다는 내용인 것이다. 이는 독자적으로도 전승될 수 있는 여성영웅문학에 걸맞은 이야기이므로 어쩌면 허황옥신화라 불릴 만한 신모신화가 가락국에서 구전되었을지도 모를 일이다.

「김수로신화」에서 신성혼 절차가 드러나는 부분은 (4), (5), (6)단락이다. 그런데 단락 (4)에서 보듯이 이 의례는 허황옥이 비단바지[綾袴]를 벗어 산령에게 바치는 행위로부터 출발한다. 표면적으로는 산령에게 바치는 폐백으로 되어 있지만, 이 장면은 신에게 자신을 바치는 행위를 상징적으로 나타낸다고 할 수 있으므로 신모로서의 자격을 획득하기 위한 통과제의 절차에 해당한다. 단락 (6)의 김수로와 허황옥의 결합은 바다를 마주 보는 산기슭의 장막에서 이루어지는데, 이 제의적 장소는 하늘－땅－물을 연결하는 창조적 생성원리와 연관된다. 장막에서 둘이 보내는 시간이 이틀 밤 하루 낮이었다는 사실도 이 대목이 신성혼 제의였다는 점을 뒷받침한다. 단순히 왕비를 맞이하기 위한 절차였다면 곧장 대궐로 데려가면 그만이지 구태여 장막이라는 제의적 공간과 이틀하고도 반나절이나 되는 제의적 시간이 필요할 리가 없다.

이러한 사항들을 종합해 보면 김수로와 허황옥의 신성혼담 역시 고대 풍요굿의 모습을 여실히 드러내고 있다. 「단군신화」를 고찰하며 제왕운기 유형에 기록된 천신의 손녀가 단수신과 결혼하는 이야기는 삼국유사 유형의 웅녀신화가 굿으로 실연되는 모습을 반영한 것이라는 견해를 밝힌 바 있다. 이와 마찬가지로 「김수로신화」에 보이는 김수로와 허황옥의 신성혼도 가락국에서 재연되던 풍요굿을 반영하고 있는 사례라고 할 수 있다. 김해지역에서는 이 신성혼을 재연하는 풍요굿이 오랫동안 매년 실연되었을 개연성도 엿보인다.

> 이 중에 또 수로왕을 사모해서 하는 놀이가 있다. 매년 7월 29일에는 이 지방 사람들과 서리, 군졸 등이 승점(乘岾)에 올라가서 장막을 치고 술과 음식

을 먹으면서 환호하며 논다. 이들이 동서쪽으로 서로 눈짓을 하면 건장한 인부들은 좌우로 나뉘어서, 한쪽은 망산도에서 말발굽을 급히 육지를 향해 달리고, 다른 한쪽은 뱃머리를 둥둥 띄워 물위로 서로 밀면서 북쪽 고포를 향해서 다투어 달린다. 이것은 대개 옛날에 유천간과 신귀간 등이 왕후가 오는 것을 바라보고 급히 수로왕에게 아뢰던 옛 자취다.

인용문에서 언급한 놀이는 정확하게 말하면 김수로를 사모하는 놀이가 아니라 허황옥을 사모하는 놀이다. 유천간과 신귀간이 왕후를 맞이하는 장면이기 때문이다. 이 놀이가 매년 7월 29일에 행해졌다고 하는데, 김수로와 허황옥이 장막에서 이틀 밤과 하루 낮을 보내고 대궐로 돌아오는 시간이 8월 1일 정오이고 음력일 것이니 날짜도 일치한다. 『가락국기』에는 인용문의 다음 절차인 풍요굿에 관한 사항은 없으므로 당시에는 굿이 거행되지 않았을 것이다. 하지만 장소와 시간까지 일치하는 신모맞이 절차가 고려 문종 때까지 재연되었다는 사실은 고대 풍요굿의 잔재가 그때까지 남아있었다는 뜻이다.

왕후가 백성들을 자식처럼 사랑했던 은혜를 잊지 않기 위해, 처음에 올 때 닻줄을 내리고 건너오던 나루의 마을을 주포촌(主浦村)이라 하였고, 비단 바지를 벗었던 높은 언덕을 능현(綾峴)이라 하였으며, 붉은 기를 달고 들어온 바닷가를 기출변(旗出邊)이라고 했다.

허황옥이 정말 157세까지 살았는지는 확인할 길이 없으나 그녀에 대한 백성들의 사랑은 그에 비할 수 없을 정도로 오래 지속되었다. 김해지역 도처에 그녀가 남겼던 발자취가 아로새겨져 있었던 것이다. 인용문은 그녀가 살아생전만이 아니라 사후에도 신모로서 김해지역 사람들의 마음속

에서 숭앙되던 존재였음을 뒷받침해 준다.[60]

60 김해 김 씨와 김해 허 씨는 이성동본(二姓同本)으로 여겨 혼인을 하지 않는다고 한다. 「김수로 신화」에서 유래된 가문의 전통이 현재까지 영향을 미치고 있는 사례라 하겠다.

제3장

국조의 어머니가 된 여산신

제3장
국조의 어머니가 된 여산신

신모신화는 민간층에 의해 꾸준히 구전되면서 여타 민간전승에도 지속적인 영향을 미쳤다. 문헌기록이나 구비설화에서 확인할 수 있는 여산신 이야기에는 신모계 전승이라 할 수 있는 작품들이 다수 발견된다. 이 여산신 이야기 중에는 기존의 건국신화를 잠식하며, 새로이 국조의 탄생담으로 역변이를 일으키는 이야기들이 있어서 주목을 요한다. 「선도산신모신화」나 「가야산신모신화」의 경우가 그렇다. 이 신화들은 애초 국조의 탄생과는 무관한 독자적인 여산신의 유래담이었다. 그러다가 이 여산신들이 전승 과정 중에 국조의 어머니로 숭앙되면서, 후대 신모계 전승이 전대 국조신화의 역할을 담당하게 된 것이다. 이러한 사례는 원신화인 신모신화가 고대 건국신화에 차용되는 것과 마찬가지 현상이 순서만 바뀌었다 뿐이지 후대에 다시 일어난 셈이다. 이 여산신신화들이 국조신화로 전이되는 과정을 살펴봄으로써 앞장에서 논의했던 소론에 힘을 보탤 수 있는 긴요한 증거들을 찾아보기로 한다.

1. 혁거세의 어머니가 된 선도산 신모

1) 사소로 화신한 유화

『삼국유사』에 기재된 혁거세의 탄생담은 천강란 유형 외에도 신모계 유형이 존재한다. 두 종류의 이야기가 같은 책자에 공존하고 있는 것이다.[1] 천강란 유형은 하늘에서 알이 내려와 혁거세가 태어났다는 내용이고, 신모계 유형은 신모에 의해 혁거세와 알영이 탄생했다는 내용이다. 혁거세의 탄생에 얽힌 두 이야기를 비교하여 이들의 상관관계를 검토하고 신화 형성과정의 면모를 밝히는 단서를 마련해 보자.

> 신모는 본래 중국 제실(帝室)의 딸이며 이름은 사소였다. 일찍이 신선의 술법을 배우고 해동으로 와서 머물며 오랫동안 돌아가지 않았다. 이에 아버지인 황제가 솔개의 발에 편지를 매달아 그녀에게 부치며, 솔개가 머무는 곳에 집을 지으라고 명했다. 사소가 그 편지를 보고서 솔개를 날려 보내자 선도산으로 날아와서 멈추므로 드디어 거기에 살아 지선(地仙)이 되었다. 이 때문에 산 이름을 서연산(西鳶山)이라고도 했다. 신모가 오랫동안 이 산에 살면서 나라를 보살피니, 신령스럽고 이상한 일이 매우 많았다. [……] 그녀가 처음 진한에 와서 성자를 낳아 동국의 첫 임금이 되게 했다. 아마도 혁거세와 알영의 두 성군을 낳았을 것이다.[2]

---

1 두 유형의 혁거세 탄생담에 대해서는 지금껏 적지 않은 논의가 있었고, 그 대표적 연구는 다음과 같다.
황패강, 「박혁거세 신화 논고」, 『한국서사문학연구』, 132~167쪽.
김현룡, 『한국고설화론』, 새문사, 1984, 56~77쪽.

2 일연, 『삼국유사』 선도산성모수희불사.

인용문은 『삼국유사』 감통편에 실려 있는 선도산 신모에 대한 기록이다. 본래 이 전승이 선도산 여산신의 유래담이었다는 사실은 문맥을 통해서도 확인할 수 있다. 그런데도 사소가 혁거세와 알영의 어머니일 것이라는 저자의 주석이 첨가되어서 기이편에 실린 「혁거세신화」와 대조를 이룬다.

혁거세의 두 탄생담 중 어느 것이 먼저 형성된 것인가 하는 문제는 학계에서 분분한 의견이 있었다. 그중 신모계의 신화는 단군, 동명 등 Pre-고구려 신화의 유형과 유사하므로 북방적 신화의 계열에 들 만하고, 천강란계의 신화는 보다 후래적인 농경정착시대에 부연된 특징을 보이므로 신모계 신화가 더 먼저 형성된 것이라는 주장[3]은 구체적인 근거를 제시하고 있어 참고할 만하다. 충분히 공감할 수 있는 논의지만 이러한 결론에는 석연치 않은 면이 있다. 후대에 만들어지는 전승들도 얼마든지 상고대의 화소들을 끌어올 수 있기 때문에 오래된 유형을 수용했다고 해서 반드시 그 이야기 자체가 오래된 것은 아니다.

가장 간단한 반론은 『삼국유사』 자체의 기록에서도 발견할 수 있다. 천강란 유형은 건국신화의 모음인 기이편에 실려 있고, 신모계 유형은 민간전승의 모음인 감통편에 실려 있다. 일연이 인정하는 공식적인 혁거세의 탄생담은 천강란 유형의 신화였다는 뜻이다. 또한 '선도산 성모가 불사를 좋아하다'라는 감통편의 표제에서 알 수 있듯이 일연도 선도산 신모의 이야기를 단지 불교적 공덕담으로 인용한 것이지, 시조모의 이야기로 인용한 것은 아니다. 심지어 '아마도[盖]'이라는 부사를 사용하여 민간층에서 그러한 이야기가 있지만 확신할 수는 없다는 식의 애매한 태도를 취하고 있다. 이러한 혼란은 『삼국사기』에서도 발견된다.

---

3 황패강, 「박혁거세 신화 논고」, 134쪽.

신 부식이 글 쓰는 소임을 띠고 사신을 보좌하러 갔을 때 우신관(佑神館)이란 곳에서 여선(女仙)의 상을 모신 신당을 본 일이 있었습니다. 그때 관반학사 왕보가 말하기를 "이것은 귀국의 신인데 그대들이 아시오?" 하며, 또 이어서 "옛적에 제실(帝室)의 딸이 있어 남편도 없이 아이를 배어 남들에게 의심을 받게 되었소. 곧 바다를 건너서 진한에 이르러 아들을 낳았는데, 그 아이는 해동의 첫 군주가 되고 제실의 딸은 지선(地仙)이 되어 선도산에 오래 머물렀소. 이것이 그 상이오."라고 하였습니다. 신은 또 송나라 사신 왕량이 지은 '동신성모에게 제사하는 글' 중에 "어진 사람을 낳아 나라를 창건했다."라는 구절이 있는 것을 보았습니다. 여기 동신이 곧 선도산의 신성임은 알 수 있으나, 그 신의 아들이 어느 때에 왕 노릇을 하였는지는 알지 못하겠습니다.[4]

김부식은 중국의 우신관에서 선도산 신모의 이야기를 듣게 된다. 그런데 그는 선도산 신모는 익히 알고 있었지만, 신모가 도대체 누구의 어머니인지를 몰라 난감해 하고 있다. 만약 신모계의 혁거세 탄생담이 원래의 국조신화였다면 신라의 역사에 해박했던 김부식이 몰랐을 리가 없다. 그러므로 신라의 대표적 여산신인 선도산 신모에 의해 혁거세가 탄생했다는 이야기는 민간전승을 통해 형성 유포되었던 이야기란 것을 짐작할 수 있다. 그렇다면 왜 이런 이야기가 형성되어 민간층에서 이야기되었는가 하는 의문이 제기된다.

동신사(東神祠)는 선인문 안에 있다. [……] 정전(正殿)의 현판에는 동신성모의 당이라 쓰였는데, 장막으로 가려져 신상이 보이지 않는다. 아마도 나무를 깎아 여인상을 만들어 놓았을 것이다. 혹 부여왕의 처인 하신(河神)의 딸이

4 김부식, 『삼국사기』, 신라본기, 경순왕.

라고 한다. 주몽을 낳아 고려의 시조가 되게 하였으므로 그녀를 제사 지내는 것이다.[5]

송나라의 사신으로 고려에 왔던 서긍은 당시 개경에 있었던 동신사를 방문했는데, 여기에 모셔진 동신성모는 하백의 딸로 주몽을 낳았다고 기록되어 있으니 유화다. 그렇다면 송나라의 사신 왕량이 썼다는 제문의 주인공인 동신성모 역시 유화였음이 틀림없다. 따라서 우방국의 신을 모신 송나라 우신관의 동신성모의 상도 당연히 선도산 신모가 아닌 유화의 상이었을 터이다. 그런데 중국에서 우리 사신을 접대하는 관리였던 왕보가 자신만만하게 그녀를 선도산 신모라고 소개하는 바람에 이러한 혼란이 발생한 것이다.

도대체 왕보는 왜 그런 오해를 하게 되었을까? 그 원인은 당시 우리나라를 대표하는 신모로서 유화보다 사소의 위상이 상승한 데 있다고 본다. 부여와 고구려에서 신모와 시조모의 자격으로 신봉되었던 유화가 고구려의 멸망 후 통일신라를 거쳐 고려에 이를 때까지 민간신앙의 주축으로 옛날의 위엄을 유지하고 있었을 가능성은 희박하다. 하지만 민간층이 지녔던 신모에 대한 신앙이 유화와 더불어 쇠잔해져 가는 것은 아니다. 민간신앙은 보수적인 경향이 강하므로 재래 신앙의 틀은 견지하면서 신앙의 대상만 새롭게 바꾸는 적응력을 갖고 있다. 환인이 불교의 제석으로 인식되는 현상이 그 대표적 사례라 하겠다. 따라서 당시의 민간층은 유화를 대신할 여신을 찾았고, 신라의 권위 있는 여산신으로 숭앙의 대상이었던 사소가 나라를 대표하는 신모로 급부상했을 것이다. 이러한 현상은 사소에 관한 신화로도 유포되어 그녀는 고대로부터 이어온 신모의 자격

5 서긍, 『고려도경』, 사우.

을 하나둘씩 갖춰 나갔다. 이러한 과정에서 사소는 혁거세의 어머니인 시조모라는 자격까지 획득하면서 급기야는 민간층에서 유화를 대신하여 동신성모의 자리를 차지할 수 있었을 것이다.

왕보는 관반학사이니 우리나라에 대한 해박한 지식을 가지고 있었던 인물이다. 어쩌면 왕보가 고려의 문벌귀족인 김부식이 무심코 지나쳤던 우리의 민간전승을 오히려 더 잘 알고 있었기에 위와 같은 해프닝이 일어났는지도 모른다.

> 사로의 첫 왕은 선도산 성모의 아들이다. 옛날 부여제실의 딸 파소가 있었는데 남편 없이 아이를 뱄으므로 사람들의 의심을 받아 눈수(嫩水)로부터 도망쳐 동옥저에 이르렀다. 또 배를 타고 남하하여 진한의 나을촌에 와 닿았다. 이때에 소벌도리라는 자가 있었는데 그 소식을 듣고 가서 집에 데려다 거두어 길렀다. 나이 13세에 이르자 지혜는 빼어나고 숙성하며 성덕이 있는지라, 진한 육부의 사람들이 모두 존경하여 임금이 되니, 도읍을 서라벌에 세우고 나라를 진한으로 하고 또한 사로라고도 했다.[6]

민간사서의 기록은 민간전승을 바탕으로 역사가 재조합되는 특징을 보인다. 『환단고기』에 실린 인용문이 그 대표적 예인데, 관반학사 왕보가 설명한 동신성모의 유래와 흡사하다. 일연이 '그녀가 처음 진한에 와서 성자를 낳아 동국의 첫 임금이 되게 했다.'라고 기록한 근거도 이러한 민간전승이었을 터이다. 또한 '유화 / 파소, 주몽 / 혁거세, 금와 / 소벌도리'로 인물만 교체되었을 뿐 서사구성은 유화신화와 일치한다.

---

6 계연수, 임승국 역, 『환단고기』, 정신세계사, 1987, 292쪽.

〈표 3〉「유화신화」와 「선도산신모신화」의 비교

자료	유화신화	『환단고기』	『삼국유사』	왕보
명칭	유화 (하백의 딸)	파소 (부여제실의 딸)	사소 (중국 제실의 딸)	제실의 딸
잉태	남편 없이 잉태함	남편 없이 잉태함		남편 없이 잉태함
구원자	금와	소벌도리		
자식	주몽	혁거세	혁거세, 알영	혁거세
신격	부여신	선도산 성모	선도산 성모	선도산 지선

『환단고기』에 보이는 '부여 → 동옥저 → 동해안 → 신라'라는 파소의 이동경로도 예사롭지 않은 단서를 제공한다. 부여계 유화신화가 신라로 전파되는 경로인 것이다. 이 경로를 통해 유입된 부여신 유화가 신라의 고대 산신인 사소에게 빙의되면서, 신모계 사소신화가 천강란계 혁거세 신화를 밀어내고 신라의 새로운 건국신화로 자리매김하게 되었을 공산이 크다.

농경사회에서 천신보다 신모에 대한 신앙이 부각되는 현상은 신라라고 해서 예외일 리 없다. 천자 혁거세는 국조로서 존경 받는 대상이었지만 풍요를 기원하는 민간신앙의 대상이 되지는 못했다는 말이다. 신라 초기에는 알영이 신모의 역할을 담당했다. 그러나 점차 알영은 신모가 아니라 왕비로 기억되었을 것이므로 신라인들은 새로운 국가적 신모를 필요로 하게 된다. 물론 그 대상은 선도산 여산신이었지만 사소가 온전히 신모의 자격을 획득하기 위해서는 시조의 어머니라는 공덕이 필요했고, 이에 부여에서 전파된 유화의 이미지가 사소에게 이입되었다고 판단된다. 사소가 여산신에서 시조모로 변화하는 과정을 되짚어 보면 왠지 유화는 사라지지 않고 사소의 모습으로 부활했다는 생각마저 든다.

2) 신라의 고대 여산신 사소

전항에서 『삼국유사』 소재의 「선도산신모신화」가 본래 산신의 유래담으로 형성되었다가 후에 혁거세의 탄생담으로 전이되었다는 소론을 피력했다. 하지만 이는 단편적 사료를 근거로 한 추론이었으므로 이번에는 『삼국유사』에 기재된 「선도산신모신화」의 서사단락을 검토하여 이 신화가 원래 여산신신화였음을 증명해 보기로 하자.

(1) 중국 황제의 딸인 사소는 신선의 술법을 배워 해동에 머물렀다.
(2) 아버지인 황제가 솔개가 머무는 곳에 집을 지으라고 명하여 사소가 솔개를 날린다.
(3) 솔개가 선도산에 멈추므로 사소는 그곳에 자리 잡고 지선(地仙)이 되었다.

여기서 고려해야 할 문제는 (1), (2), (3)의 단락들이 과연 산신신화로 독립전승이 될 만큼의 서사 내용을 갖추고 있느냐는 점이다.

단락 (1)에서 사소는 중국 제실의 딸이지만, 『환단고기』에는 부여제실의 딸로 기록되어 있다. 그녀의 이러한 신분은 천신의 딸에 대한 세속화된 표현으로 고귀한 존재임을 나타내는 것이다. 그런데 이 단락에서 제시하고자 하는 핵심은 그런 신분이 아니라 사소가 자신이 속했던 기존 세계에서 분리되었다는 상황 설정이다. 이 대목은 하백에게 추방당하는 유화가 떠오르는 장면으로 사소가 독립적인 신앙대상으로 홀로서기 위해서 이전의 신분이나 사회에서 벗어난다는 통과제의의 분리단계에 해당한다.

단락 (2)에서는 아버지인 황제와 사소를 연결시키는 매개체로 솔개가 등장한다. 솔개는 원래 천계와 지계를 연결하는 영매의 구실을 하는 새다. 시베리아 샤머니즘에서 솔개는 위대한 영을 가져다주는 동물이거나 샤먼이 천계 여행을 할 때 하늘로 인도해 주는 신령스러운 존재다.[7] 또한 새가 성스러운 사건을 이루기 위한 매개체로 선택되는 것은 유화가 주몽에게 비둘기를 보내 잊고 간 보리 종자를 전달하는 사례에서도 찾아볼 수 있는 고대신화의 보편적 화소다. (2) 단락은 사소가 솔개를 날려 자신이 자리 잡을 새로운 터전을 찾아 이동하는 대목이므로 통과제의의 과도단계에 해당한다.

단락 (3)은 사소가 신터를 잡아 여산신으로 좌정하는 장면에 초점을 맞출 필요가 있다. 신터에 정착하는 내용은 신의 좌정담에서 중요한 역할을 담당한다. 현존하는 제주도의 본향당풀이들도 대부분 신이 자신의 좌정처를 정하는 것으로 이야기가 귀결된다. 그런데 산신이 깃들일 장소는 아무래도 일반적인 산이 될 수 없고 천계와 지계를 이어주는 우주산이면서, 생기를 가장 잘 발현하는 장소가 되어야 함은 당연한 이치다.[8]

> 세 사람이 나이 순서에 따라 장가를 들고 샘물이 달고 토지가 비옥한 고장으로 가서 화살을 쏘아 각기 자리를 잡았다. 양을나가 사는 고장을 첫째 도읍, 고을나가 사는 고장을 둘째 도읍, 부을나가 사는 고장을 셋째 도읍이라고 했다. 처음으로 오곡을 심고 또 망아지와 송아지도 길러서 날로 번창해졌다.[9]

---

7 시베리아 샤머니즘에 나타난 새의 신화적 역할은 다음 글을 참고하였다.
M. Eliade, “Shamanism”, Princeton: Princeton Univ. Press, 1972, pp. 480~481.
V. 디오지오 외, 『시베리아의 샤머니즘』, 최길성 역, 대우학술총서, 1988, 262쪽.

8 장장식, 「한국의 풍수설화 연구」, 경희대 대학원, 박사학위논문, 1992, 151~154쪽.

인용문은 제주도의 「삼성시조신화」인데, 화살을 쏘아 화살이 떨어진 곳에 터를 잡고 정착하는 과정이 「선도산신모신화」에서 솔개를 날려 머무는 곳에 터를 잡고 지선(地仙)이 되는 과정과 대응된다. 이러한 사례들로 미루어 보아 신의 좌정담에 신터를 잡는 내용을 수반하는 특징이 고대로부터 내려오는 신화적 전통이었음을 알 수 있다. 선도산의 이름을 서수리산[西鳶山, 西述山]이라 고쳐 부르게 되었다는 지명의 유래를 설명하는 부분도 솔개에 의한 신터잡기가 이 신화의 중심 화소란 사실을 뒷받침해 주고 있다. 사소가 신터에 좌정하여 여산신이 되었다는 것은 사소가 새로운 세계에서 새로운 신분으로 재탄생했다는 의미이므로 이 대목은 통과제의 통합단계에 해당한다.

따라서 (1), (2), (3) 단락으로 이루어진 사소신화는 통과제의 절차인 분리–과도–통합 단계로 이루어진 여산신 사소의 유래담 혹은 좌정담으로, 독립된 서사구조를 가지고 전승되던 이야기라 판단된다.

그런데 『삼국유사』에 실린 선도산 신모에 관한 전체 기록에는 위에서 살핀 사소의 좌정담 앞뒤로 잡다한 삽화가 붙어 있다. 앞에 실린 삽화는 진평왕 때 지혜란 비구니가 새로 불전을 수리하려 했지만 여의치 않았는데, 선도산 신모가 꿈에 나타나 시키는 대로 신당자리 밑을 파니 황금 백 육십 냥이 나와서 무사히 불사(佛事)를 완성시킬 수 있었다는 이야기다. 이 삽화는 사소를 모시는 신당이 이미 존재했었다는 내용에서 알 수 있듯이 선도산 신모가 당대 사람들의 신앙대상으로 확고히 자리를 잡은 후에 추가된 공덕담이다. 사소의 다른 공덕담들이 좌정담 뒤에 차례로 나열되어 있는데도 불구하고, 이 부분을 도치시켜 좌정담보다 앞세운 이

9 『고려사』, 지리 2.

유는 제목대로 '선도산 신모도 불사를 좋아했다'는 일연의 기재 의도를 반영한 것이다. 이러한 공덕담의 성격으로 보건대 불교가 유입되어 고유의 신앙을 습합하는 과정에서 생겨난 이야기임을 알 수 있다. 문맥을 통해 불교의 유입 이전에 고유의 여산신이 갖고 있던 위상을 확인할 수 있지만, '이 시기 이미 불교가 대세를 이루고 있어 선도성모는 불사를 좋아하지 않을 수 없었다.'[10]라는 해석도 가능해서 고유의 여산신들이 위축되어 가는 단초를 보여 주는 장면이기도 하다.

나머지 공덕담들은 선도산 신모의 좌정담 뒤에 배열된다. 신모계 전승 또한 여타 구비문학과 마찬가지로 구전되는 동안 많은 소재들을 첨삭하면서 다양한 전승변이형을 양산한다. 따라서 원래의 「선도산신모신화」는 산신의 유래담인 사소의 좌정담으로 형성되었겠지만, 민간층의 신앙을 기반으로 구전되는 동안 신앙을 유지시켜 줄 새로운 공덕담들을 필요로 한다. '신모가 오랫동안 이 산에 살면서 나라를 보살피니, 신령스럽고 이상한 일이 매우 많았다.'라는 구절이 이 사실을 말해 준다.

사소의 신령스러운 이적들은 경명왕이 선도산에서 매를 잃어버리고 그녀에게 기도해서 되찾게 되었다거나, 사소가 혁거세와 알영을 낳았다거나, 하늘의 선녀를 시켜 아름다운 조복(朝服)을 만들게 하고 남편에게 주어 신험함을 알렸다거나 하는 이야기들이다. 여기서 사소가 혁거세와 알영을 낳았다는 대목이 후대 공덕담들 틈에 끼어 있다는 사실에 유의하지 않을 수 없다. 이야기의 위치도 그렇지만 이 역시 신이한 공적의 하나일 뿐이란 시각도 문제다. 아무리 승려의 입장에서 기술한다 해도 이 이야기가 공식적인 국조의 탄생담이었다면 이런 푸대접을 받을 리도 없고, 사소신화의 고정체계면이 되어 사소의 좌정담 바로 뒤에 이어져야 마땅할 대

10 조현설, 『우리신화의 수수께끼』, 한겨레출판사, 2006, 179쪽.

목인 것이다. 따라서 사소가 혁거세의 어머니가 된 것은 민간신앙을 바탕으로 추가된 내용임이 전체적 전승의 구성에 대한 고찰을 통해서도 드러난다.

위에서 살펴본 사항을 종합해 볼 때 「선도산신모신화」는 고대 여산신 신화에서 연원하여 이후 국조신화로도 구연되는 등 다양한 공덕담들을 켜켜이 쌓으면서 오랫동안 이야기되었던 신모계 전승임은 틀림없다.

2. 김수로의 어머니가 된 가야산 신모

독립적으로 전승되던 여산신신화가 국조의 유래담으로 전이되는 현상은 비단 「선도산신모신화」에만 한정되는 사례는 아니었다.

> 가야산신 정견모주는 천신 이비가의 감응을 받고 대가야왕 뇌질주일과 금관국왕인 뇌질청예 두 사람을 낳았다. 뇌질주일은 이진아시왕의 다른 이름이고 청예는 수로왕의 다른 이름이다.[11]

「가야산신모신화」는 천신과 신모의 결합으로 국조를 낳는다는 신모신화의 전형적인 양상을 보인다. 사소와 마찬가지로 정견이라는 여신의 이름이 전해지므로 원래는 여산신으로 좌정하게 된 유래담도 전승되었을 법한데, 아쉽게도 기록으로 남아 있지 않아 그녀의 진면목을 확인할 수 없다. 정견이라는 이름 뒤에 붙은 '모주(母主)'라는 호칭도 산신일 때부터

---

11 『신증동국여지승람』, 고령현.

가지고 있던 것인지, 아니면 두 나라의 시조모가 된 다음에 획득한 것인지 알 도리가 없지만 국모의 개념이 아닌 신모의 이칭일 가능성이 높다.

『동국여지승람』에 따르면 「가야산신모신화」는 신라 최치원의 '석이정전'에 언급되어 있었다고 한다. 천강란 계통의 「김수로신화」가 수록된 문헌이 고려 문종 때의 『가락국기』이니, 기록연대로만 따질 때는 「가야산신모신화」가 「김수로신화」보다 앞선다. 그러나 구비전승의 선후문제는 작품이 기록된 연대의 계산으로 해결될 사항은 아니므로, 두 신화의 내용과 특성을 비교하며 꼼꼼히 따져봐야 한다.

『가락국기』에 기재된 「김수로신화」는 김수로의 탄생과 결혼, 공덕에 대한 이야기를 중심으로 하고, 국조의 사후에 거행되었던 제사에 관한 전승들도 실려 있으므로 김수로에 초점을 맞춘 가락국, 곧 금관가야의 건국신화로 형성 유포된 것이 틀림없다. 그러다 초기 가야연맹체가 결성되고 가락국이 여섯 가야의 맹주인 본가야로 자리 잡게 되면서, 이에 걸맞은 신화로 개편 작업이 이루어진다. 그 중심에 알의 숫자가 있다. 『가락국기』에는 황금알 여섯 개가 하늘에서 내려와 각각 여섯 가야의 왕이 되었다고 했는데, 후대 문헌인 『고려사』나 『세종실록지리지』에는 김수로와 관련된 금빛 알이 하나만 내려온다. 가락국 건국 당시의 상황으로 볼 때는 알이 여섯 개나 내려올 까닭이 없기 때문에 후자의 기록이 오히려 이치에 맞다. 따라서 『가락국기』의 황금알 여섯 개는 가락국의 김수로를 형으로 부각시키고, 나머지 부족의 왕들을 아우로 삼으려는 의도를 가지고 초기 가야연맹체가 성립될 당시에 재편된 내용이다.

「가야산신모신화」가 기록되었다는 최치원의 『석이정전』은 대가야왕의 후손으로 가야산 해인사를 창건했다는 승려 이정의 전기이므로 당시 고령지역에 유포되었던 지역전승을 기반으로 하여 기술되었을 것이다. 지리지를 제외한 다른 역사적 기록에 김수로의 탄생담으로 「가야산신모신화」가 언급된 적이 없었다는 점도 이 신화가 고령지역에서만 유포되었던 전승이라는 사실을 말해 준다. 고령을 중심으로 하는 대가야는 5세기 이후 후기 가야연맹이 결성되었을 때 종주국으로 부상하는데, 그들의 자긍심과 국가의 위상을 높이기 위해서는 김해지역에서 성립되었던 초기 가야연맹의 「김수로신화」에 대적할 만한 신화가 필요했다. 이런 의도로 고령지역의 여산신인 정견이 천신의 감응을 받고 두 아들을 낳았는데, 형이 대가야의 왕이 되고 동생이 가락국의 왕이 된다는 내용으로 후기 가야연맹을 합리화하는 신화를 탄생시켰을 것이다. 물론 이러한 내용은 새롭게 조합되었을 수도 있고, 본래 있었던 대가야의 독립된 건국신화에 김수로를 가야산신의 둘째 아들로 추가하며 개편한 내용일 수도 있다.[12] 그러나 둘 중 어느 경우에 속하든지 간에 정견이 고령지역의 고대 여산신이었고, 그녀를 모계로 차용하여 대가야의 신화가 형성되었다는 사실에는 변함이 없다.

대가야의 멸망 이후로도 「가야산신모신화」는 민간층에 의해 계속 구연되어 현재에까지 이어지고 있다. 현재 구전되고 있는 가야산신 정견의 이야기를 단락으로 정리하면 다음과 같다.

(1) 가야산에 정견이라는 여신이 살고 있었다.
(2) 하늘에 사는 이비가가 정견의 목욕하는 모습을 엿보게 되었다.
(3) 이비가는 햇빛으로 화하여 정견과 결합했다.
(4) 정견은 이비가의 아이를 잉태하여 뇌질주일과 뇌질청예 두 아이를 낳았다.

12 김현룡, 『한국고설화론』, 75쪽.

(5) 두 아들은 자라서 각각 대가야왕과 금관국왕이 되었다.[13]

구전되는 「가야산신모신화」는 천신하강계통의 신모신화 유형이다. 그런데 정견이 목욕을 할 때 햇빛으로 화신한 이비가가 정견과 관계하여 아이를 잉태시킨다는 (3) 단락의 내용은 천신의 대체물이었던 햇빛이 다시 의인화의 과정을 밟고 있는 점에서 특이하다. 해모수와 유화가 직접 결합하는 형태와 일광감응으로 간접 결합하는 형태가 복합된 양상을 보이는 셈이다. 그리스 신화에서 제우스가 황금 소나기로 변신하여 다나에와 관계하는 장면과도 연관성이 있다. 이러한 사례로 볼 때 천신이 신모를 잉태시키는 행위도 '직접 결합 → 변신하여 결합 → 천기감응'이라는 변이 단계를 거친다고 상정할 수 있다.

이 이야기는 경북 고령군에서 1963년에 채록되었다고 하니 비교적 근자의 이야기인데, 이비가와 정견이 관계를 맺는 장면이 소상하게 나타나 있는 것을 제외하고는 기본적인 서사구성이 『동국여지승람』의 기록과 일치한다. 유형구조는 이야기의 고정체계면에 포함되어 쉽게 바뀌지 않는다는 점을 감안하더라도 정견의 이야기가 별반 변이 없이 근자에까지 이어졌다는 것은 대가야의 흥망과 상관없이 정견이 이 지역의 산신으로서 지속적인 신앙의 대상이 되어 왔음을 의미한다.

후대 민간층에서 정견을 대가야의 시조모가 아닌 가야산의 여산신으로 숭앙하고 있었다는 정황도 포착된다. 합천 해인사에는 정견천왕사가 있었는데,[14] 이 신당이야말로 민간층의 주된 신앙의 대상이 정견이지 결코 그녀의 배우자인 이비가나 아들인 이진아시왕이 아니었음을 말해 주는 증거다. '천왕'이라는 호칭 역시 민간에서 산신을 지칭하는 일반적인 용

13 한상수, 『한국인의 신화』, 문음사, 1987, 241~243쪽.

14 『신증동국여지승람』, 합천.

어다. 결국 대가야의 몰락 이후 정견은 본래 자신의 자리였던 여산신으로 환원되었던 것이다.

제4장

중세 건국신화에 재등장하는 신모

제4장
중세 건국신화에 재등장하는 신모

국조의 신이한 탄생 과정을 신화에 담아 건국의 신성성과 정당성을 확보하려는 작업은 고대국가에서만 발생하는 현상은 아니었다. 후삼국이나 고려 역시 전시대의 신화 유산을 활용하여 대동소이한 작업을 시도했던 흔적을 도처에서 발견할 수 있다. 중세의 건국신화들도 국조의 신이한 탄생을 부각시키는 작업에서 상당한 정도로 신모신화의 영향을 받았다는 사실을 후백제와 고려의 신화를 통해 확인해 보도록 하자.

1. 지렁이의 아들로 변한 견훤

야래자(夜來者) 설화라고 불리는 일련의 이야기들이 전해 온다. 한밤중에 누군가가 몰래 와서 여인과 관계하고 새벽이 되면 사라진다는 특징 때문에 붙은 이름이다. 방문자는 대개 뱀, 금돼지, 동자삼(童子蔘) 등 동물이나 식물이므로 이류교혼(異類交婚) 설화와 동일시되기도 하지만, 꼭 일치하는 것은 아니다. 몰래 오는 자를 이류로 보기 어려운 경우도 있고,

설령 온다 하여도 밤에만 찾아오라는 법도 없으니 야래자와 이류교혼은 별개의 화소다. 다만 두 화소를 공유하는 이야기가 많아서 설화의 유형을 분류할 때 혼란이 일어날 뿐이다. 어쨌든 이 유형의 이야기에서 이상한 방문을 받은 여성은 잉태하여 특출난 자식을 낳는다. 여성의 잉태와 출산을 중심으로 하는 내용이라면 혹시 고대 신모신화의 영향을 받지 않았을까 하는 의문을 가져볼 만하다.

야래자와 이류교혼으로 이루어지는 대표적인 작품으로 「견훤설화」를 들 수 있다. 「견훤설화」는 후백제의 건국신화이므로 해괴망측한 두 화소의 근원지는 뜻밖에도 고대신화일 가능성이 농후하다. 견훤 집단이 재미삼아 민담에서 화소들을 차용해서 국조의 근본을 우스꽝스럽게 만들 이유가 없다. 더욱이 여러 정황 증거들을 살펴볼 때 이 설화는 견훤 당대에 형성되었을 개연성이 다분하다. 만약 그렇다면 견훤은 자신의 탄생담에 대하여 어떤 생각을 갖고 있었을지 미심쩍은 부분이 한두 가지가 아니다.

> 옛날 광주 북촌에 부자가 살았는데, 자태가 단정하고 용모가 아름다운 딸 하나를 두었다. 딸이 어느 날 아버지께 말했다. "밤마다 자줏빛 옷을 입은 남자가 침실에 와서 관계를 갖고는 합니다." 아버지가 대답했다. "너는 긴 실을 바늘에 꿰어 그 남자의 옷에 꽂아 두어라." 딸은 그 말대로 했다. 날이 밝아 그 실이 간 곳을 찾아보니, 북쪽 담 밑에 있는 큰 지렁이 허리에 꽂혀 있었다. 후에 이로 인하여 태기가 있어 사내아이를 낳았다. 나이 십오 세가 되자 스스로 견훤이라 일컬었다.[1]

『삼국유사』에서는 『삼국사』 「본전」을 인용하며 견훤은 상주 가은현

---

1 일연, 『삼국유사』, 후백제 견훤.

사람으로 성은 이 씨였고 아버지는 아자개(阿慈介)라 했다. 같은 기록이 『삼국사기』「열전」견훤조에도 보이므로 견훤과 관련된 사실의 기록일 터이니, 그는 출생지와 가계가 확실한 인물이다. 두 문헌이 모두 견훤이 젖먹이 때 어머니가 숲에 놓아 두자 호랑이가 와서 젖을 먹였다는 이야기가 실려 있지만, 그의 신이함을 강조하기 위한 이 정도의 신화적 장치는 수긍이 간다. 문제는 『삼국유사』인데, 견훤의 실제 세계(世系)에 관해 실컷 언급해 놓고는 '옛날 광주 북촌에 부자가 살았는데' 하면서 전형적인 민담의 서두 형식을 가진 견훤의 탄생담을 소개하고 있다.

견훤은 신라의 하급 장교로 복무하던 중, 나라의 혼란을 틈타 무리를 규합하여 이리저리 떠돌다가 무진주라 불리던 광주를 점령한 후 이곳을 거점으로 왕이 되고자 도모한다. 따라서 인용문은 이 지역에 유포되어 있던 민간전승이며, 자신을 그 고장의 영웅으로 부각시켜서 지역민의 지지를 얻기 위해 견훤 당대에 차용된 이야기임을 짐작할 수 있다. 그렇다면 야래자와 이류교혼 화소들로 이루어진 민간전승이 당시 광주지역에서는 영웅의 탄생담에 걸맞은 신화적 이야기였다는 뜻이다.

> 제30대 무왕의 이름은 장이다. 어머니가 과부가 되어 서울 남쪽의 못가에 집을 짓고 살던 중, 연못의 용과 정을 통하여 아들을 낳았다. 어려서의 이름은 서동이다.[2]

「서동설화」의 출발점인 백제 무왕의 탄생담은 야래자 화소가 드러나지는 않지만, 「견훤설화」와 같은 이류교혼 화소는 확연하게 나타난다. 무왕의 아버지로 설정된 연못의 용은 한자어로 지룡(池龍)이므로, 견훤의

2 일연, 『삼국유사』, 무왕.

탄생담도 원래는 이와 동일한 지룡이었을 것이다. 견훤이나 그를 추종하는 세력이 그를 지렁이의 아들로 설정했을 리는 만무하므로 그가 지렁이의 아들로 변한 것은 후삼국의 쟁패에서 패배자가 된 후 부정적 인물로 인식되면서부터인 듯하다. 이 과정에서 지룡이 지렁이로 변질되는 현상이 일어난 것이다.[3]

「견훤설화」가 마한계통의 고유한 신화였던 수부지모형(水父地母型) 신화라는 선행연구도 고려할 만하다.[4] 이 수부지모형 신화는 부여계통의 온조 집단이 남하하여 백제를 일으키기 전까지 마한의 부족들 사이에서 성행하던 신화였는데, 백제 후기 마한의 토착세력이 정치권에서 급부상하면서 그들의 신화가 「서동설화」에 차용되었고, 그 영향이 후백제 시대까지 영향을 미쳤다는 것이다. 이러한 논의들을 종합하면 견훤의 아버지가 왜 지렁이인가 하는 문제는 해결이 된 셈이다.

> (한 고조의) 어머니 유온이 일찍이 큰 연못가에서 휴식을 취하다가 꿈에서 신을 만났다. 이때 천둥이 치고 번갯불이 번쩍 하더니 하늘이 캄캄해졌다. 태공이 가서 보니까 교룡이 그녀의 몸 위를 올라타고 있었다. 그러고는 임신하여 마침내 고조를 낳았다.[5]

이류교혼으로 영웅이 탄생하는 신화가 마한지역에 한정된 이야기는 아니었다. 한 고조 유방 역시 이류교혼으로 태어난다. 유방이 만백성 위에 군림하는 천자의 자격을 갖추기에 친부인 태공의 가계로는 역부족이었던

3 최래옥, 「현지조사를 통한 백제설화의 연구」, 『한국학논집』, 한양대학교 한국학연구소, 1982, 139쪽.

4 서대석, 「백제신화연구」, 『백제논총』 1, 백제문화개발연구원, 1985.

5 사마천, 『사기』, 고조본기.

듯 용을 그의 신화적 아버지로 삼는다. 다만 꿈을 통해 이루어졌어야 했을 용과 유온의 관계맺음이 버젓이 태공이 보는 가운데 행해진 것이 꺼림칙할 뿐, 당대의 신성원리에는 부합했음이 분명하다.

이처럼 이류교혼 화소는 동아시아에 널리 퍼져 있던 영웅의 탄생담에 자주 등장하는 화소이고, 용과 같은 이류는 천신에 대응하는 동물신이다. 기존 신모신화에서 신모의 배우자가 천신에서 동물신으로 바뀐 형태라고 보면 된다.

그렇다고 동물신이 천신보다 후대형이라고 단언할 수는 없다. 「미녀와 야수」 같은 세계적인 분포를 보이는 동물신랑 유형의 신화적 민담들도 넓은 의미로 보면 이 유형과 다를 바가 없다. 이류교혼 화소는 유래가 상당히 오래된 인류의 원시적 관념에 근원을 두고 있는 듯하다. 특히 이류로 동물이 등장하는 이야기는 토테미즘이라 불리는 동물조상에 대한 관념을 배경으로 형성되었음 직하다. 원시 토템사회에서 신성시 여기던 동물은 대개 그 부족의 조상으로 이야기된다. 상상을 통해 형상화된 문화적 동물인 용이 등장하는 사례는 훨씬 후대의 일이니 위에서 제시된 전승들이 원시시대에 형성되었을 리는 없지만, 동물신랑 유형과 신화적 계통이 일치함은 물론이다.

이류교혼에 등장하는 동물이 천신격의 변이형이라면 야래자 화소의 누군가 밤에 몰래 오는 행위는 천신의 하강에 해당한다.

> 여기에 그녀(이쿠타마요리비메)가 대답하기를 "수려하게 생긴 남자가 있는데 그 성도 이름도 모릅니다. 매일 밤마다 찾아와 서로 지내는 동안 어느덧 임신을 하고 말았습니다."라고 했다. 이 말을 들은 부모는 그 남자의 정체를 알아내기 위해 딸에게 "황적색 점토를 마루 앞에다 뿌려 놓고 실패에 감긴 실을 바늘에 꿰어 그 남자의 옷자락에 꽂아 놓아라!"라고 가르쳐 주었다.

그리하여 그녀는 부모가 시키는 대로 하였는데 다음날 아침에 일어나 보니, 바늘에 꿰어 둔 실은 출입문의 열쇠구멍을 통해 빠져나갔음을 알고 실을 따라 가보니 미와산의 신사에 이르러 그쳤다.[6]

스신천황(崇神天皇) 때 제사를 집전하는 신주(神主)였던 오호타타네코의 탄생담인데, 신사의 신이 야래자로 등장한다. 야래자의 방문에 의해 뛰어난 인물이 탄생하며, 바늘에 꿴 실을 추적하여 야래자의 정체를 발견한다는 내용이 「견훤설화」와 동일하다. 다만 차이점이 있다면 견훤의 경우는 동물신이 야래자인 데 비해, 오호타타네코의 경우는 신사의 신이 야래자라는 정도다. 그런데 오호타타네코의 탄생은 신이 여인의 집에 왕림하여 결합하는 형태이므로 천신이 지상에 하강하여 신모와 결합하는 형태와 방불하다. 수직적 이동이 수평적 이동으로 방향만 바뀌었을 뿐이지 신화적 의미는 같다. 그렇다면 「견훤설화」에서 동물신의 방문도 천신하강의 이형태(異形態)라고 볼 수 있다.

매일 밤 황백색이 나는 사람이 환하게 비치는 꼭대기 창문으로부터 들어왔다. 그가 내 뱃가죽을 문지르면 그의 광명이 뱃속으로 스며들어갔다. 그는 갈 적에 해나 달빛을 따라 마치 누렁개처럼 기어나갔다. 다음의 말은 할 나위가 없다. 이렇게 볼 때 너희는 분명한 하늘의 아들이니 보통 사람과 비교할 것이 아니다.[7]

일본에 이어 몽고의 경우를 살펴보자. 인용문은 알란고아가 자신이 임신하게 된 연유를 설명하는 대목이다. 그녀는 과부의 몸으로 삼형제를

6 노성환 역주, 『고사기』, 민속원, 2009. 164~165쪽.

7 『원조비사』, 권 1.

낳는데, 그 중 막내가 칭기스칸의 직계 조상이 되는 보돈차르다. 그녀의 잉태 동기 역시 야래자의 방문인데, 인격신에 의함인지 천기감응에 의함인지 문맥을 보아서는 도대체 종잡을 수가 없다. 인격신이 등장하지만 황백색의 빛깔, 광명, 해와 달빛은 분명 천기와 관계가 있다. 특히 잉태의 직접적 원인이 되는 광명이 뱃속에 스며들어가는 장면은 천기감응과 다를 바 없다. 「가야산신모신화」에서 정견을 잉태시키는 행위에 상응하는 대목이다. 천신 이비가는 햇빛으로 변하여 정견을 임신시키는데, 이때 '천신과 직접결합 → 변신하여 결합 → 천기감응'이라는 천신과의 결합형태의 변이과정을 제시한 바 있었다. 그렇다면 알란고아의 경우도 애매모호하게 표현되어 있다 해도 이중 '변신하여 결합하기'에 가까운 용례라 하겠다.

위의 논의 사항을 종합해 보면 얼핏 어이없는 내용처럼 보였던 「견훤설화」는 나름대로 동아시아에 널리 유포되어 있던 신화소에서 신성원리를 차용하고 있는 엄연한 신화였다는 것을 알 수 있다. 신격의 의미를 가진 토템적 동물신이 등장하는 이류교혼 화소와 신이 방문하여 신모와 결합한다는 야래자 화소가 신성원리의 근간인 것이다.

또 하나 여기서 지적하고 넘어가야 할 사항은 신이나 영웅의 탄생담에 수용되는 원신화는 천신신화보다는 신모신화 쪽에 고정성을 두고 있다는 점이다. '천신 + 신모 = 영웅'이라는 공식을 가정한다면, 대다수의 경우 천신은 변수에 해당하고 신모는 상수에 해당한다. 햇빛, 열매, 알, 용 등이 천신이라는 변수항에 대입되었던 신격들이다.

2. 고려 건국신화의 신모들

『고려사』「고려세계(高麗世系)」에 기록된 왕건의 조상들에 대한 이야기는 고대신화와 신화적 전승의 종합편이라고 부를 만하다. 『고려사』는 조선 문종 때(1451)에 전시대의 왕조사를 정리하려는 노력의 일환으로 편찬된 역사서다. 하지만 「고려세계」는 고려 때 문헌인 김관의의 『편년통록』, 민지의 『편년강목』 등의 내용을 편집한 것이므로 고려 당시의 전승을 반영하고 있다. 유교적 합리주의 사상과 가부장제도로 무장한 중세왕조의 신화작업에서 과연 신모신화는 어떤 모습으로 나타나는지에 대해 살펴보기로 한다.[8]

1) 호경의 부인이 된 성거산 신모

「고려세계」는 태조 왕건의 6대에 걸친 조상들에 관한 이야기다. 호경으로부터 시작하여 그의 아들 강충, 손자 보육, 증손녀 진의, 외현손 작제건, 외오세손이며 왕건의 아버지인 용건으로 이어진다. 우선 출발점이 되는 호경의 이야기부터 들어보자.

> 이름이 호경이라는 사람이 있었는데, 스스로를 성골장군이라고 불렀다. 백두산부터 두루 유람하다가 부소산(개성의 송악산)의 왼쪽 골짜기에 이르러 장가를 들고 살림을 차렸다. 집은 부유했으나 자식이 없었다. 활쏘기를 잘하여 사냥을 일로 삼았다. 하루는 같은 마을 사람 아홉 명과 평나산(성거산)에서

8 왕조의 신성화 작업은 조선시대에도 시도되었다. 조선 건국의 합리화를 위해 간행된 「용비어천가」에서 그러한 노력을 발견할 수 있다. 「용비어천가」는 세종의 선대인 목조, 익조, 도조, 환조, 태조, 태종 등 여섯 조상[육조(六祖)]의 사적을 노래하고, 관련 내용을 주(註)로 제시함으로써 조선이 뿌리 깊은 나무이고, 샘이 깊은 물임을 주장하고 있다.

매사냥을 했다. 마침 날이 저물어 바위굴에서 하룻밤을 묵으려 하는데, 호랑이 한 마리가 굴 입구에 와서 울부짖었다. 열 사람은 "호랑이가 우리들을 잡아먹으려 하니 시험 삼아 쓰고 있는 관을 던져서 호랑이가 움켜잡는 관의 임자가 맞서기로 하자." 하고 상의했다. 모두 관을 던지자 호랑이는 호경의 관을 움켜잡았다. 호경이 나가서 호랑이와 싸우려 하자 호랑이는 사라지고 바위굴이 무너져 아홉 명이 모두 빠져 나오지 못했다. 호경이 평나군에 알린 후, 되돌아와 아홉 명을 장사지냈다. 먼저 산신제를 올리는데 산신이 나타나서 말했다. "나는 과부의 몸으로 이 산을 주관하고 있습니다. 성골장군을 만나 부부의 인연을 맺고서 같이 신정(神政)을 펴고자 하니 성골장군을 이 산의 대왕으로 봉하고 싶습니다." 말을 마치자 호경과 함께 종적을 감추어 버렸다. 이에 평나군의 백성들은 호경을 대왕으로 봉하고 사당을 세워 제사를 지냈다. 아홉 사람이 함께 매몰되었다 하여 산 이름을 구룡산으로 고쳤다.[9]

신화라기보다는 지역전설이라 할 만한 산신전승이 고려 건국신화의 모두(冒頭)를 맡고 있다. 사전 지식 없이 호경의 이야기를 접한다면, 산신 호경의 좌정담이나 구룡산의 지명 유래담이라고 생각할지 모른다. 백두산을 두루 유람하던 호경은 송악산 기슭에 터를 잡는다. 개성에 첫 발자취를 남긴 왕건가문의 조상이 호경인 것이다. 이러한 사항으로 미루어 볼 때 호경은 입향조(入鄕祖)로서 숭앙되는 가문의 시조이고, 그가 산신이 되는 유래담은 가문신화로 전해져 왔음을 짐작할 수 있다. 따라서 호경의 이야기는 건국신화라기보다는 씨족신화의 성격을 띠고 있다고 하겠다.

---

9 『고려사』, 「고려세계」. 이 단원에서 「고려세계」의 인용문은 각주를 생략하기로 한다. 번역문은 다음 책자를 참고했다.
동아대학교 석당학술원, 『국역 고려사』, 경인문화사, 2008.

문맥을 살펴보면 성거산 신모는 과부의 몸으로 성거산을 주관하고 있다고 하였으니 호경 전승에 도입되기 전에 이미 이 지역의 산신으로 자리 잡고 있는 여신이었다. 우선 주목해야 할 대목은 호경이 곧 무너지려는 바위굴에서 호랑이에 의해 구출되는 장면인데, 여기서 호랑이는 여산신의 화신일 터이다. 여산신의 도움으로 영웅이 위기에서 벗어나게 된다는 화소는 김유신이 고구려의 첩자인 백석에게 납치되려고 할 때 나타났던 세 여신을 떠올리게 한다. 이 여신들은 나림, 혈례, 골화의 여산신으로 신라의 수호신들이다. 『삼국사기』 제사조에 따르면 그녀들이 있던 세 산은 삼산오악 중 삼산으로 대사(大祀)에 속하는 국행제를 지내던 곳이다.

여신에 의해 영웅이 구출되는 장면은 「용비어천가」에서도 발견된다.

> 길가에서 한 할머니가 머리에 수통을 이고 손에는 주발 하나를 들고 오는 것을 보았다. 익조가 갈증이 나 물을 마시려고 하자, 할머니가 주발을 씻어 물을 담아서 드리며 말했다. "공께서는 알지 못하고 계십니다. 이곳 사람들은 사실은 군사를 불러들이러 갔습니다. 귀관의 위엄과 덕이 가히 애석하여 제가 감히 알리지 않을 수 없었습니다."[10]

천호(千戶)들이 이성계의 증조부 익조를 해치려고 도모할 때 익조는 어떤 할머니를 만나 조언을 듣게 되어 가족을 데리고 무사히 피난할 수 있었다. 사실 이 정도의 도움이라면 이웃집 할머니라도 해줄 수 있다. 그런데도 「용비어천가」에서는 이 할머니를 하늘이 보냈다고 단정한다.

> ᄢᅴ 한 도ᄌᆞᄀᆞᆯ 모ᄅᆞ샤 보리라 기드리시니 셴 할미ᄅᆞᆯ 하ᄂᆞᆯ히 보내시니

---

10 「용비어천가」, 19장 주석.

간교한 도적인 줄 모르고 보려고 기다렸는데 백발의 노구(老嫗)를 하늘이 부리셨다는 것이다. 오히려 이런 견강부회(牽强附會)를 통해 영웅이 위기에 처했을 때 지역의 여신에 의해 구제되는 이야기가 신화의 보편적 전통이었음이 드러난다. 그 때문에 평범한 듯 보이는 사건에도 하늘의 뜻이란 의미가 부여되곤 했다.

호경은 단순히 도움을 받음에 그치지 않고 산신에게 선택되어 신앙의 대상이 된다. 호경이 이미 부인이 있는 사람임에도 불구하고 성거산 신모는 그를 부군으로 삼는다. 이후 호경은 종적을 감추고 산신대왕으로 봉해진다. 호경이 세상을 떠났다는 뜻이다. 호경의 사당이 만들어지고 제사를 받들었다는 대목에서 이러한 정황을 알아챌 수 있다. 신모가 천신의 배우자가 되어 신격을 획득하는 것이 아니라, 호경이 신모의 배우자가 되어 신격을 획득하고 있다는 점도 눈여겨 볼 사항이다. 이 역시 천신이라는 변수항에 인간 남성이 대입됨으로써 형성된 신모신화의 변이형이기 때문이다. 이 변이형은 후대 신모계 전승에서는 일반적 유형으로 확산된다. 신모가 꼭 자신보다 위상이 높은 천신을 배필로 삼아야만 한다는 법은 없으므로 특별한 유형이 아니라고 볼 수도 있다. 하지만 성거산 신모는 사정이 다르다.

신의 배우자가 됨으로써 비로소 신격을 부여받는 신모의 이야기에서는 배우자가 자신보다 위상이 높은 신으로 고정될 수밖에 없다. 따라서 신모가 인간 남성과 결합하는 이야기는 그녀가 자체 신격을 가지고 있을 때만 가능하다. 신모가 자체 신격을 갖는 조건은 두 가지로 나누어 볼 수 있다. 첫 번째는 본래 천신과 관계없이 자신의 신성한 행위에 의해 신모가 된 경우고, 두 번째는 천신의 배우자로 신격을 획득했지만 천신이 숨어버리는 현상 때문에 독자적으로 신앙되는 신모로 변한 경우다. 신모는 본래 원시 지모의 관념에서 유래한 여신이므로 고대에는 첫 번째에 해당하는 사례가 많았겠지만, 후대로 내려갈수록 두 번째에 해당하는 사례도 자주 발견할 수 있다. 그렇다면 성거산 신모는 어떤 경우에 속할까? 해답은 그녀가 과부였다는 구절에서 발견할 수 있다.

신모신화의 영향을 받은 신모계 전승에는 다수의 여산신신화가 포함된다. 선도산 신모가 그 대표적 예인데, 『삼국유사』의 기록에는 그녀가 천신의 배우자가 아닌 자체 신격을 갖고 있는 여신으로 등장한다. 하지만 다른 자료들에 의하면 그녀가 부황의 곁을 떠나야 했던 이유가 남편 없이 잉태하였기 때문이라는 사정을 감안해야 한다. 선도산 신모는 애초에 독립적으로 숭앙되던 층위가 아니라 천신이 사라지는 바람에 자체 신격으로 변모된 층위의 신모인 것이다. 이렇듯 전승 과정 중에 본래의 유래담이 망실되는 경우 신모의 이야기는 당분간 공덕담 위주로 전승된다. 이러한 현상은 『삼국유사』에 실린 선도산 신모의 공덕담들을 통해 확인할 수 있다. 하지만 본래의 유래담이 가지고 있었던 신모신화의 유형구조가 전승집단의 기억에서 완전히 지워지는 것은 아니고 잔상 형태로 남는다. 이로 인해서 신모계 전승은 언제 어디서라도 신성혼의 이야기로 환원될 수 있다. 신모계 전승이 신성혼담으로 환원될 때 신모의 배우자는 천신 대신에 인간으로 대체되는 경향을 보인다. 천신은 이미 그녀의 곁을 떠나버린 까닭이다.

> 일찍이 하늘에 있는 여러 선녀들에게 비단을 짜게 하여 붉은 빛으로 물들여 관복을 지어 남편에게 주었으니 나라 사람들이 그녀의 신비한 영험을 비로소 알게 되었다.[11]

---

11 일연, 『삼국유사』, 선도산성모수희불사.

인용문에는 고대 직조의 여신이었던 선도산 신모의 모습이 반영되어 있다. 하지만 여기서 입증하려는 사항은 그녀가 마냥 홀로 지냈던 것이 아니라 신라의 관료와 재혼을 했었다는 사실이다. 비록 그녀에 대한 공덕담 중 마지막 삽화로 소개되어 있지만, '일찍이[嘗]' 혹은 '비로소 알게 되었다[始知]'라는 구절로 보아 상당히 이른 시기부터 구전되었던 공덕담임을 알 수 있다.

호경이 과부가 된 성거산 신모와 결합하여 산신으로 좌정하는 것도 이와 같은 사례다. 성거산 신모가 과부였다는 사항은 원래 성거산 신모가 천신의 배우자로서 산신이 된 여신이었음을 암시한다. 그러다 천신에 대한 신앙이 소원해지며 성거산 신모에게 신앙이 집중되자, 급기야 그녀는 과부가 되어버린 것이다. 이후 성거산 신모에 기대어 호경을 신격화하는 과정에서 인간이 여산신과 결혼하는 신성혼담이 형성됐다. 인간과 결혼하는 신모의 이야기는 비단 선도산 신모와 성거산 신모에만 국한되는 것이 아니라 후대 신모계 전승에 지대한 영향을 미친다.

> 산신이 된 호경은 옛 부인을 잊지 못하고 밤마다 항상 꿈결처럼 와서 교합했다. 아들을 낳으니 강충이라 했다.

성거산 신모가 호경과 부부의 인연을 맺기는 해도, 호경의 아들인 강충의 탄생과 전혀 무관하다는 점도 의아한 대목이다. 고대신화의 관습대로 강충을 성거산 신모의 아들로 설정한다면 더할 나위 없겠지만 중세 왕조에서는 사실대로의 족보를 무시할 수 없었을 것이다. 그래서 강충은 호경이 혼령으로 강림하여 옛 아내와 관계를 맺음으로써 태어난다. 남편이 야래자가 된 셈이다. 호경은 이미 산신으로 모셔지고 있는 대상이므로 인용된 내용은 천신과 신모의 결합이 세속화된 모습에 불과하다. 천신이라는 변수항에 산신 혹은 남편의 혼령이 대입된 형태다. 부언하면 호경에게는 강충의 탄생을 보다 신비스럽게 만들어줄 의무가 주어진다. 당연히 강충은 호경이 살아있을 때, 산신대왕이 되기 전에 낳은 아들이었을 것이다. 하지만 고려 건국신화에서는 고대의 신화적 전통을 변용하여 산신이 된 남편이 아내를 못 잊어 밤마다 찾아와 관계했다는 천신하강과 야래자형의 중간적 형태로 강충의 신이한 탄생을 부각시켰다.

2) 진의의 뒤바뀐 운명

「고려세계」에는 호경의 이야기에 뒤이어서 그의 아들 강충이 등장하지만 역할은 크게 두드러지지 않는다. 소나무를 심어 송악이라는 명칭이 유래하게 된 계기를 마련하였고, 두 아들을 낳는다는 정도다. 그중 둘째가 보육인데 형인 이제건의 딸 덕주와 결혼해서 두 딸을 낳는다. 둘째 딸이 바로 작제건의 어머니인 진의다.

> 어떤 신라의 술사가 보육을 보고 '이 곳에서 살고 있으면 반드시 당나라의 천자가 와서 사위가 될 것이오.'라고 예언했다. 뒤에 두 딸을 낳았는데 막내딸의 이름은 진의로 얼굴이 예쁜데다 지혜와 재주가 많았다. 그녀의 나이 겨우 15세 때의 일이었다. 그녀의 언니가 오관산 꼭대기에 올라가 소변을 보니 오줌이 천하에 흘러넘치는 꿈을 꾸었다. 꿈에서 깨어나 진의에게 그 이야기를 해주자, 진의가 비단치마로 꿈을 사겠다고 청하기에 허락했다. 진의가 언니에게 다시 꿈 이야기를 하도록 한 후 꿈을 움켰다가 품는 시늉을 세 번하니 이윽고 몸에 무엇이 들어온 듯 움직거렸으며 마음이 매우 뿌듯했다.

진의가 다소 민망할 수도 있는 꿈을 언니에게 산 이야기는 김춘추의 비인 문명왕후 문희가 언니 보희에게 꿈을 산 이야기[12]와 동일하다. 「고려세계』에는 이와 같은 선류몽(旋流夢) 이야기가 두 번 나오는데, 진의의 아버지 보육도 송악산에 올라 오줌을 누니 삼한의 산천이 은빛 바다로 변하더라는 꿈을 꾼다. 여기서의 오줌은 양수(養水)를 의미하는 원형(Arche-type)적 상징이므로 세상이 양수에 잠김으로써 새롭게 재탄생된다는 것을 암시한다고 볼 수 있다.

> 숙종이 마아갑의 양자동에 다다라 보육의 집에 묵게 되었는데, 그의 두 딸을 보고 좋아하며 옷이 터진 곳을 꿰매 달라고 부탁했다. 보육은 그가 중국에서 온 귀인임을 알아차리고 마음속으로 과연 술사의 말과 부합한다고 생각하고는 즉시 큰 딸에게 부탁을 들어주도록 시켰다. 그러나 겨우 문지방을 넘자마자 코피가 쏟아지는 바람에 동생 진의를 대신 들여보내 잠자리를 모시게 했다. 숙종이 한 달을 머무르다가 진의가 임신했다는 것을 알고 작별하면서, 자신이 당나라의 귀족이라 밝힌 뒤 활과 화살을 주며 아들을 낳거든 이것을 주라고 일렀다.

꿈을 판 대가로 이름도 잊힌 큰 딸이 코피가 터지는 바람에 둘째 딸 진의가 언니 대신에 숙종을 모신다. 코피가 났다는 것은 공교롭게도 그때 큰 딸이 월경 중이었음을 완곡하게 표현한 듯하다. 어찌했든 꿈을 파는 행위로 말미암아 두 자매의 운명이 뒤바뀐 것이다. 꿈을 사고파는 매몽(買夢) 화소는 이 이야기에서 신격과의 결합 직전에 치러야 하는 혼사시험의 역할을 한다. 웅녀와 호녀의 경쟁이 인내심의 테스트였다면, 큰 딸과 진의의 경쟁은 인식의 테스트다. 신화에서의 꿈은 하늘의 계시이며 미래에 관한 예언인데, 진의는 언니가 대수롭지 않게 지나쳤던 꿈의 숨은

---

12 일연, 『삼국유사』, 태종 춘추공.

의미를 알아챘다. 그 결과로 진의는 언니 대신 귀인과 관계를 맺고 영웅을 탄생시키며 왕가의 계보에 당당히 그녀의 이름을 올린다. 운명의 뒤바뀜이라는 화소는 대개 이런 식으로 신화에 등장한다. 『구약성서』에서 에사우가 무심코 야곱에게 장자권을 넘겨주는 장면이 연상되기도 한다. 행운은 알아보는 사람의 몫이고, 차지하는 사람이 임자라는 것이 신화의 논리다.

당의 숙종이 진의와 관계를 가진 후 그녀가 임신을 하자마자 징표를 남기고 떠나는 것은 고대 천신이 신모에게 했던 행동을 그대로 답습하고 있다. 그렇지만 중세국가에서 왕권의 신성성을 도모하기 위해 하강한 천자 대신에 이웃나라의 천자를 끌어들인 점은 명백히 무리수를 둔 일이었다. 민심을 얻어 국가의 내실을 다지는 데는 효과가 있었는지 모르나, 대외적인 명분을 얻는 데는 실패를 하고 만다.

> 충선왕이 원나라에 있을 때 왕에게 늘 놀러 다니는 한림학사 한 사람이 왕에게 물었다. "일찍이 왕의 조상이 당나라 숙종이라는 말을 들었는데 무슨 근거가 있습니까? 숙종은 어려서부터 딴 지방을 나가본 적이 없고 안록산의 반란 때 영무에서 임금이 되었는데 어느 겨를에 동방까지 가서 아들을 둘 수 있었겠습니까?" 왕이 크게 부끄러워하며 대답을 하지 못했다. 민지가 곁에 있다가 대답했다. "이것은 우리나라 역사에서 잘못 기록한 것이오. 숙종이 아니고, 선종이오." 그러자 그 사람이 말했다. "만약에 선종이라면 오랫동안 지방으로 돌아다녔으니까 그럴지도 모르겠소."

혈통의 신성성을 부각시키기 위해서 어설픈 짜깁기를 시도함으로써 대외적으로 조롱거리가 될 뻔한 일도 겪었던 것이다. 한림학사의 지적에서 드러나듯이 고대와는 달리 중세사회는 신화에 합리적, 역사적 잣대를 들이대는 버릇이 있었다. 『고려사』 범례에도 「고려세계」는 잡된 기록에서 나와서 대체로 허황하다는 논평을 가하고 있으니 신화를 논리적으로 따지는 중세의 시선은 국외에만 한정된 것은 아니었다.

3) 저민의가 용궁으로 돌아간 사연

당나라 귀인이 떠나면서 진의에게 준 활과 화살은 작제건이 아버지를 찾는 징표로는 소용이 없는 물건이었지만 그의 운명을 결정짓는 데는 중요한 역할을 담당한다. 활과 화살은 영웅적 모험의 계기를 마련하며, 통과제의적 시험을 완성시키는 주물(呪物)이 되는 것이다. 고구려 신화에서 유리가 주몽을 찾아 나서듯이 작제건은 성장하여 아버지를 찾아 장도에 오른다.

> 작제건은 아버지를 찾아뵈려고 상선에 몸을 맡겼다. 바다 한가운데에 이르자 구름과 안개로 사방이 어두컴컴해져서 배가 사흘 동안이나 나가지 못했다. 배에 탄 사람이 점을 쳐보고, 고려 사람이 없어져야 한다고 하므로 작제건이 활과 화살을 지니고 스스로 바다에 몸을 던졌다. 마침 바다에 바윗돌이 있어 그 위에 섰더니 안개가 개이고 순풍이 불어 배는 나는 듯이 가버렸다.
>
> 잠시 후 한 늙은이가 나타나 절을 올리며 말했다. "나는 서해의 용왕이오. 늘 해질녘이 되면 어떤 늙은 여우가 치성광여래상으로 변신하고 하늘에서 내려온다오. 그는 구름과 안개 사이에 해와 달과 별들을 쭉 벌여 놓고는 고동 나팔을 불고 북을 치는 등 풍악을 울린다오. 그가 이 바윗돌에 앉아 '옹종경'을 읽어대면 내 머리가 쪼개질 듯 아프오. 듣건대 귀공자께서는 활을 잘 쏜다고 하니 나의 괴로움을 없애 주기 바라오." 이에 작제건이 허락했다.

작제건이 용왕의 요청을 받고 화살로 여우를 쏘아 처치하는 이야기는 신라의 「거타지설화」와 일치한다. 진성여왕의 막내아들이 당나라의 사신으로 갈 때 사신단을 태운 배는 풍랑을 만나 곡도라는 섬에 머물게 된다. 풍랑이 그치지 않자 점을 치는데, 활 잘 쏘는 궁수 한 명을 섬에 남겨두면 풍랑이 그친다고 했다. 거타지의 이름을 적은 나무조각이 물에 가라앉음으로써 제비뽑기에서 거타지가 당첨되어 섬에 희생물로 바쳐진다. 여기서 다음과 같은 용왕의 말에 귀를 기울여 보자.

> "나는 서해의 해신이오. 해 뜰 무렵이면 언제나 중 하나가 하늘에서 내려와 '다라니경'을 외면서 이 못을 세 바퀴 돈다오. 그러면 우리 부부와 자손들이 모두 물 위에 떠오르게 되는데, 이렇게 해 두고 그 중은 내 자손들의 간을 빼먹어 왔소. 결국 자손들이 거의 다 죽고 이제 우리 부부와 딸 하나만 남게 되었다오. 내일 아침에도 그 중이 올 것이니, 부탁하건대 그 중을 활로 쏘아 죽여주시오."[13]

거타지는 용왕의 말대로 활로 중의 가슴을 명중시켰고, 중은 피에 젖은 늙은 여우의 모습을 드러내며 죽는다. 거타지와 작제건의 이야기 모두 중이 불경을 외우며 용왕을 괴롭히고, 중은 늙은 여우가 변신한 모습이다. 요괴를 처치한 일에 대한 보답으로 용왕의 딸을 얻는다는 결과도 마찬가지다. 따라서 작제건 신화는 신라의 영웅설화인 「거타지설화」를 모본으로 삼은 이야기다. 거타지가 머물렀다는 곡도는 현재의 백령도이고, 작제건이 해상세력으로 활동하던 지역이 경기만 북부였다는 역사적 사실도 두 이야기의 영향수수관계를 뒷받침한다.

그런데 두 이야기에서 용왕을 괴롭히는 대상이 중이란 사실은 무심코

13 일연, 『삼국유사』, 거타지.

지나칠 문제가 아니다. 이 설화 유형이 삼국시대 불교가 도입되고 공인되기 이전, 배척해야 할 종교로 인식되던 시기에 형성되었다는 단서이기 때문이다. 비록 「거타지설화」의 시대적 배경이 진성여왕 때로 설정되어 있다 해도, 원형의 형성 시기는 훨씬 이전까지 소급된다.

「고사기」에는 스사노오라는 신이 대사(大蛇)를 퇴치하는 이야기가 실려 있는데, 여러모로 「거타지설화」와 유사하다. 스사노오가 이즈모쿠니[出雲國]라는 곳에 내려왔을 때 울고 있는 노부부를 만난다. 스사노오가 그 연유를 묻자 노부부는 머리가 여덟 개 달린 뱀이 해마다 자신의 딸을 잡아먹어서 여덟 명의 딸 중에 이제 한 명만 남았는데, 그 뱀이 하나 남은 딸마저 잡아먹을 날이 되었기 때문이라고 대답한다. 스사노오는 대사를 물리치고 노부부의 딸인 쿠시나다히메와 결혼한다.[14]

영웅이 괴물을 퇴치하는 페르세우스와 안드로메다 유형의 설화는 세계적인 분포를 보인다. 하지만 거타지와 스사노오의 이야기처럼 부탁을 의뢰하는 용과 노인, 퇴치해야 할 여우(중)와 커다란 뱀이라는 대상의 차이가 있을 뿐, 영웅이 의뢰인의 자손을 잡아먹는 괴물을 퇴치해 주고 마지막으로 남은 의뢰인의 딸과 결혼한다는 세부적인 내용까지 닮기는 쉽지 않다. 따라서 이 괴물퇴치담이 한·일 양국에 걸쳐 널리 유행했던 동일한 근원을 지닌 영웅신화들이라는 것을 알 수 있다. 작제건의 이야기는 이 고대 영웅신화를 차용함으로써, 그의 영웅적 면모를 부각시킴과 동시에 자연스럽게 고대 신모와 다를 바 없는 용녀를 그의 배우자로 삼는 일석이조(一石二鳥)의 효과를 거두고 있다.

이후 작제건의 모험은 유리왕의 경우와는 달리 아버지를 찾는 내용으로 이어지지는 않는다. 터무니없이 당나라에 들어가 천자인 아버지를 만

14 노성환 역주, 『고사기』, 60~62쪽.

나서 후계자가 될 수는 없는 노릇이므로 고려로 돌아와 가문의 기반을 다지는 서사가 진행된다. 작제건이 맡은 가장 중요한 신화적 역할은 신성한 혈통을 잇기 위해 왕건의 아버지인 용건을 낳는 일이다. 그래서 그는 용왕의 딸 저민의(翥旻義)에게 장가를 들고, 천자의 자리 대신 일곱 가지 보물과 버드나무 지팡이와 돼지를 얻어 고향으로 돌아온다.[15]

용궁에서 얻어오는 선물들은 주물(呪物)이므로 나름대로의 쓰임새가 있었을 터인데, 명당터를 물색하는 돼지의 용도만 명시되어 있다. 그렇다면 버드나무 지팡이는 도대체 무엇에 쓰는 물건이었을까? 「거타지설화」와 비교를 해보면 의외로 쉽게 해답을 찾을 수 있다. 버드나무 지팡이는 용녀가 깃들어 있는 꽃가지에 해당하는 주물인 것이다. 이는 무속의례에서 신의 공간이동이 신간(神竿)을 통해서 이루어지는 것과 관련이 있는 듯하다. 게다가 버드나무 지팡이와 꽃가지는 우리 신화에서 낯선 대상이 아니다. '버들 꽃' 곧 '버들개지'라는 이름의 유화와 연관성이 있기 때문이다. 유화 역시 용왕이나 마찬가지인 하백(河伯)의 딸이라는 공통점도 유념할 만한 사항이다. 따라서 버드나무는 예로부터 신이 깃드는 신목이었고 이러한 유풍이 유화를 거쳐 용녀에 영향을 주었다는 결론에 도달한다.[16] 용녀는 결국 유화의 후신인 셈이다.

> 용녀는 일찍이 송악의 새 집 침실의 창 밖에 우물을 파고 우물을 통해 서해의 용궁을 오갔다. 이것이 바로 광명사의 동상방에 있는 북정(北井)이다.

---

15 『동국여지승람』에는 용녀의 조언으로 칠보 대신 버드나무 지팡이와 돼지를 얻어오는 것으로 기록되어 있다.

16 버드나무 가지는 동쪽으로 뻗은 복숭아 가지[桃東枝 도동지]와 함께 축귀의식에 사용하는 신성한 주술도구이기도 하다. 이 또한 버드나무가 신목이라는 고대적 관념이 남아있는 사례가 될 것이다.

평소 용녀는 자신이 용궁으로 돌아갈 때 절대 엿보지 말라고 하며 만약 약속을 어긴다면 다시 돌아오지 않겠다고 작제건과 다짐했다. 어느 날 작제건이 몰래 엿보았더니 용녀는 어린 딸을 데리고 우물에 들어가 함께 황룡으로 변해 오색구름을 일으키고 있었다. 작제건이 기이하게 여겼지만 감히 말하지 못했다. 용녀가 돌아와 화를 내며, "부부의 도리는 신의를 지킴이 중요한데 이제 이미 약속을 저버렸으니 저는 이곳에 살 수 없습니다." 하면서 어린 딸과 함께 다시 용으로 변해 우물에 들어가 버린 후 다시 돌아오지 않았다.

용녀 저민의가 실제 원창왕후로 추존되는 왕건의 할머니일 리야 없지만, 「고려세계」의 기록으로는 그녀와 작제건 사이에서 왕건의 아버지가 되는 장남 용건 외에도 사내아이 넷을 낳는다. 용녀를 왕건의 할머니로 설정한 이유는 수신을 건국주의 혈통에 수용하려는 의도에서다. 왕건의 선대는 해상무역에 종사했던 상인들이었는데, 그들에 대한 현실적 기억이 남아있는 시기에 신화가 형성되었다면 조상을 신격화하기가 용이치 않았을 것이다. 그래서 고려의 건국신화는 중국의 천자를 끌어들이거나 당시 잘 알려지지 않았던 모계를 신격화하는 방향으로 가닥을 잡았던 것으로 보인다.

그런데 용녀의 이야기는 그녀가 용건을 낳는 대목조차 없이 어린 딸만 데리고 용궁으로 돌아간다는 허무한 결말을 취한다. 작제건이 용녀와 결혼한 후 헤어지는 장면은 해모수가 유화를 취한 다음 하늘로 오르는 장면과 서사구조가 유사하다. 다만 작제건의 경우에는 남성과 여성의 신격이 뒤바뀐 형태여서 이야기에서 사라지는 쪽은 작제건이 아니라 용의 딸 저민의다. 인간과 수신 둘 사이에 결별을 주도하는 쪽은 수신이고, 천신이 하늘로 돌아가듯 수신은 물로 돌아가고 만다.

여기서 눈여겨봐야 할 사항은 작제건과 용녀가 이별하게 되는 원인이다. 이 원인은 신이 인간에게 명령한 금기가 파기되었기 때문이라고 본다면 어느 정도 수긍이 간다. 종교에서 인간이 신과 유대관계를 지속하려면 다양한 계율을 지켜야 한다. 그 계율은 신의 계시로 정해진 것이고, 이를 준수하는 경우에만 신과의 관계가 유지되며 신의 보살핌을 받을 수 있다. 신화에 등장하는 각종 금기는 이런 종교적 관념에서 유래된 화소다. 그래서인지 신화에서 금기의 위반은 신과의 계약이 파기되는 결과를 초래한다. 이 이야기에서도 수신인 저민의가 부과한 금기를 작제건이 어기고, 이 금기의 위반으로 둘의 계약은 파기되면서 신화의 전형적 관습대로 결별이라는 수순을 밟는다. 『동국여지승람』에 의하면 광명사 북쪽에 온혜릉(溫鞋封陵)이 있었다. 이 무덤은 용녀가 서해로 돌아가서 다시 돌아오지 않았으므로 그녀가 남겨 두고 간 신발만으로 장사지낸 후에 만든 것이라고 한다. 허무하게 지상에서 떠나간 신모에 대한 아쉬움은 작제건만이 아니라 고려 사람들도 마찬가지였던 듯하다. 하지만 중세신화의 용녀는 고대 농경사회의 신모처럼 그들의 곁에서 풍요를 약속해 주는 여신은 아니었던 모양이다.

그런데 저민의가 작제건에게 요구한 금기는 단지 자신의 본모습을 보지 말아달라는 당부일 뿐이다. 이를 어기는 일이 도대체 이혼에 마땅한 사유인지 궁금해지는데, 이 또한 원시적 종교 관념에서 답을 구해야 한다. 종교에서 신의 이름을 부르는 것은 명칭과 대상을 동일시하는 언어주술관에 입각한 일반적인 금기현상에 속한다. 신의 이름을 직접 부르는 것이 불경한 행위라면 신의 본모습을 직접 보는 일은 그보다 더 신을 욕되게 하는 행위가 된다.[17] 환웅이 웅녀와 결합할 때 인간의 모습으로 화신했다

17 신의 본모습을 접한 인간은 죽음을 면치 못한다는 특징도 신화에 나타나는 보편적 관념이다. 제우스의 본모습을 본 세멜레는 그 광채를 못 견디고 타 죽는다. 아르테미스의 나신(裸身)을 훔쳐 본 악타이온의 죽음도 아르테미스의 결벽증으로 인한 복수라기보다는 신의 본모습을

는 사례도 신이 인간과 교류할 때 본모습을 숨기는 현상을 반영한 것이라 할 수 있다.

> (토요타마가) 산실로 들어가 이윽고 해산하려고 했을 때, 남편에게 말하길, "모든 다른 나라의 사람들은 아기를 낳을 때가 되면, 자기 나라의 모습으로 아이를 낳습니다. 그러므로 저도 지금 원래의 모습으로 아이를 낳고자 합니다. 원하옵건대, 저의 모습을 보지 말아 주십시오."라고 했다. 이에 호오리는 그 말을 이상히 여겨 출산하는 모습을 몰래 들여다 보았더니, 토요타마가 아주 큰 상어가 되어 엉금엉금 기며 몸을 틀고 있었다. 이를 보고 깜짝 놀라 두려워하며 물러나 도망쳤다. 그리하여 토요타마는 자기의 남편인 호오리가 들여다 보았다는 사실을 알고 매우 부끄럽게 생각하여 곧 아이를 낳고 말하기를, "저는 늘 바닷길을 통하여 이 나라를 다니고자 했습니다. 하지만, 나의 모습을 보았다는 것은 저로서는 정말 부끄러운 일입니다."라고 하며 곧 바다로 통하는 길을 막고, 자기의 나라로 돌아가 버렸다.[18]

초대 진무천황(神武天皇)의 조부가 되는 호오리의 이야기는 작제건의 이야기와 서사내용은 다르다 할지라도 일치하는 요소를 다수 보유하고 있다. 저민의는 용왕의 딸이고 토요타마는 해신의 딸이니, 가문의 혈통에 수신을 포함시키려는 의도부터 비슷하다. 가장 두드러지는 공통점은 둘이 헤어지게 되는 원인이 자신의 본모습을 보지 말라는 금기의 위반이고, 여신은 이를 알아채는 즉시 아들을 버려둔 채 바다로 돌아간다는 점이다. 어찌 보면 신화에서의 금기는 깨지기 위해 설정되는지도 모른다. 이 금기의 파기에 의해 도래하는 불행은 신이 인간에게 던지는 일종의 경고장과

목격한 때문일 것이다.

18 노성환 역주, 『고사기』, 116~117쪽.

같은 역할을 수행하기 때문이다.

4) 꿈에서 맺어준 인연 몽부인 한씨

왕건의 어머니인 위숙왕후를 신모로 신격화하는 대표적인 전승으로는 지리산 신모가 위숙왕후였다는 이야기를 들 수 있다. 하지만 「고려세계」에는 지리산 신모에 대한 언급은 없고, '꿈에서 만난 여인'과 용건이 결혼한다는 설정을 통해서 하늘이 정해 준 인연에 따라 왕건이 태어났음을 강조한다.

> 용건이 일찍이 꿈에서 한 미인을 보고 처로 삼겠다고 약속한 적이 있었다. 뒤에 송악에서 영안성으로 길을 가다가 한 여인을 만났는데 용모가 너무나도 닮아 드디어 혼인했다. 그러나 어디에서 왔는지를 알지 못하였으므로 세상 사람들이 몽부인(夢夫人)이라 불렀다. 혹은 그 여인을 삼한의 어머니로 모셨기에 성을 한 씨라고 했다고도 하는데 이 사람이 바로 위숙왕후다.

기록으로 보아서는 한 씨가 비범한 여인이라는 사실을 직접 확인할 수 없다. 다만 꿈을 통해 계시된 천생연분의 여인이라는 점과 '어디에서 왔는지를 알지 못한다.'는 구절로 하늘이 내려준 여인이라는 것을 넌지시 비칠 뿐이다.

위숙왕후는 도선의 '기장을 심어야 할 땅에다 어찌하여 삼을 심었을꼬?'라는 수수께끼가 의미심장하다는 것을 알아채고[19] 남편에게 알려 왕이 태어날 집을 새로 짓는 데 일조를 하는 현명한 여인이다. '몽부인'이라는 별명이 그녀에게 신비감을 부여한다 해도 고대 신모처럼 초월적인 신

19 「고려세계」의 김관의의 소론에 '우리말에서 기장은 왕이라는 말과 서로 비슷하다.'라고 했다.

분이나 능력을 드러내지는 않고 다만 정숙하고 슬기로운 여인으로 그려질 따름이다. 「고려세계」에 기록된 위숙왕후의 모습이야말로 중세의 유교적, 가부장적 가치관에 합당한 내조의 여인상으로 변화된 신모의 모습이라 하겠다. 이러한 현모양처형의 신모는 「용비어천가」에 등장하는 신의왕후와 원경왕후로 이어진다.

> 우리나라 태종이 아직 나이 어렸을 때 술사 문성윤이 가만히 신의왕후를 찾아보고, "이 아이는 반드시 천명이 있을 것이니 남에게는 말씀하지 마십시오." 했다.[20]

신의왕후가 문성윤에게 예언을 듣는 장면은 위숙왕후가 도선에게 수수께끼를 듣는 장면을 연상케 한다. 이 조언이 뜻하는 바를 알아차린 신의왕후는 인내심을 가지고 신중하게 이방원을 키워낸다. 과연 이러한 대목이 왕조의 신격화 작업에 들어갈 만한 특별한 내용일까 하는 의문을 가질 만도 하지만, 영웅을 알아본 어머니는 자식이 영웅으로 우뚝 설 때까지 철저히 그 비밀을 지키는 인내의 과정을 거쳐야 한다. 만약 금기를 어겨 천기를 누설하는 순간에 영웅의 운명은 종말을 고하게 된다. 「아기장수 우투리」처럼 어머니의 입방정 때문에 좌절하는 영웅을 설화에서는 무수히 마주칠 수 있다.

「용비어천가」에서 태종의 비 원경왕후는 만만치 않은 지략과 결단력을 가진 여성 영웅이었음이 강조된다. 원경왕후는 태종이 위기에 직면하면 생사고락을 함께 하기 위해 전장에 뛰어드는 맹렬함을 보여주기도 한다.[21] 그러나 결코 태종의 전면에 나서는 법은 없고 철저히 뒤에서 보필하

20 「용비어천가」, 90장 주석.

는 여인으로 등장한다. 따라서 현모양처의 모습은 중세사회의 유교적 가치관이 제안하는 전형적인 여성상이었고, 중세왕조의 신화 작업에도 이러한 이미지가 강력한 영향을 미치고 있음을 확인할 수 있다. 그렇다 해도 전통사회에서 사람들이 신모에게 의지하며 기대했던 바는 위대한 어머니로서 그녀가 베푸는 음덕(陰德)이었으므로 가정을 위해 헌신하는 여성의 덕목이 신모신화의 전통에 어긋나는 것은 아니다.

지금까지 「고려세계」에 기록된 고려 건국신화 중에서 신모신화와 관련된 내용을 선별하여 고찰해 보았다. 이 작업을 통해 「고려세계」에는 호경과 성거산 신모, 호경과 옛 부인, 숙종과 진의, 작제건과 용녀, 용건과 위숙왕후 등의 이야기에 고대 신모신화에서 보았던 신성혼의 잔재된 모습이 배어있음을 발견할 수 있었다.

중세의 왕조신화는 신화와 민담의 경계선상에 걸쳐 있는 이야기라는 느낌이 강하게 든다. 이는 죽은 남편과의 통정, 선류몽, 괴물의 퇴치, 예지몽을 통한 인연 등 이야기를 엮어나가는 중심 화소들이 전대의 신화뿐만 아니라 후대 민담이나 고소설에서 자주 발견되는 화소들이라는 점에서 그 이유를 찾을 수 있다. 「견훤설화」에서 보이는 야래자와 이류교혼 화소 역시 마찬가지다. 따라서 후대 서사문학에서 흥미를 유발하기 위하여 활용되는 이들 화소가 원래는 신화에서 유래되었으며 당대까지는 나름의 신성원리를 유지하고 있었다는 것을 짐작할 수 있다.

21 「용비어천가」. 109장 주석.

제5장

무조신화를 통해 본 신모신화

제5장
무조신화를 통해 본 신모신화

앞장에서 고대 건국신화가 원신화인 천신신화와 신모신화를 차용하면서 성립되는 과정에 대해 살펴보았고, 산신의 유래담으로 전승되던 신모계 전승들이 동일한 과정을 밟으며 건국신화로 역변이를 일으키는 현상도 검토해 보았다. 또한 중세사회에서도 신모가 시대에 적합한 모습으로 변신하며 자신의 후신들을 양산하고 있었다는 사실을 발견할 수 있었다.

이제 논의를 심화하기 위해서 원신화로서의 신모신화는 과연 어떤 모습이었느냐 하는 문제를 제기할 시점이 되었다. 물론 고대 신모신화를 완벽하게 재구하는 것은 누가 봐도 불가능한 일이고, 신모신화가 단일한 형태로 고정되어 있는 것도 아니다. 하지만 지금까지의 고찰을 통해 확인했듯이 신모신화는 다양한 유형 속에서도 근간을 이루는 서사구조를 공유하고 있었다. 따라서 여러 가지 방증을 곁들이며 이 기본적인 서사구조를 추적하면, 원형 그 자체는 아니라 할지라도 최대한 근사치에는 접근할 수 있다고 본다.

전승되는 유사한 이야기들을 묶어 유형이라고 하는데, 유형은 '어느 시대에 근원을 가진 역사'[1]다. 이는 일정한 서사 내용을 공유하는 유사한 이야기들은 동일 근원을 가지고 있다는 뜻이다. 이렇듯 같은 유형에 속하는 이야기들의 공통 모본을 원형[2]이라고 부른다. 이야기는 관념의 형상화 작업인데, 이야기의 형성과정에서 관념은 일종의 씨앗과 같은 역할을 한다. 씨앗은 완성될 형태를 결정하는 유전자를 품고 그 설계대로 식물을 자라게 한다. 이와 마찬가지로 관념이 이끄는 대로 완성되는 이야기가 바로 원형이라고 본다. 원형은 이야기의 최초의 형태가 아니라 어느 시기인가에 이루어진 완성 형태에 해당하는 개념이다. 따라서 원형은 실상이 아닌 허상인 셈이며, 현전하는 특정 각편에서 발견할 수 있는 구체적 이야기가 아니고 공통 모본을 염두에 두고 여러 각편들의 공통요소를 기반으로 추출되는 추상적인 이야기가 될 수밖에 없다.

이러한 관점에서 이 단원의 과제로 신모신화의 원형을 재구해 보려는 것이다. 이 모험에 가까운 작업의 돌파구는 서사무가에서 찾기로 한다. 무속은 외래종교가 유입되기 이전부터 존재했던 고유의 신앙형태였다. 신앙은 신을 대상으로 하고 신화를 동반하게 되므로, 무속신화야말로 우리 상고대신화의 근원지였다고 할 수 있다. 불행하게도 문헌에 정착된 고대 자료가 없어서 원신화의 모습을 직접 접할 수는 없으나,[3] 그 후예인 서사무가는 전통사회의 신앙과 신화의 유풍을 다분히 간직한 채 현재까지도 살아있는 신화로 굿에서 구연되고 있다.

고대 건국신화가 이 무속원리에 기반을 두고 형성되었음은 적지 않은

1 Ina-Maria Greverus, 김윤환역, 「Thema, Typus, Motiv」, 『구비문학』 4집, 한국정신문화연구원, 1980, 163쪽.

2 융이 말하는 집단 무의식의 상징으로서의 원형(原型 arche-type)이 아니라 이야기의 근본 형태를 말한다.

3 무가가 처음 채록된 시기는 1930년대다. 당시 채록된 무가를 소개한 문헌은 다음과 같다.
손진태, 『조선신가유편』, 향토문화사, 1930.
赤松智城・秋葉隆, 『朝鮮巫俗の 硏究』 上, 大阪屋號書店, 1937.

연구들에서 검토된 바 있다. 환웅과 웅녀의 결합이 내림굿과 대응되고, 김수로와 허황옥의 결합이 풍요굿의 신성혼 절차와 연결된다는 견해는 앞서 피력한 바 있다. 더욱이 서사무가 중 무조신화(巫祖神話)는 고대신화와 직결되는 내용으로 구성되어 있다. 따라서 무조신화를 고찰하여 그 원형적 양상을 재구한다면, 시대를 거슬러 올라 신모신화의 원형을 조명할 수 있고, 한 걸음 더 나가 우리 민족의 사고 속에 내재되어 있는 신모신화의 상징적 의미까지 도출해 낼 수 있다고 믿는다.

다른 구비문학 장르들과 마찬가지로 서사무가도 구연되면서 개작되고, 그에 따른 전승변이가 일어난다. 그러나 서사무가는 무속이라는 폐쇄적 환경 속에서 전승되며, 주술적 목적을 가지고 굿이라는 종교적 행위를 통해 구연되기 때문에 보수적인 성향이 짙다. 서사무가의 각편(各篇)들을 면밀히 대조해 보면, 세부적인 면에서 전승변이를 일으킨 부분들이 다소 발견되기도 한다. 하지만 극심한 정도는 아니어서 각편들이 공유하는 서사내용을 추출하여 이를 중심으로 추론하면 그 본연의 모습에 접근할 수 있는 길이 열릴 것이다.

고찰의 대상이 되는 작품은 「당금애기」와 「바리데기」로 정했다. 두 작품은 거의 전국적인 전승범위를 보이는 대표적 서사무가이고, 또한 무조신화로서 고대신화와 유사한 내용으로 구성되어 있기 때문이다.[4]

1. 생산과 풍요의 신 당금애기

「당금애기」는 재수굿이나 풍요굿에서 구연되는 서사무가인데, 「제석

4 박용식, 『한국설화의 원시종교사상연구』, 236쪽.

본풀이」라는 명칭으로 널리 알려져 있다. 그러나 이 무가의 내용이 당금애기에게 초점을 맞추고 있는 것이지, 삼불제석에 초점을 맞추고 있는 것은 아니므로 이 유형의 무가를 「당금애기」로 통칭하겠다.

「당금애기」가 「주몽신화」와 유사한 서사구조를 가지고 있다는 것은 기존의 연구들에서도 검토된 바 있었다. 이 중 「당금애기」가 오히려 「주몽신화」의 원형일 수 있다는 논의[5]는 인상적이다. 그만큼 이 무가는 고대신화와 직결되는 신화소를 다수 보유하고 있다는 뜻이므로, 이 유형에 속하는 각편들을 종합하여 살펴봄으로써 신모신화의 원형에 다가가 보려고 한다.

논의의 정확도를 높이기 위해 채록된 작품 10편을 선별해서 공통단락을 추출하기로 하겠다. 선행연구에서 10곳의 무가권(巫歌圈)이 설정된 바 있으므로[6] 전국을 포괄하는 「당금애기」 유형을 확인하려고 각 무가권별로 한 편씩 선정한 것이다. 채록본이 두 편 이상인 무가권은 내용상 신성성과 주술성이 많이 남아있는 각편을 선택했다. 이렇게 선정된 각편들은 <표 4>와 같다.

〈표 4〉 선정된 「당금애기」의 각편들

무가권	무가명	채록자	구연자	발표지	발표 연대	인용명칭
평북(강계)	성인노리푸념	손진태	전명수	문장 19	1940	〈강계본〉
평남(평양)	삼태자풀이	임석재 장주근	정운학	관서지방무가	1966	〈평양본〉
함남(함흥)	셍굿	임석재 장주근	강춘옥	관북지방무가 (추가)	1966	〈함흥본〉
경기(양평)	제석본풀이	장덕순 서대석	김용식	동아문화 9집	1970	〈양평본〉

5 서대석, 『한국무가의 연구』, 문학사상사, 1980, 89~102쪽.

6 서대석, 『한국무가의 연구』, 59~69쪽.

경기(화성)	당금애기	김태곤	김수희	한국무가집Ⅲ	1978	〈화성본〉
충북(청주)	제석풀이	김영진	유진찬	충청도무가	1976	〈청주본〉
충남(부여)	제석굿	김태곤	이어린연	한국무가집Ⅰ	1971	〈부여본〉
경북(영일)	당금애기	최정여 서대석	김유선	동해안무가	1972	〈영일본〉
전남(광주)	제석굿	김태곤	김주	한국무가집Ⅱ	1976	〈광주본〉
제주	초공본풀이	진성기	김병효	남국의 무가	1960	〈제주본〉

1) 「당금애기」 유형의 공통단락

「당금애기」의 서사단락은 각편마다 다양한 표현으로 구체화되지만, 기본 서사내용은 고정체계면이어서 별반 차이점이 없다. 일단 공통적인 서사단락을 제시하고 필요할 경우 세부적인 차이점을 논의하기로 하자. 인물 명칭은 각편마다 차이가 심하지만[7] 편의를 위해 당금애기, 중, 삼형제로 통일하겠다.

「당금애기」의 각편들 중에는 본격적인 당금애기의 이야기가 시작되기 전에 본내용과 무관한 듯이 보이는 몇몇 삽화들이 개재된 작품들이 있다. 이러한 삽화들은 서사전개상 필요한 사건이 아니며, 각편마다 제각기 다른 내용의 삽화들이므로 「당금애기」와는 무관하게 전승과정 중에 첨가된 부분들로 보인다. 무엇 때문에 이러한 삽화들이 첨가되었는지 의문을 가져볼 만하다.

<함흥본>과 <평양본>에서는 '인세(人世)차지경쟁'이나 '일월(日月)의 조정' 등의 삽화가 나타난다.

7 서사무가에 나오는 등장인물의 명칭은 각편마다 천차만별이다. 이는 1) 신의 이름에 대한 금기, 2) 외래 종교의 유입과 더불어 고유신이 외래신으로 대체되는 현상, 3) 전승과정을 통한 혼동 등이 주요 원인이 된다.

미륵과 석가가 석 달 열흘 잠을 자는 동안 무릎에서 불동화 세 송이를 피게 한 쪽이 세상을 먼저 차지하기로 내기를 한다. 석가가 잠시 잠을 깨서 미륵의 무릎에 불동화가 핀 것을 보고 꽃을 훔쳐서 자기 무릎에다 꽂았다. 미륵이 잠에서 깨어 자기가 속았다는 것을 알았지만 어쩔 수 없는 노릇이었다. 결국 현세를 석가가 차지하게 되고, 미륵은 내세를 기약한다.

석가가 이 세상에 나올 때 해와 달이 없어져 깜깜했다. 석가는 미륵이 감추었던 해와 달을 도로 찾아와서 세상을 밝혔다. (필자가 요약함)

이 삽화는 '아득한 그때(in illo tempore)'에 발생한 사건인 창세신화에 해당하는 내용들이다.[8] 더욱이 <함흥본>에서는 이 삽화가 시작되기 전 태초에 일어났던 개벽과 인간창조에 대한 전술(傳述)로 무가가 시작된다.

그 옛날 사적(史蹟)이 그렇고 인간 사람이 하날이 열릴 적에 자방(子方)으로 열리시고, 이 땅이라 벽할 적에 축방(丑方)으로 벽합시고 사람으는 인방(寅方)으로 범을 시게 놓고, 이 천지를 개벽하고 사람이라 옛날에 생길 적에 어디서 생겼습니까. 천지 암녹산에 가 황토라는 흙을 모다서 남자를 만들어 노니 여자 어찌 생산될까? 여자를 만들었습니다.[9]

「당금애기」가 시작되기 전 삽화로 들어가는 내용들은 모두 태초에 대한 전술을 서사화한 것인데, 이는 굿노래라는 언어 주술의 효력에 기대어 태초라는 신성한 시간과 공간을 회복하려는 의미로 이해할 수 있다. 즉 이러한 전술을 통해 일상적 시간과 공간의 지속성을 단절시키고, 굿판을 정화(淨化)함으로써 태초와 같은 신화적 시간과 공간으로 전이를 이룬다

8 서대석, 「창세시조신화의 의미와 변이」, 『구비문학』 4집, 정신문화연구원, 1980. 3쪽.

9 임석재·장주근, 『관북지방무가(추가편)』, 문화재관리국, 1966.

는 상징적 의미가 있다고 본다.[10] <평양본>이 제의적 시공을 정화시키는 부정풀이로 출발되는 것도 마찬가지 이치다.

> 정화수를 물로 씨처 맑은 동을 돌립시다. 에헤 에하 타불[11]

<강계본>에 보이는 「장자못 전승」 유형의 삽화도 이와 같은 의미로 보인다. 「장자못 전승」은 구약성경의 「노아의 방주」나 「소돔과 고모라」와 유사한 이야기다.[12] 부패하고 타락한 세상에 대한 징벌이라는 공통점이 있기 때문이다. 징벌은 기존세계의 함몰(陷沒)과 파괴로 나타나는데, 이는 세상을 재창조한다는 의미를 내포한다. 특히 세상이 물에 잠기는 것은 선류몽 화소에서 살폈듯이 양수(養水)의 이미지와 결부되어 세상이 태아의 상태로 돌아가는 카오스(Chaso)로의 회귀를 상징하므로[13] 재창조를 전제로 한 상징적 삽화임이 뚜렷해진다. 따라서 「장자못 전승」 유형의 삽화도 태초에 대한 전술과 동일한 상징의미를 지닌 삽화인 것이다.

(1) 중이 산에서 내려온다.

이 단락은 모든 각편들에 공통적으로 나타난다. 인물의 명칭은 달라도 대개 승려의 신분을 취하며, '내려온다'는 행위의 표현은 한결같다. 특히 <영일본>, <부여본>, <광주본>에서는 서두부에서 굿의 시간과 공간을 전술하거나 신을 청배한 후 곧바로 '중이 내려온다'라는 사설이 이어지며

---

10 졸고, 「서사무가의 형식적 특징」, 129쪽.

11 임석재·장주근, 『관서지방무가』, 문화재관리국, 1966.

12 최래옥, 『한국구비전설의 연구』, 일조각, 1981, 144쪽.

13 M. Eliade, "The Sacred and The Profane", pp. 129~132.

서사부분이 시작되므로 주목을 요한다. 이는 정화된 시공 속에서 신을 청배하여 그 신의 행위를 재연함으로써 그때에 존재했던 순수한 세계를 회복한다는[14] 고대굿의 원리를 드러내기 때문이다.

천개어자 허니 지벽어축 허야 땅이 생겨 마련하고
허궁천 비비천 사마도리천에 열세황을 마련헐 제
법은 증법이 국은 백제국이
도는 잡으시니 충청남도의 부여군이올습니다.
중 하나가 나려온다 중 하나가 나려온다[15]

<강계본>, <양평본>, <화성본>에서는 중이 태어나서 성장하는 내용이 이 단락 앞에 나타난다. 이 또한 청배된 신의 근본을 밝히는 내용이므로 신을 청배하는 전술내용이 서사화한 경우라 하겠다.

(2) 중이 당금애기의 집에 도착하여 신통력으로 문을 열고 들어간다.

당금애기는 구중심처에 숨겨서 길러진다. 더욱이 중이 내려오기 전에 당금애기의 부모와 오라비 혹은 남동생들은 화초 구경을 가든, 천하지하 공사를 가든, 귀양을 가든 모두 출타 중이라 당금애기와 여종들만 집에 남는다. 열두 대문은 자물쇠로 단단히 채워져 있어서 집 안팎은 철저히 격리된 상태다. 대부분의 각편들에는 당금애기가 외부세계와 격리되어 있는 상황이 직접적으로 드러난다. <화성본>에는 '문전에 와서 시주하라 하오니 / 당금애기 하는 말이 / 우리집은 날버리지 길짐승도 쭉지가 부러

---

14 M. Eliade, "The Sacred and The Profane", p. 99.

15 김태곤, 『한국무가집 I』, 집문당, 1973, 115쪽.

져 못오건마는'16이라는 대목이, <광주본>에는 '제석님네 사문전에 무신 영기(靈氣) 새겼던가'라는 대목이 보이므로 간접적으로라도 이러한 상황이 제시된다.

당금애기의 집에 도착하기 전에 중이 내기를 하는 삽화가 개입되는 경우도 있으나 <화성본>과 <청주본>에 한정된다. <화성본>에서는 석 삼년 기다려도 당금애기 그림자도 못 보았다는 아홉 선비를 만나 당금애기에게 시주를 받을 수 있겠는가를 내기하고, <청주본>은 부모가 숨겨서 키우는 바람에 누나가 있는 줄도 모르는 당금애기의 아홉 남동생을 만나 절간 중수를 두고 장기내기를 한다. 이 내기삽화는 당금애기를 만나는 것이 쉽지 않은 일이라는 것을 강조하는 동시에, 결혼에 앞서 수반되는 혼사시험에 해당한다. 하지만 보편적 내용은 아니므로 후대 첨가된 대목이라 하겠다.

(3) 중이 시주를 요청하고 당금애기가 시주한다.

중이 탁발을 다니는 목적은 절을 중건한다거나, 귀양 간 당금애기 가족을 위해 불공을 드리려 한다는 것 등이다. 그러나 중은 이 집 저 집 들르지는 않는다. 그의 최종 목적지는 당금애기의 거처이고 목표는 당금애기다. 옥단춘·금단춘 등 여종이 주는 시주는 거절당하고 오로지 당금애기가 주는 공양미라야 하며, 그 공양미도 다른 사람의 쌀독이 아닌 당금애기의 쌀독에서 퍼 주어야만 한다. 실랑이 끝에 받은 공양미도 중이 터진 바랑에 받는 바람에 쌀은 마당에 다 흩어져버리는데, 비로 쓸고 키로 까불린 쌀은 정성이 부족해서 받지 않겠다고 한다. 하릴없이 당금애기는 중이 시키는 대로 후원에서 왕대나 싸릿가지로 젓가락을 만들어 땅에 흐

16 김태곤, 『한국무가집 III』, 집문당, 1978, 274쪽.

트러진 쌀을 한 알 한 알 주워 담는다. 왜 당금애기가 중이 시키는 대로 고분고분 말을 들어야 하는지 도무지 이해할 수 없을 정도다. 이때 <청주본>, <부여본>, <광주본>에서는 중이 당금애기의 손을 잡는다든지, 머리의 가마를 쓰다듬는다든지, 중의 장삼귀와 당금애기의 치맛귀가 달라붙는다든지 하는 결합을 암시하는 행위가 나타난다. 이러는 동안 '일락서산 해는 지고, 월출동녘 달이 솟는다.'

(4) 중이 하룻밤 머물며 당금애기와 관계를 맺는다.

이 단락에서는 중이 자고 가기를 청한 후 간접적이든, 직접적이든 당금애기를 잉태시키는 행위를 한다. 중은 문간 → 안마당→ 마루대청 → 후원 별당 순으로 점차 당금애기에게 접근하며, 별당에 이르러서는 병풍을 사이에 두고 하룻밤을 같이 보낸다. 간접적 결합의 경우는 청룡·황룡이 여의주를 다퉈가며 등천하거나, 하늘에서 구슬 세 개를 얻어 입에 물거나 치마로 받는 등의 꿈을 통해 잉태가 암시된다. <영일본>과 같은 동해안 유형에서는 직접적인 결합행위가 장황하게 구연된다. 당금애기는 자신이 중 남편을 둘 팔자라는 것을 사주책에서 확인한 후 체념하여 적극적으로 동참한다. 어느 쪽이든 간에 이어지는 단락에서 당금애기가 아이를 배는 것은 마찬가지이므로 이 단락의 초점이 중과 당금애기의 결합에 있음은 분명하다.

(5) 중은 자기를 찾는 방법을 당금애기에게 가르쳐 주고 떠난다.

중이 당금애기와 연분을 맺은 후 이튿날 바로 길을 떠나는 것은 모든 각편이 공통이지만, 후에 자기를 찾는 방법을 가르쳐 주는 내용은 다양하게 제시된다. 박씨를 주고 떠나거나, 자신의 이름이나 거처를 밝히고 떠나는 경우 등이다. <함흥본>과 <광주본>에서는 중이 아이들 이름을 지어 주고 떠나는데, 이어지는 단락에서는 중의 거처나 성명으로 찾아가므로 구연과정에서 오류가 일어난 부분으로 보인다.

이 단락의 공통점은 당금애기가 나중에 중을 찾아 나서게 된다는 복선이며, 그것을 가능하게 해 주는 징표를 받는 내용을 담고 있다는 점이다. <강계본>에서는 중이 떠나기 전에 쌀 한 알을 주어 밥을 해먹게 한다. 앞에 하늘에서 붉은 구슬 세 알이 치마 앞에 내리는 꿈을 꾸는 내용이 있으므로 원래는 잉태를 나타내는 화소가 아닌 징표를 주는 화소가 변이된 형태라 하겠다.

(6) 당금애기가 잉태한다.

중이 떠난 후 당금애기는 밥에서 생쌀내, 물에서 해감내, 국에서 날장내가 나기도 하고, 머루와 다래가 먹고 싶기도 하다. 입덧뿐 아니라 몸도 앞 남산이 불러온다. 잉태는 당금애기와 중이 맺은 인연의 결실이며, 후에 당금애기와 삼형제가 중을 다시 찾게 되는 계기로 작용한다.

(7) 가족들이 귀가하여 당금애기가 잉태한 사실을 알고, 당금애기는 고난을 겪는다.

당금애기를 고립무원(孤立無援)의 상태로 방치했던 가족들은 그녀가 잉태하자마자 집으로 돌아와 그녀에게 징벌을 가하려 한다. 아버지와 오라비들은 작두나 칼로 목을 베려고 하지만 작둣날이 들지 않고, 칼도 조각이 나서 청나비, 홍나비로 변하는 바람에 실패한다. 결국 어머니의 애원으로 당금애기는 목숨을 구한다.

그런데 이 단락에서 당금애기가 겪는 고난은 전승지역에 따라 크게 두 하위유형으로 갈라진다. <화성본>·<청주본>·<부여본>·<광주본>·<제주본> 등 서남부의 각편에서는 당금애기가 추방되고, <강계본>·<평양본>·<함흥본>·<영일본>·<양평본> 등 동북부 지역의 각편에서는 당금애기가 감금된다. 편의상 이를 '추방형'과 '감금형'이라 부르기로 하자.

(7) - 1. 추방형: 가족들이 당금애기를 추방한다.

추방형에서는 대개 당금애기의 부모가 집터를 잡을 때 금기를 어기거나, 아이를 낳게 해달라고 불공을 드릴 때 딸을 낳아 중의 사위를 볼 것이란 예언을 듣는 내용이 복선으로 제시된다. 당금애기의 징벌에 실패한 부모는 이 예언을 상기하며 딸의 팔자를 막을 수 없다는 것을 깨닫고 당금애기를 내쫓는다.

(7) - 2. 감금형: 감금된 당금애기는 삼형제를 낳고 기른다.

죽음을 면한 당금애기는 굴함이나 토굴에 감금당한다. 천상선녀나 어머니의 도움으로 당금애기는 목숨을 유지하며 그 안에서 삼형제를 낳아 기른다. 청학·백학이 내려와 한 쪽 날개로 깔아주고, 다른 날개로 덮어주어 추위를 나는 경우도 있다. 삼형제가 무럭무럭 자라자 서당에 보내는데, 삼형제의 영민함을 시기한 아이들이 해코지를 하고 아비 없는 자식이라고 놀린다. 삼형제는 당금애기를 졸라 아버지의 이름과 거처를 알아낸다.

여기서 추방형과 감금형의 하위유형이 왜 발생하게 되었는지, 또 어느 쪽이 원형에 가까운 것인지 하는 문제가 제기된다. 「당금애기」와 「주몽신화」를 같은 계통의 작품으로 보고, 감금형은 고구려의 영향을 받은 것이고, 추방형은 백제의 영향을 받은 것이라는 선행연구가 있는데 참고할 만하다.[17] 감금형이 전승되는 동북부지역은 고구려의 고토이므로 고구려의 유리왕 전승에 영향을 받아 삼형제의 출생과 성장담이 지속적으로 전

17 서대석, 『한국무가의 연구』, 108~109쪽.

승되었고, 추방형이 전승되는 서남부지역은 백제의 고토이므로 유리왕 유형의 이야기가 전승될 이유가 없어서 삼형제의 이야기가 도태되었다는 것이다. 선행연구에서는 이 점을 근거로 감금형이 추방형보다 원형에 가깝다는 결론을 내렸지만, 오히려 그 반대가 될 가능성도 엿보인다. 만일 동일한 이야기가 고구려와 백제의 고토에서 동시에 전승되었다고 가정하면, 고구려 고토에서는 유리왕 전승의 영향을 받아 새로운 내용이 첨가되었을 수 있고, 백제 고토에서는 그러한 영향을 받지 않았으므로 오히려 원형이 전승되었을 수도 있는 까닭이다.

그러나 현재로서는 이러한 통시적 고찰이 무리인 감이 있으니 공시적인 입장에서 판단하는 것이 바람직하다. 추방형과 감금형의 양대 변이를 일으키는 핵심적 화소는 삼형제다. 추방형에서는 대개 당금애기가 중을 찾아가 재회한 후에 삼형제가 출생하지만, 아예 삼형제의 출생 대목이 없는 각편도 있다.[18] 이렇듯 서남부 지역에서 삼형제의 출생, 성장 대목에 변이가 극심하다는 점은 이 무가가 당금애기에게 초점을 맞추고 있는 것이지, 삼형제에 초점을 맞추고 있는 것이 아니란 사실을 시사해 준다. 이에 비해 감금형에서는 당금애기를 감금한 후에 삼형제가 출생하며, 서사의 주체가 삼형제로 옮겨져서 삼형제의 성장과정으로 이어지다가 나중에 당금애기와 삼형제가 중을 찾아 가게 된다. 삼형제의 이야기만 제외하면 두 유형 모두 당금애기가 집을 떠나 중과 재결합한다는 내용이므로 두 하위유형의 이야기는 별반 차이가 없다. 따라서 삼형제의 이야기는 「당금애기」의 고정체계면이 아니라 비고정체계면에 속하는 것이다.

또한 「당금애기」가 풍요굿에서 구연되는 무가라는 점도 간과해서는 안 된다. 이 무가의 중심이 생산신의 내력담이냐, 삼불제석의 유래담이냐

18 <청주본>은 아들을 하나만 낳고, <광주본>과 <부여본>은 삼형제의 출생대목이 없다.

를 놓고 저울질을 해보면 아무래도 전자일 가능성이 높다. 만일 후자에 해당한다면, 서남부 지역이라는 광범위한 지역에서 이 부분이 도태되는 현상이 일어나기는 불가능하다. 동해안 지역에서 당금애기에게 부여되는 신직이 생산신인 삼신이라는 점도 고려해야 한다. 그러므로 원형의 경우 삼형제의 출생과 성장담은 필수적 화소가 아니며, 있다고 하더라도 풍요다산을 상징하거나 당금애기에게 재복신(財福神)의 어머니라는 자격을 부여하기 위한 화소라고 판단된다.

(8) 당금애기가 중을 찾아 떠난다.

추방형에서는 추방되자마자, 감금형에서는 삼형제의 출생과 성장 후에 이 단락이 나타난다. 대부분 (5) 단락의 징표화소와 연결되어 박씨를 심어 줄기가 뻗는 대로 찾아가거나, 중이 알려준 성명과 장소를 통해 찾아가게 된다. 각편에 따라 도중에 동자나 백발 산신의 도움을 얻기도 하고 동남풍의 인도를 받기도 한다.

추방형에서는 집에서 내쫓긴 당금애기가 임신한 상태로 중을 찾아간다. 감금형에서는 당금애기가 삼형제와 함께 중을 찾아가는데, <평양본>은 삼형제가 먼저 중을 찾은 다음 당금애기를 불러온다. <강계본>은 삼형제만 중을 찾아가지만 결말부의 변이로 말미암아 생긴 예외적 사례로 보인다.

(9) 당금애기는 중과 재결합한다.

추방형에서는 중이 당금애기와 재회한 다음 절을 허물고 살림을 차린다. 각편에 따라 중이 당금애기와 살면서 아들의 이름을 짓는 등 요란을 떠는 부분에서 무가답지 않은 해학적인 장면이 연출되기도 한다. <제주본>에서는 중과 재회하기 직전 당금애기가 기장 한 동이를 까는 정성을 보인 후 중과 재회하는데, 이는 재결합을 위한 혼사시험이라 할 수 있다.

감금형의 각편들에서는 중이 삼형제에게 혈육을 증명하는 시험을 받게 한다. 강변에 소뼈다구를 모아 산 소를 만들어 타고 오게 한다든지, 종이 버선을 신고 물을 건너게 한다든지, 짚북과 짚닭을 만들어 소리를 내게 한다든지 하는 시험들이 주어진다. 하지만 최종적인 시험은 손가락을 베어 피를 내고 삼형제의 피와 중의 피가 한데 엉기는지를 보는 시험이다. <강계본>은 특이한 결말을 보이는데, 생불이 되어 날아다니던 삼형제가 포수의 총에 맞아 죽는 바람에 불상이 된다. 무가가 신의 좌정담이 아니라 불상의 유래담으로 변질되었으므로, 원형이 퇴화된 변이형[19]임이 확실하다. <강계본>을 제외한 나머지 각편들에서는 중이 당금애기와 삼형제에게 신직을 부여하거나, 삼형제의 이름을 지어주는 것으로 끝을 맺는다.

지금까지 선정된 「당금애기」의 각편들을 분석하여 (1)~(9)의 공통단락을 추출해 보았다. 이 공통단락으로 이루어진 내용이 공시적인 입장에서 본 「당금애기」의 기본 유형인 것이다. 그런데 현전하는 「당금애기」의 표면적 내용은 군데군데 신화의 잔재형태가 남아 있기는 하지만, 전반적으로 신화적 원형에서는 거리가 멀어진 세속화된 형태밖에 찾을 수 없었다. 추출된 단락들을 요약해 보았자 중이 시주하러 왔다가 당금애기를 임신시키는 바람에 당금애기는 집에서 쫓겨나 중과 살림을 차렸다는 정도의 이야기에 불과하다.

따라서 이 단원의 목적인 신모신화의 원형에 접근하기 위해서는 추출된 단락들을 별질되기 이전의 형태로 되돌려 놓아야 한다. 이 시간을 거슬러 올라가는 작업을 위해 제시된 단락들을 고대신화와 비교하여 내재된

19 김태곤, 「무가의 전승변화체계」, 『한국민속학』 7호, 민속학회, 1974. 11쪽.

의미를 밝힘으로써 「당금애기」의 원형적 신화소를 재구해 보도록 하자.

2) 「당금애기」의 신화적 재구성

(1) 중이 산에서 내려온다.
→ A. 천신의 하강

(1) 단락은 표면적으로 중이 산에서 내려오는 행위를 표현하고 있다. 이 산은 황금산·정제산·청금산 등 상상의 산인데, 징표를 필요로 하거나 누군가의 도움을 받아야만 도달할 수 있는 성산(聖山)이다. 「환웅신화」의 태백산이나, 「해모수신화」의 웅심산, 「김수로신화」의 구지봉 등이 고대 신화에서 나타나는 대표적인 성산이다. 또한 성산은 인간의 거주지가 아니고 신의 거주지라는 점에도 유의해야 한다. 이는 신의 현현장소(顯現場所)라 여겨지던 성산 자체가 신성공간으로 인식되었기 때문에 형성된 신화적 관념이다. 그리스의 신들이 올림포스 산에 거주하듯이 우리의 산신도 마찬가지다.

다음은 중의 신분에 관한 문제인데, 성산의 주인이며 당금애기나 삼형제에게 신직을 부여할 만한 신분이므로 신격임이 틀림없다. 문제는 왜 하고많은 신명(神名)을 놔두고 중 혹은 그와 유사한 명칭으로 나타나느냐 하는 점이다. 신의 명칭은 평상시 금기어에 속하므로, 신의 이름은 망각되기 쉽고 다른 명칭으로 대체되는 경향이 있다. 「당금애기」의 경우도 이러한 까닭에서, 전승과정 중 신의 명칭이 소실되거나 대체 명칭이 다양해지는 바람에 혼란이 야기되는 것이다. 내용을 보아도 중은 당금애기와 결합하기 위해 내려온 인격화한 신이다. 그런데 환웅을 제석이라 주석[20]

---

20 일연, 『삼국유사』, 고조선.

한 사례는 불교가 유입된 후 고유의 신명이 불교신으로 대체되는 현상을 보여준다. 「당금애기」도 예외일 수는 없으므로 불교신의 인격화 형태가 중으로 나타난 것이며, 성산에 거주한다는 점이나 (3)의 시주화소와도 자연스럽게 연결된다. <양평본>과 <영일본>에서는 석가여래나 세존이 서천서역국에서 내려오므로 이 단락이 상징하는 바가 천신의 하강이란 것을 직접 확인할 수 있다.

(2) 중이 당금애기의 집에 도착하여 신통력으로 문을 열고 들어간다.
→ B. 천신의 지계 도착

(2) 단락에서 주목할 만한 사항은 개문(開門)의 상징이다. 표면적으로도 자물쇠로 잠겨 있는 열두 대문을 연다는 의미는 당금애기가 일반 세상과 격리되어 있는 상황을 나타내지만, 대부분의 각편에서 문을 여는 장면이 필요 이상으로 강조되어 그것이 복합적인 상징임을 암시한다.

여기서 문은 천계와 지계 사이에 존재하는 경계선을 상징한다. 내기삽화가 없는 각편들에서는 하강의 끝 지점이 바로 문이기 때문이다. 문은 성(聖)과 속(俗)이라는 두 존재양식의 구분선이 되는 동시에 세속적인 것에서 거룩한 것으로, 혹은 그 역의 전이가 가능성을 얻게 되는 역설의 장소다.[21] 그러므로 천신이 신통력으로 문을 열고 들어오는 장면은 천계에서 지계로의 이행이 완료되었음과 신의 거룩한 행위가 시작되었음을 의미한다.

(3) 중이 시주를 요청하고 당금애기가 시주한다.
→ C. 신모의 혼사시험

신화에서 천신이 하강하는 주된 목적 중 하나는 지상의 배우자와 인연

21 M. Eliade, "The Sacred and The Profane", p. 24.

을 맺기 위해서다. 신성혼이 고대신화의 보편적 화소임은 건국신화를 다룰 때 이미 고찰한 바 있다. 신성혼이 성사됨으로써 천(天)과 인(人)은 합일을 이루며, 지상을 다시 성화시킬 수 있는 것이다. 그러나 신과 인간의 결합은 쉽게 이루어질 수 없고, 특정한 시험 과정을 지상의 여인 쪽에서 치러야 한다. 이러한 측면에서 중이 시주를 부탁할 때 나타나는 여러 장애들이 지닌 시련의 의미와 당금애기가 이를 거부하지 못하고 묵묵히 수행할 수밖에 없었던 까닭을 이해할 수 있다. 천신과 결합하기 전에 특정한 시험 과정을 거치는 것은 「단군신화」에서 웅녀가 금기를 지키는 대목에서 확인된다. 「혁거세신화」에서 닭의 부리와 같은 알영의 주둥이를 제거하거나 「주몽신화」에서 유화의 입술이 세 번 잘리는 장면도 여성 측에서 겪는 통과제의적 시련의 일종이다. 따라서 당금애기의 혼사시험 역시 고대적 양상의 반영임을 알 수 있는데, 당금애기가 겪는 시련은 곡물이 마당에 뿌려짐과 거두어짐의 상징이므로 그녀가 생산과 풍요의 대상이라는 것을 암시해 주기도 한다.

(4) 중이 하룻밤 머물며 당금애기와 관계를 맺는다.
→ D. 천신과 신모의 결합

이 단락의 신화적 상징의미가 신성혼임은 논의의 여지가 없다. 대신 당금애기의 신분과 명칭에 대한 문제에 대하여 살펴보자. 동해안의 각편들에서 그녀가 얻는 신직(神職)이 삼신이므로 당금애기가 생산신임이 드러난다. 이와 아울러 무조의 성격도 지니고 있음을 추가할 수 있다. 무를 뜻하는 알타이어 '샤먼'의 'Sam', 'Kam'과 연결시켜 볼 때[22] 삼신은 원래 무조신일 가능성이 크다.

---

22 유동식, 『한국무교의 역사와 구조』, 연대출판부, 1975, 267쪽.

당금애기의 명칭은 각편에 따라 다양하게 나타나는데, '애기'란 말이 접미사처럼 이름 뒤에 붙는다는 점에 주목해 보자. '애기'라는 호칭 앞에 붙는 이름은 그녀의 배우자, 아버지, 그녀 자신일 수 있다. 그런데 중의 명칭이 서인님·석가·세준님·시준스님·석가여래 세준님 등으로, 당금애기의 명칭이 세주애기·서장애기·세존아기 등으로 나타나는 각편들로 미루어 보아 본래는 천신인 배우자의 이름일 것이다. 그렇다면 당금애기란 명칭은 천신과 결합된 이후에 얻은 애칭이지만, 전승과정을 통해 그녀를 가리키는 총칭으로 사용됨으로 말미암아 아버지나 자신의 이름으로 와전되기도 한다.

• 제석님네 딸애기 인물을 보자허시고
• 제석님네 이다지 저절철철 내려와
  다음 송다리는 구라장삼 벗어 걸어 놓고
• 제석님네 이다지 허릴 없어 무상금아 동냥 줘라[23]

<광주본>에서는 '제석님네'란 명칭이 첫 번째는 아버지, 두 번째는 배우자, 세 번째는 그녀 자신의 이름으로 혼용되고 있다. <부여본>에 보이는 '지석각씨 맏딸애기' 역시 이러한 명칭의 혼란을 극명하게 반영하는 예다.

당금애기의 '당금'도 원래 천신의 명칭일 것이다. '당금'이 마을신이란 의미의 'ᄃᆞᆫ곰[谷神]'이라는 주장[24]도 설득력이 있지만, '단군', '단골'일 가능성이 있음도 덧붙여 본다. 단군, 당골은 하늘이나 천신을 뜻하는 몽골의 '탕굴(tengri)'과 관련된 알타이어 계통의 단어이므로 '당금+애기'는

23 김진영·김준기·홍태한, 『서사무가 당금애기 전집 2』, 민속원, 1999, 75~76쪽.

24 서대석, 『한국무가의 연구』, 85쪽.

천신의 배우자로서의 무조를 지칭하는 이름이 된다. 『제왕운기』에서 웅녀 대신 등장하는 단웅천왕(환웅)의 손녀 역시 '단웅애기'의 한역(漢譯)으로 천신의 배우자를 의미한다고 앞서 언급한 바 있다.

(5) 중은 자기를 찾는 방법을 당금애기에게 가르쳐 주고 떠난다.
→ E. 분리와 징표

고대신화에서 천신은 신모와 결합한 후 곧바로 신화 속에서 종적을 감춘다. 환웅은 웅녀와 결합한 후 더 이상 신화에 등장하지 않고, 해모수는 조금 더 매정하게 유화를 가죽부대로 만든 방에 남겨두고 혼자만 승천한다. 「당금애기」에서도 천신은 당금애기와 관계를 가진 후 미련 없이 떠난다.

하지만 「당금애기」의 경우는 천신이 징표를 남기므로 기약 없는 이별은 아니다. 이 징표는 (8) 단락의 천계여행을 가능하게 하는 요인이 된다. 하늘에 오르려는 지상의 인간은 반드시 천상의 도움을 받지 않으면 안 되므로[25] 이 징표는 재결합을 암시하는 복선의 역할을 하며 후에 인간의 승천을 위한 도구로서의 기능을 수행한다.

(6) 당금애기가 잉태한다.
→ F. 신모의 잉태와 출산

천신과 신모의 결합은 지상의 풍요를 가져온다. 자식의 잉태와 출산도 풍요의 형상화이며 무가에서는 대개 다산(多産)으로 나타난다. 신모가 지닌 이러한 풍요다산의 생산력 때문에 그녀는 고대 신앙의 주축으로 자리 잡았고, 고대 건국신화에서 국조의 탄생담에 수용되었을 것이다.

25 조희웅, 「한국서사문학의 공간개념」, 『고전소설연구』, 정음사, 1979, 15쪽.

(7) 가족들이 귀가하여 당금애기가 잉태한 사실을 알고, 당금애기는 고난을 겪는다.

→ G. 신모의 상징적 죽음과 부활

당금애기에게 가해지는 아버지와 오라비들의 폭력은 당금애기와 그녀가 속해 있던 기존세계의 갈등을 상징한다. 이 갈등으로 말미암아 당금애기는 기존세계를 떠나 새로운 세계로 이행을 하게 된다. 따라서 이 단락의 상징적 의미는 기존 존재질서의 소거(消去)라는 측면으로 이해된다. 감금형의 모든 각편에서 당금애기의 잉태에 대한 형벌이 죽음과 관계된 것임은 이러한 의미를 뒷받침해 준다. 표면적 내용으로도 그녀는 죽음의 상황까지 내몰렸다가 간신히 구제된다. 돌함이나 토굴에 감금되는 장면 역시 웅녀에게 부과되는 입굴(入窟)의 시련과 동궤로 죽음과 재생을 근본 원리로 하는 통과제의의 격리절차를 나타낸다.

추방형에서 당금애기가 두 여종과 함께 집에서 내쫓기는 상황은 사통의 죄 때문에 하백에 의해 우발수로 추방되는 유화의 경우와 일치한다.

> 하백이 크게 노하여 그녀를 책망하기를 "너는 내 훈계를 따르지 아니하다가 끝내는 우리 집안을 욕보였다." 하고는 좌우 신하들을 시키어 딸의 입을 옭아 당겨 입술 길이를 석 자나 되게 했다. 오직 비복 두 명만 주어 우발수 중에 추방했다.[26]

인용문에서 드러나듯이 유화가 추방되는 이유는 가문이 규정한 가치질서를 위반하여 명예를 손상시켰기 때문이다. 또한 이로 인하여 유화에게 주어졌던 징벌과 그 결과는 상징적 죽음을 거쳐 기존 세계에서 추방당

26 이규보, 『동국이상국집』, 「동명왕편」.

하고 새로운 자격을 획득하기 위해 부활한다는 이 단락의 신화소와 직결된다.

(8) 당금애기가 중을 찾아 떠난다.
→ H. 신모의 천계여행

(8) 단락은 표면적으로 당금애기가 중의 거처인 절을 찾아나서는 내용이지만, 그 과정이 징표를 통해서 이루어져야 하거나, 동자·산신·동남풍 등의 도움을 받아야 가능하므로 그 곳이 쉽게 다다를 수 없는 천계라는 사실을 짐작할 수 있다. 하늘이 아닌 지상에 천계를 배치하는 수평적 공간체계[27]는 우리 서사문학 전반에 걸쳐 나타나는 보편적인 현상이어서 천계로의 이행은 흔히 도보여행으로 표현된다. 따라서 당금애기의 여행이 지상에서 벗어나 천계로 이행함을 상징하는 것임은 확연하다. 그런데 (1), (2) 단락에서 중이 별반 장애가 없이 여행을 수행하는 데 반해, (8) 단락에서 당금애기의 여행은 많은 장애의 요소가 수반된다. 이러한 차이는 (1), (2) 단락은 천신의 지계 여행이고, (8) 단락은 인간의 천계여행이라는 상황과 관계가 있다.

(8) 단락부터의 이야기는 고대 건국신화에서 발견할 수 없는 내용이다. 신모신화는 국조의 탄생담으로 차용되기 때문에, 국조의 탄생과 상관없는 나머지 부분은 건국신화에 언급될 이유가 없다. 그러나 원신화로서의 신모신화는 신모의 이야기이지 그녀가 낳은 자식의 이야기가 아니므로 천신과 재결합한다는 신성혼의 완성된 구성이 원형에 포함되는 것은 당연하다고 판단된다. 유럽의 무조신화라 지칭되는 「에로스와 푸쉬케」에서도 푸쉬케가 천계여행을 통해 헤어졌던 에로스와 재결합하는 내용으로

27 조희웅, 「한국서사문학의 공간개념」, 15쪽.

결말을 맺으며,[28] 이와 동일한 결합과 재결합의 신성혼 구조가 후대 결혼식담의 보편적 유형구조라는 사실도 이를 뒷받침한다.

(9) 당금애기는 중과 재결합한다.

→ I. 신모의 천계수용

당금애기가 고난을 극복하고 천신과 재결합하는 상황은 천계에 수용되어 신모의 자격을 획득했다는 의미다. 당금애기에게 신직이 부여되는 각편들은 이 점을 확실히 보여준다. 신직은 각편에 따라 차이가 있지만 대개 삼신 등의 풍요신격이다. 「당금애기」가 재수굿이나 풍요굿에서 구연되는 서사무가라는 사실도 그녀의 신격을 드러내준다. 이로써 당금애기는 천신과의 신성혼 절차를 천신만고 끝에 마무리함으로써 생산과 풍요의 여신으로 재탄생하게 된다.

지금까지 「당금애기」의 각편을 통해 추출했던 공통단락을 고대신화의 내용과 비교하면서 원형적 신화소를 재구해 보았다. 각편에서 추출된 (1)~(9) 단락들의 연결형이 공시적 입장에서 본 「당금애기」의 유형이 되듯이 A~I 신화소들의 연결형은 통시적 입장에서 본 「당금애기」의 신화적 원형이라고 추정된다. 「당금애기」의 신화적 재구형은 신의 배우자, 신의 어머니로서의 신모에 대한 이야기다. 단순한 내용으로 이루어진 「당금애기」가 전국적인 분포를 보이며 무속신화의 대표적 작품으로 꾸준히 구연될 수 있음도 이 무가가 고대로부터 이어져 온 신모신화의 모습을 간직하고 있기 때문일 것이다.

---

28 Edith Hamilton, "Mythology", Boston: Little,Brown & Company, 1969, pp. 92~100.

3) 「당금애기」에 나타난 신성혼의 의미

다음 작업은 「당금애기」를 통해 재구된 신모신화가 내포하고 있는 상징 의미가 과연 무엇이냐를 밝히는 일이다. 그런데 이야기가 가지는 의미는 단락들의 선조적(線條的) 연결에서만 발생하는 것이 아니라, 단락들이 배열되는 구성 원리를 통해서도 발생한다. 전자를 통하여 작품의 표면적인 의미가 드러난다면, 후자를 통해서는 작품을 형성시키는 동인인 상징 의미가 암시된다. 따라서 신모신화가 함축하고 있는 상징의미에 접근하기 위해서는 유형구조에 대한 논의가 불가피하다.

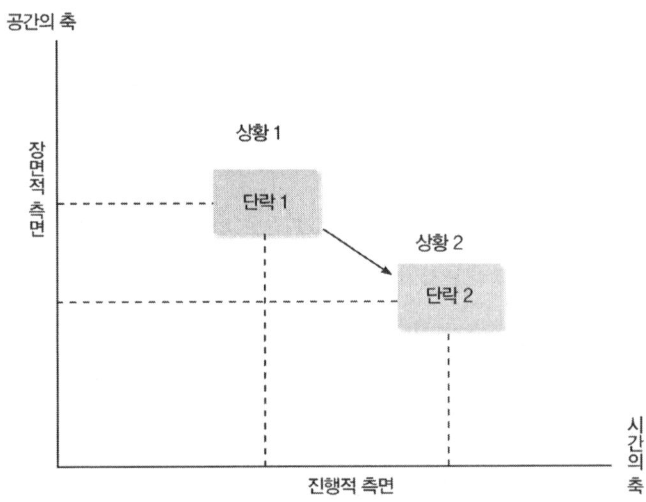

〈그림 1〉 이야기의 진행적 측면과 장면적 측면

구조는 '전체 이야기 안에서 단락들이 유기적으로 맺고 있는 내적 관계'[29]라는 뜻이다. 그런데 단락들의 내적 관계는 '이야기 전체 속에서 단

---

29 송효섭, 『삼국유사설화와 기호학』, 일조각, 1990, 177쪽.

락들이 배열되는 양태(樣態)'를 통해서 파악할 수밖에 없다. 이 단락들의 배열 양태는 이야기의 진행적 측면뿐만 아니라, 단락이 이야기에서 차지하는 장면적 측면도 고려해야 한다. (<그림 1> 참조) 이 두 측면을 함께 바라볼 때 비로소 단락들이 이야기 속에서 차지하는 상황으로서의 의미를 포착할 수 있다. 이는 단어가 문장만이 아닌 전체 문맥을 통하여 함축적 의미를 획득하는 현상과 마찬가지다.

이러한 관점을 고려하여 「당금애기」에서 추출된 신모신화의 유형구조를 고찰해 보자. 우선 전항에서 추출되었던 「당금애기」의 원형적 신화소를 다시 정리해 보면 다음과 같다.

A. 천신의 하강
B. 천신의 지계 도착
C. 신모의 혼사시험
D. 천신과 신모의 결합
E. 분리와 징표
F. 신모의 잉태와 출산
G. 신모의 상징적 죽음과 부활
H. 신모의 천계여행
I. 신모의 천계수용

이 A ~ I의 신화소들이 맺고 있는 내적 관계인 유형구조를 논의하기 위하여 <그림 1>에서 제시했던 진행적 측면과 장면적 측면을 감안한 구조도를 <그림 2>와 같이 작성해 보았다.

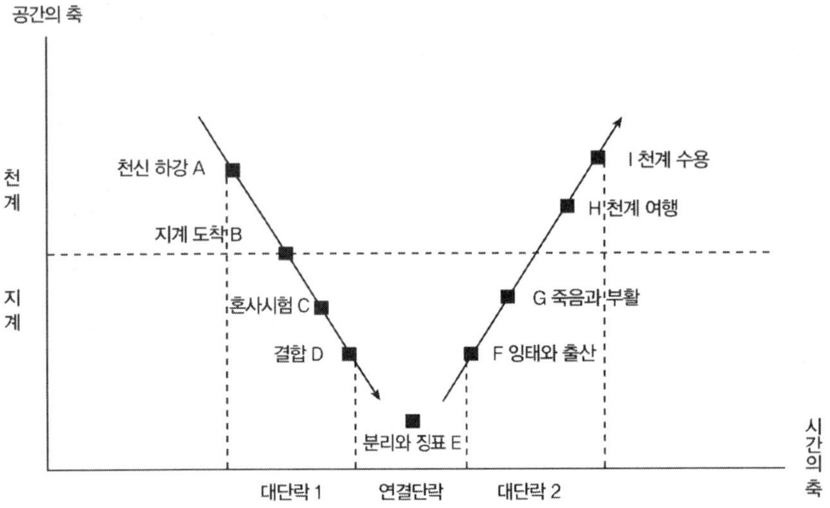

〈그림 2〉「당금애기」 서사의 구조도

위의 구조도에 제시된 대로 「당금애기」의 서사적 틀로 작용하는 신모신화는 '대단락 I + 연결단락 E + 대단락 II'로 구성되어 있다. 대단락 I은 신이 인간과의 거리를 좁혀가는 신 → 인의 결합 과정이므로 하향선으로 나타냈고, 대단락 II는 인간이 시련을 극복하면서 신에게 접근해 가는 인 → 신의 재결합 과정이므로 상향선으로 나타냈다. E는 하향도 상향도 아니며, 내용상 대단락 I 에서 대단락 II로 넘어가는 중계역할을 하므로 연결단락으로 보았다.

대단락 I 은 천신이 하강하여 신모와 결합하는 과정이다. 이 과정을 구성하는 신화소는 'A. 천신 하강 → B. 지계의 도착 → C. 혼사시험 → D. 천신과 신모의 결합'으로 되어 있다. 대단락 I 을 고대 건국신화의 천신과 신모가 결합하는 내용과 비교를 해보자.

(1) A. 환웅이 무리 삼천을 거느리고 태백산 마루턱에 있는 신단수 밑으로 내려왔다.

B. 환웅은 풍백, 우사, 운사를 거느리고 와서 곡식, 수명, 질병, 형벌, 선악 등을 주관하고, 모든 인간의 360여 가지 일을 주관하며 세상을 다스리고 교화했다.

C. 이때 환웅은 신령스런 쑥 한 줌과 마늘 스무 개를 주면서, "너희들은 이것을 먹고 백일 동안 햇빛을 보지 않으면 곧 변하여 사람이 될 것이다."라고 했다.

D. 웅녀는 혼인할 사람이 없으므로 매일 단수 밑에서 아기 배기를 축원했다. 이에 환웅이 거짓 변하여 그녀와 혼인했더니, 바로 잉태하여 아들을 낳았다.[30]

(2) A. 해모수가 하늘에서 내려오는 데 오룡거를 탔고, 따르는 사람 일백여 인은 모두 흰 고니를 탔다.

B. 아침에는 정사를 돌보고 저물면 곧 하늘로 올라가니 세상에서 천왕랑이라 일컬었다.

C. 왕이 세 여자가 크게 취한 것을 기다려 급히 나가 막으니 여자들이 놀라 달아나다가 맏딸 유화가 왕에게 붙잡혔다.

D. 하백은 참으로 천제의 아들이라고 생각하여 예로 혼인을 이루었다. [……] 왕이 크게 취하게 되자, 딸과 함께 작은 가죽 수레에 넣어 용거에 실었다. 이는 함께 하늘에 오르게 하려 함이었다. 그 수레가 미처 물에서 나오기 전에 왕이 술에서 깨어 여자의 황금비녀로 가죽 수레를 뚫고 구멍을 통해 홀로 나와서 하늘로 올라갔다.[31]

30 일연, 『삼국유사』, 고조선.

31 이규보, 『동국이상국집』, 「동명왕편」.

인용된 고대 건국신화의 A는 천신하강을, B는 천신의 지계 도착을, C는 혼사시험을, D는 신모와의 결합을 나타낸다. 따라서 「당금애기」의 대단락 I 은 고대 건국신화에 반영된 입무식의 신성혼 절차와 부합하는 구성 원리를 보이는 것이다. 이러한 동일성은 결코 우연의 일치가 아니라 고대 건국신화가 원신화인 신모신화의 영향 하에서 성립되었음을 말해준다.

대단락 I 에서 천신이 지계에 강림하는 사건은 태초에 이루어진 천인합일의 상황을 나타내며 이에 따라 지계는 신성한 공간이 된다. 그러나 천신과 신모의 결합은 일시적인 결합일 뿐이지 지속적 결합은 아니다. 2)의 B, D에서 보듯이 천신의 공간은 천계인 까닭에 천신의 지계 하강은 영원한 것일 수 없으므로 신모와 결합한 후 승천하는, 곧 지계와 분리되는 상황이 예정되어 있는 것이다.

고대 건국신화의 경우에는 천신이 떠난 자리를 신모에게서 태어난 건국주가 차지하며 역사시대로 넘어가지만, 신모의 이야기는 여기서 끝나지 않는다. 따라서 대단락 I 은 그것 자체로 이야기의 완결형이 되지 못하고, 자기를 찾는 징표를 남기면서 천신이 승천한다는 연결단락 E로 이어진다.

대단락II는 대단락 I 과 대칭을 이루며 역방향으로 진행을 하면서 이야기의 균형을 잡아 나간다. 대단락II는 신모가 시련을 극복하여 천신과 재결합하고 천계에 수용되는 과정이다. 신화소 F인 신모의 잉태와 출산은 그녀가 천신을 되찾아야 하는 계기를 마련한다. 신모는 이로 말미암아 그녀가 속했던 기존 세계와 갈등을 겪고, 새로운 세계로 이행을 해야 한다. 그런데 그 선결과제로 신화소 G의 상징적 죽음과 부활을 거친다. 이는 기존의 존재양식을 소거한다는 의미인 동시에 그녀가 기존 세계로부터 완전히 분리되었음을 의미한다. 이 분리는 신화소 H의 천계여행을 유발하는데, 그 고난의 여정은 존재변화의 이행과정을 의미한다. 신모의 여정은 신화소 I의 천계 수용으로 마무리 된다. 천신과 재결합하고 그녀에게 신직이 부여되는 대목은 그녀가 새로운 자격으로 거듭 태어남으로써 새로운 사회인 천계에 수용되었음을 뜻한다.

이렇듯 대단락II의 신화소를 살펴보면 '분리 - 과도 - 통합'의 통과제의 절차가 그대로 드러난다.

F. 잉태와 출산(기존 세계와의 갈등), G. 죽음과 부활(기존 존재양식의 소거) - 분리

H. 천계 여행(새로운 세계로의 이행) - 과도

I. 천계 수용(새로운 자격의 획득, 새로운 사회에 수용) - 통합

그녀가 수행하는 통과제의는 천신과의 재결합을 통해 천계의 일원으로 수용되는 과정이므로 입사식(入社式) 양상을 보인다. 이 절차를 완수한 신모는 드디어 무조의 자격을 획득하며, 신앙의 대상으로 자리 잡게 된다.

지금까지 「당금애기」에서 추출된 신모신화의 유형구조가 대단락 I 은 입무식의 신성혼의 양상으로, 대단락II는 입사식의 통과제의 양상으로 나타난다는 것을 살펴보았다. 그러나 이것은 편의상의 구분이었지, 신모신화의 유형구조가 두 양상의 단순한 연결형이라는 것은 아니다. 신모신화는 신성혼이라는 신화적 관념이 형상화된 이야기인데, 여성인 신모의 입장에서는 한 사회적 그룹인 지계에서 다른 사회적 그룹인 천계로의 이행을 포함하는 이야기다. 따라서 신모신화의 두 양상인 입무식과 입사식은 자연스럽게 전체적인 결혼식 구조로 통합되며, 하나의 완결된 이야기의 틀을 마련하는 것이다.

신모신화에 나타나는 결혼식 구조는 이 신화가 내포하고 있는 상징 의미와도 직결된다. 신모는 지상의 존재로서 천신과 재결합함으로써 지상을 풍요와 신성의 공간으로 회복시킬 수 있는 신격을 획득한다. 『주자어류』의 설명에 따르면 무(巫)라는 글자는 분리된 하늘과 땅[二]을 이어주기 위해[工] 신명을 다하여 춤추는 사람[巫]을 형상화한 글자라고 한다. 그렇다면 그 동안 격절되었던 천계와의 교류를 통해 신성성을 회복하려는 소망이 무속의 근간이 되는 기본 관념이고, 이 관념의 형상화가 바로 신모신화다. 고유의 신앙인 무속을 바탕으로 형성되었을 신모신화가 이러한 신앙 원리의 상징이 되는 것은 당연한 이치라 하겠다.

2. 최초의 샤먼 바리데기

「당금애기」에서 추출되었던 신모신화의 재구형은 신성혼의 절차로만 구성된 것이 아니라 신모가 천계의 일원으로 수용되는 입사식의 절차도 포함하는 이야기였다. 「당금애기」의 대단락 I 의 내용은 고대 건국신화와의 비교를 통해 고대로부터 이어져온 전통임이 검증되었지만, 대단락II는 아직 검토의 여지가 남아있다. 그런데 서사무가 중 「바리데기」는 「당금애기」의 대단락II에 해당하는 무조의 천계여행을 중심으로 서사가 전개되므로 이 부분 역시 신모신화의 고대적 모습이라는 것을 입증하는 추가 자료로 삼아 논의를 진전시켜 보자.[32]

32 「바리데기」는 신성혼을 중심으로 하는 신모신화의 원형적 형태인 「당금애기」의 대단락 I 부분이 도태되고, 대단락II 부분이 확장되면서 형성된 여성영웅서사시의 형태라고 본다. 신모신

「바리데기」는 망자를 천도하는 오구굿계통의 굿에서 가창되는 서사무가다. 저승여행을 통해 신약(神藥)을 구해 부모를 살리고, 그 공적으로 망자를 저승으로 인도하는 신직을 부여받는다는 「바리데기」의 사설이야말로 망자를 극락세계에 무사히 보내기를 기원하는 굿거리에 알맞은 내용이다. 이 굿거리는 지역에 따라서 「바리공주」, 「비리데기」, 「오구물림」, 「오구풀이」, 「말미」 등의 다양한 명칭으로 불리지만, 오구굿의 가장 핵심이 되는 굿거리라는 점에서는 예외가 없고, 구연자인 무당도 각별한 애착을 가지고 구연하는 무조신화이기도 하다.

「바리데기」는 「당금애기」와 마찬가지로 전국적으로 전승되는 일반적인 유형의 무가이고, 완벽한 이야기 구조를 갖춘 작품이므로 현재까지 비교적 많은 채록이 이루어졌다. 「바리데기」 역시 지역별로 다양한 이본군이 존재하는데, 이본군에 대한 연구는 기존의 연구들을 통해 자세히 고찰된 바 있다.[33] 이 글에서는 선행연구를 참조하여 서사구조나 내용에 있어서 이본군을 대표할 수 있는 다섯 편의 각편을 지역별로 선정하여 검토하기로 하겠다. 선정된 각편은 <표 5>와 같다.

〈표 5〉 선정된 「바리데기」의 각편들

무가권	무가명	채록자	구연자	발표지	채록 연대	인용 명칭
함남(홍원)	오구풀이	임석재 장주근	강춘옥	관북지방무가	1965	〈홍원본〉
서울	바리공주 (말미)	김태곤	문덕순	한국무가집 I	1966	〈서울본〉
전남(해남)	버리데기	김태곤	주평단	한국무가집 II	1969	〈해남본〉
경북(영덕)	바리데기	최정여 서대석	김복순	한국구비문학 선집	1971	〈영덕본〉
경남(영일)	베리데기	김태곤	김석출	한국무가집 IV	1976	〈영일본〉

화의 서사가 분절되며 독자적인 서사를 구축하는 문제는 6장 3절에서 다루기로 하겠다.

1) 「바리데기」 유형의 공통단락

우선 「바리데기」의 일반적 내용을 확인하기 위해 선정된 각편에서 추출된 공통단락과 각편에 나타나는 주요 내용을 살펴보도록 하자.

(1) 대왕과 중전마마가 딸만 일곱을 낳는다.

바리데기 부모의 명칭은 각편마다 다르지만 모두 고귀한 신분임에는 변함이 없다. <서울본>의 경우는 업비대왕과 길대중전마마이고, <영덕본>과 <영일본>은 오구대왕과 길대마마로 대개 왕과 왕비로 설정되어 있다. <해남본>은 시왕의 아버지, 어머니이고, <홍원본>은 수차랑 선비와 덕주아 부인인데 천상에서 죄를 짓고 적강(謫降)한 존재들이다.

부부 사이에 딸만 일곱을 둘 것이라는 사실은 점복이나 꿈을 통하여 예언된다. <서울본>에서는 왕과 왕비가 결혼할 때 문복(問卜)을 하는데, 금년에 결혼을 하면 칠공주를 낳고, 명년에 결혼을 하면 삼동궁을 본다는 금기가 주어지지만 대왕은 급한 마음에 예언을 무시해 버린다. 이러한 금기의 설정과 파기가 딸만 일곱을 낳게 되는 원인으로 작용한다.

딸을 낳을 때마다 왕비가 태몽을 꾸지만, 일곱 번째 딸을 낳을 때의 태몽이 가장 돋보인다. <서울본>은 오른손에 보라매 왼손에 백마, 무릎에는 금거북이 앉아 있고, 양어깨에는 해와 달이 돋아 보이며, 대명전 대들보에는 청룡·황룡이 뒤엉켜 있는 꿈을 꾼다. <영덕본>과 <영일본>은 선녀가 나타나 자신은 서왕모의 딸인데 천상 옥경(玉京)의 비자(婢子) 혹은 동방삭과 수작을 나누다 득죄하고 인간세상에 적강하게 되었다며 품에 안긴다.

---

33 홍태한, 「서사무가 <바리공주> 연구」, 경희대 박사학위논문, 1997, 19~117쪽.
서대석, 『한국 무가의 연구』, 1980, 203~219쪽.

(2) 왕은 화가 나서 일곱째 딸을 버린다.

서사무가는 신의 성스러운 행위를 재연하는 이야기이므로 생략이 억제된다. 그래서 다른 문학 장르라면 의당 생략되었어야 할 부분들이 지루할 정도로 반복되는 현상이 나타난다. 「바리데기」에서 첫째부터 일곱째까지 차례대로 딸을 낳는 대목도 이에 해당한다. 이렇게 태어난 일곱째 딸은 부모의 원망 서린 이름만 얻은 채 버림을 받고 만다.

버려도 버릴 것이요
던져도 던질 것이니
바리공주라 이름 지으시고[34]

<서울본>은 아이를 옥함에 넣어 서해 용왕에게 진상하려고 바다에 던지자 금거북이 나타나서 아이를 데려간다. <영덕본>, <해남본>에서는 아이를 산중에 버리는데 청학·백학이 와서 아이를 물고 날아간다. <영일본>에서는 마구간에 갖다 버리니 말과 소가 밟지 않고, 시냇물에 던졌더니 포대기에 물이 한 방울도 안 묻고 가라앉지 않으므로 다시 깊은 산에 버리는데, 산신령이 나타나 굴속으로 데리고 간다. <홍원본>은 수차랑 선배가 하늘로 올라가면서 일러준 대로 딸을 낳자마자 돌함에 넣어 용늪에 버린다.

(3) 바리데기는 하늘의 도움으로 구원자를 만나 성장한다.

<서울본>에서는 석가세존이 데려다가 비리공덕 할미와 비리공덕 할아비에게 양육을 맡기고, <영덕본>에서는 바리데기를 물어온 청학·백학이

34 김태곤, 『한국무가집 I』, 집문당, 1979, 68쪽.

선녀로 변하여 기른다. <홍원본>은 수궁 용왕의 부인이 빨래를 하다가 돌함을 발견하여 자기가 낳은 딸인 것처럼 속여서 키운다.

(4) 바리데기의 부모는 죽을 병이 드는데, 신약(神藥)을 먹어야 낫는다는 처방을 듣는다.

<서울본>은 대왕마마의 꿈에 청의동자가 나타나서 옥황상제가 점지해 준 딸을 버린 죄로 병이 들었으니 삼신산 불사약과 봉내방장 무장승의 양현수를 먹어야 낫는다며 바리데기를 찾아 구하게 하라고 알려 준다. <영덕본>, <영일본>에서는 옥녀무당 혹은 노장스님이 이승의 약으로는 고칠 수 없고, 서천서역국의 약물을 써야만 고칠 수 있다고 말한다.

(5) 여섯 딸들이 모두 거절하자 왕과 왕비는 바리데기를 찾아 신약을 구해오게 한다.

<서울본>은 대왕이 신하를 보내 바리데기를 찾아서 데려온다. 이때 바리데기는 친자 관계를 증명하기 위해 아기 때 입었던 배냇저고리를 제시하고, 대왕의 무명지와 자신의 무명지를 베어 피가 한데 합치는지를 확인한다. <서울본>에서는 여섯 딸들이 직접 구약여행(求藥旅行)을 거절하는 대목은 없지만 "진주 안석에 귀히 길닌 여섯 형님내 어찌 부모 효향 못 가리라 하던잇가"라는 구절로 보아 원래는 여섯 딸이 모두 거절하므로 바리데기를 찾아오게 하는 내용이었음을 짐작할 수 있다.

<영덕본>, <영일본>은 여섯 딸이 거절하는 대목이 직접 드러나며, 바리데기를 찾아 헤매는 도중에 신령의 지시에 따라 부모를 찾던 바리데기와 우연히 마주친다. <홍원본>은 친딸이 아니니 돌려보내라는 오제용왕의 명령을 받은 수궁용왕이 하릴없이 바리데기를 떠나보내는데, 바리데기는 어머니를 찾아가 손가락을 베어 어머니의 손가락과 맞추고 모녀지

간임을 확인한다.

(6) 바리데기가 신약을 찾아 길을 떠난다.

<영덕본>, <영일본>은 바리데기가 떠나는 길이 서천서역국임이 명시된다. 이 여정은 순조롭게 목적지에 도달할 수 없으므로 백발노인의 밭을 갈아준다든지, 동지섣달 설한풍에 얼음을 깨고 천태산 마고할머니의 빨래를 해준다든지 하는 시련을 거친 후 그들의 도움으로 길을 확인한다. <서울본>에서는 바리데기가 여행 도중 석가세존을 만나 낭화 세 가지와 금주령을 얻어 험로를 통과한다. <홍원본>은 방아 찧는 할머니·다리 놓는 생원 등을 만나서 그들이 어떤 죄상으로 벌을 받고 있는지 알아다 주겠다고 약속하고 길을 인도 받는다.

(7) 신선을 만난 바리데기는 신약을 얻기 위해 궂은일을 해주고 아들도 낳아 준다.

<서울본>에서는 바리데기가 나무 삼년, 불 삼년, 물 삼년의 일을 해준 다음 무장승과 결혼하여 일곱 아들을 낳아 준다. <영덕본>, <영일본>은 백일기도를 드린 후 동수자와 결혼하여 아들 셋을 낳는다. <해남본>의 경우는 시왕산 산신을 찾아가 길값 삼년, 산값 삼년, 물값 삼년을 살고 아들 구형제를 낳는다. <홍원본>은 천상에 올라가 천상인과 결혼하고 아들 열둘을 낳는다.

각편에 따라 바리데기가 낳는 아들의 수는 셋, 일곱, 아홉, 열둘 등으로 차이가 심하다. 동해안 지역의 각편들이 삼형제를 낳는 것은 삼불제석을 낳는 「당금애기」의 영향을 받아 일어난 변이인 듯하고, 나머지 각편들은 모두 일곱 이상이다. 아무래도 일곱이 원형이겠는데, 금기를 위반하여 딸만 일곱 낳은 부모의 업보를 청산하기 위해서 바리데기가 아들을 일곱

낳는다는 내용이 필요한 것으로 보인다.

⑻ 바리데기가 부모를 환생시킬 신약을 얻는다.

바리데기가 구약여행을 통하여 획득하게 되는 신약의 종류와 명칭은 각편에 따라 차이가 있지만, 신약이 약수와 약초로 구성됨은 모든 각편이 공통이다. <서울본>의 경우는 양연수와 숨사리·뼈사리·살사리 등 삼석도화를 얻고, <영일본>과 <해남본>에서는 약수와 불노초 혹은 환생초를 얻는다.

⑼ 바리데기가 신약을 가지고 돌아온다.

<서울본>에서는 바리데기가 금관저와 신관저가 부러지는 꿈을 꾸고 양전마마가 승하하였음을 직감한다. 그녀는 즉시 양연수와 삼석도화를 가지고 무장승을 동반하여 돌아온다. <영덕본>과 <영일본>은 바리데기가 약수와 환생꽃을 얻은 다음 동수자가 하늘로 올라가고, 그녀는 관음보살 혹은 노장스님이 준 책을 받아 삼형제를 데리고 귀환한다. <홍원본>은 아들들을 저승 십이 대왕으로 좌정시키고 혼자 돌아오는데, 도중에 방아 찧는 할머니·다리 놓는 생원 등을 다시 만나 그들의 죄상을 말해준다.

⑽ 바리데기는 신약을 사용하여 죽은 부모를 회생시킨다.

<서울본>은 양궁마마의 상여가 나갈 때 바리데기가 약수와 환생꽃을 사용하여 부모를 살린 후 무장승과 일곱 아들을 부모에게 소개한다. <영덕본>, <영일본>은 여섯 언니가 방해하자 책에 쓰인 대로 진언을 외워 상여를 멈춘 후 아버지를 살려낸다.

부모를 회생시킨 바리데기는 신직을 부여받는다. <서울본>은 바리데기가 인도국왕 보살이 되고, 무장승은 산신으로 좌정한다. <영덕본>과 <영일본>은 이렇다 할 신직이 나타나지 않으나, 대신 삼형제가 삼태성으로 칠공주가 칠성으로 자리 잡는다. <해남본>의 경우는 바리데기가 왕소군의 넋이 되었다고 했지만 부모의 명칭이 시왕의 아버지, 어머니이므로 그녀가 시왕으로 좌정한 것을 알 수 있다. <홍원본>에서는 어머니가 여섯 딸을 죽여 버리는데, 이를 보고 바리데기도 따라죽는다. 어머니도 재 올리는 것을 구경하다가 보리그루에 걸려 죽는다. <홍원본>의 턱없는 결말은 망자를 보낸다는 굿의 분위기를 반영한 때문이거나, 바리데기를 저승신으로 좌정시키려는 의도에서 생겨난 퇴화적 변이라 추정된다.

지금까지 「바리데기」의 이본군에서 선정한 대표적 각편들을 살펴보고, 이 유형의 무가에 나타나는 공통단락을 추출해 보았다. 이 작업을 통하여 「바리데기」가 지닌 보편적 서사내용을 확인할 수 있었다. 요약하면 부모에게 버림받았던 바리데기가 부모가 죽을병에 걸리자 온갖 고생을 마다하지 않고 서천서역까지 가서 불사약을 구해다가 부모를 되살린다는 이야기다. 바리데기의 표면적 이야기는 효행담인데, 특히 바리데기의 효행은 무조건적인 치사랑의 실천이다. 그녀는 부모에게 버림을 받았지 사랑을 받은 적이 없다는 점, 그녀와 대조되는 여섯 언니들의 이기적인 행동들, 불사약을 구하기 위한 험난한 시련의 과정들, 이 모든 것들이 그녀의 희생적 사랑을 돋보이게 만드는 구성 요소로 작용한다. 「바리데기」가 무가임에도 불구하고 교양도서나 교육자료로 각광을 받는 이유도 작품에 담겨있는 효라는 주제의식 때문일 터이다.

2) 「바리데기」의 신화적 재구성

「바리데기」의 선정된 각편에서 추출했던 공통단락들은 전승과정 중에 생긴 적지 않은 변이를 포함하고 있고, 세속화된 내용으로 변질되어 신화적 색채가 옅어져 있기도 하다. 따라서 「바리데기」의 신화적 이야기를 들어보기 위해서는 단락들이 암시하고 있는 고대신화소로 환원하는 작업이 필요하다.

⑴ 대왕과 중전마마가 딸만 일곱을 낳는다.
→ A. 득죄로 말미암은 비정상적 출생

바리데기가 일곱 번째 딸로 출생하는 이유는 금기의 파기이거나, 부모나 자신이 천계에서 죄를 지은 결과로 설정되어 있다. 그러므로 부모가 칠공주를 낳는 것도 바리데기가 버림을 받는 것도 이 죄에 대한 응징이다. 작제건이 용녀 저민의의 말을 어김으로써 헤어지게 되는 예와 유화가 하백에게 고하지 않고 해모수와 관계를 갖음으로써 우발수에 추방되는 예 등을 상기해 볼 때, 금기의 파기와 득죄로 말미암은 응징은 이별과 추방을 유발하는 보편적 신화소임을 알 수 있다.

⑵ 왕은 화가 나서 일곱째 딸을 버린다.
→ B. 기아(棄兒)를 통한 재탄생

바리데기는 산이나 바다에 버려지는데, 청학·백학·금거북 등에 의해 구출되고 보호된다. 이는 유화가 낳은 알이 버려졌을 때 뭇짐승들이 품어주는 대목에 대응하는 화소로, <영일본>에는 소와 말이 밟지 않고 보호했다는 「주몽신화」와 일치하는 내용까지 드러난다. 태어나자마자 버림을 받는다는 기아의 화소는 영웅이 겪는 최초의 시련으로 자주 언급되는 화소다. 특히 물에 버려지는 화소는 탈해나 모세의 경우와 동궤이며, 세례(洗禮)의식과 유사한 과정으로 영웅이 새로운 신분을 갖추기 위해 재탄생한다는 상징적 의미를 갖는다. 바리데기가 버려지는 사건은 그녀를 여섯 언니들과 구별되는 신이한 존재로 성장하게 만드는 요인이 되기도 한다.

(3) 바리데기는 하늘의 도움으로 구원자를 만나 성장한다.
→ C. 구원자와의 만남과 성장

바리데기는 구원자에 의해 구출되어 양육된다. 이에 덧붙여 바리데기가 배우지 않고도 학문에 능통했다는 등 그녀의 신이한 능력과 영웅적 성장과정이 첨가되는 각편들도 있다. 여타 신화에서도 영웅이 위기와 시련에 처했을 때 노현자(wise old man)[35]와 같은 구원자가 등장하여 그를 돕고 정상적인 궤도로 돌려 놓는 장면을 흔히 접할 수 있다. 「바리데기」에 등장하는 석가세존, 비리공덕 할아버지와 할머니는 구원자의 전형적 모습을 보여준다. 이들은 배 안의 궤에 있던 탈해를 발견하는 「석탈해신화」의 아진의선이라는 할머니나, 황금궤에서 알지를 구하는 「김알지신화」의 호공[36] 등 고대 신화에서 발견할 수 있는 구원자와도 직결된다. 또한 이 부분은 하늘의 조력을 암시하므로 그녀를 선택된 영웅으로 부각시키는 역할을 한다.

(4) 바리데기의 부모는 죽을병이 드는데, 신약을 먹어야 낫는다는 말을 듣는다.
→ D. 모험에의 동기 부여

대왕과 중전마마는 하늘이 아는 아이를 버림으로써 또 한 번 천기를 어기

35 조셉 캠벨, 이윤기 역, 『세계의 영웅신화』, 대원사, 1989, 16쪽.

36 일연, 『삼국유사』, 탈해왕, 김알지.

게 된다. 득죄의 결과는 죽음에 이르는 병으로 나타난다. 이 단락은 바리데기를 부모에게 돌아오게 만들어 구약여행을 떠나게 하는 계기를 마련하는 내용이다. 탐색을 중심으로 하는 이야기에서 주인공의 길 떠남을 유발하는 중요한 동기는 결핍의 상황이다. 발생한 문제를 해결하기 위해 필요한 대상의 결핍 상황을 주인공이 인지하고 그것을 찾으려고 결심하는 순간 그의 소명적 모험이 시작된다.[37] 「유리왕설화」에서도 아버지의 부재(不在)가 결핍 상황이 되어 유리는 아버지 찾기라는 모험을 떠나는 것이다. 「바리데기」의 경우에는 병든 부모를 살릴 수 있는 신약의 부재가 결핍의 상황이 되고, 그녀는 구약여행이라는 모험의 장도에 오르게 된다.

(5) 여섯 딸들이 모두 거절하자 왕과 왕비는 바리데기를 찾아 신약을 구해 오게 한다.
→ E. 소명적 모험에의 출발

부모의 병은 하늘이 아는 딸을 버린 것이 원인이므로 바리데기를 되찾아 병의 원인부터 없애는 것이 이야기의 논리다. 신약을 구해 부모를 되살릴 수 있는 존재가 바리데기밖에 없다는 상황설정도 같은 맥락이다. 바리데기에게 구약여행은 소명으로 부여되는 과제다. 따라서 이 단락은 영웅신화의 출발에 해당하는 대목이다.

신화 속 영웅은 일상적인 삶의 세계에서 초자연적인 경이의 세계로 모험을 떠나기 마련이다. 이 신비스러운 모험의 승리로 영웅은 친지나 동료들에게 이익을 줄 수 있는 힘을 얻어 현실 세계로 돌아온다.[38] 이러한 신화적 출발은 유리가 주몽을 찾아 떠나는 과정 외에도 「선도산신모신화」에서

---

37 블라디미르 프로프, 황인덕 역, 『민담형태론』, 대방출판사, 1987, 73~80쪽.

38 조셉 캠벨, 이윤기 역, 『세계의 영웅신화』, 34쪽.

사소가 부친의 명으로 솔개를 날려 좌정터를 찾아 나서는 대목과도 상응하므로 소명적 모험에의 출발과 탐색은 고대신화와 직결되는 신화소다.

(6) 바리데기가 신약을 찾아 길을 떠난다.

→ F. 바리데기의 천계 여행

바리데기의 구약여행이 천계로의 이행을 나타낸다는 사실은 다양한 화소를 통해 확인할 수 있다. 조력자를 만나 주구(呪具)를 얻기도 하고, 밭을 갈아주거나, 빨래를 해주는 등 그에 상응하는 대가를 치러야만 길을 인도받을 수 있는 것이다.

> 물지옥 흔암지옥 무간 팔만사천지옥 넘어가니
> 칠성이 하날에 닿았는데
> [......]
> 금주령을 던지시니 한 줄 무지개가 스거날 그을 타고 건너가서[39]

<영덕본>과 <영일본>처럼 그녀가 가는 곳이 서천서역국임이 명시된 경우도 있으나, 그렇지 않은 각편이라도 위와 같은 구절로 그녀의 여행이 천계여행임을 암시해 준다. 특히 <서울본>에서 마지막 관문을 통과할 때 이용하는 무지개는 신화에서 하늘과 땅을 잇는 다리이며, 영웅들이 천계에 오를 때 사용하는 전형적인 도구다.[40]

<흥원본>처럼 여행하는 도중에 만나는 사람들이 처한 불우한 상황을

39 김태곤, 『한국무가집 I』, 77~78쪽.

40 M. 엘리아데, 이윤기 옮김, 『샤머니즘』, 까치, 1992, 137~138쪽.
북유럽신화에도 인간계 미드가르드와 신계 아스가르드를 연결하는 무지개 다리 비프로스트가 있다.

듣고, 돌아오는 길에 그 해답을 알려주는 대목도 주목할 만하다. 이 내용은 서천서역으로 복을 찾으러 가는 박복한 총각의 이야기인 「구복여행」의 주된 서사이기도 하다. 이는 비단 우리의 경우뿐만 아니라 세계적인 분포를 보이는 보편적 화소이므로 유래가 오래된 종교적 관념의 잔재일 가능성이 짙다. 특히 시베리아 샤먼은 육체를 이탈한 영혼이 천계여행을 수행하여 이승의 문제에 대한 해답을 구해오는 의식을 거행한다. 따라서 이 화소는 샤먼의 천계여행이라는 제의적 관념을 바탕으로 형성된 것으로 보인다.

(7) 신선을 만난 바리데기는 신약을 얻기 위해 궂은일을 해주고 아들도 낳아준다.
→ G. 혼사시험과 신성혼

이 단락의 중심 화소는 신성혼이다. 바리데기는 천계로 이동하여 천신을 만나고, 그의 배우자로서 신성성을 획득하게 된다. (6) 단락의 천계여행에서 바리데기가 이미 수많은 시련을 거쳤음에도 불구하고, (7) 단락에서 또 한 번 시련을 겪을 수밖에 없는 사정은 이번 시련이 영웅적 능력의 입증 행위가 아닌 천신과의 결합을 위한 신모의 혼사시험임을 시사한다.

백년언약을 만날려고 백년배필을 만날라고,
동수산으로 내려온다. 배리데기야 거동 보소.
한곳으로 올라가니 동수자 내려온다.
여보시오 이 산중에 동수자를 못 봤나이까.
내가 동수자라 하는구나.[41]

---

41 한국구비문학회편, 『한국구비문학선집』, 207쪽.

<영덕본>에서는 동수자가 옥황상제의 만제자로서 글 한 구를 잘못 짓고 귀양 내려온다. 인용한 구절은 고대신화에서 신모와 결합하기 위하여 천신이 하강하는 내용과 동일하므로, 이 단락이 천신과 신모가 결합하는 신성혼임을 확인할 수 있다. 이와 동시에 바리데기의 출산은 천신과의 결합에 대한 징표이며, 풍요다산의 의미를 지니는 것은 물론이다.

(8) 바리데기가 부모를 환생시킬 신약을 얻는다.
→ H. 탐색 목표의 달성

바리데기가 천계여행을 하는 목적은 부모를 살리기 위해 약수와 약초를 구하는 것이다. 그러므로 이 단락은 그녀의 소명적 모험을 야기했던 결핍의 상황을 해결할 수 있는 신약을 획득함으로써 영웅적 탐색이 완수되었음을 의미한다. 고대신화의 영웅들은 이와 같은 신이한 물건이나 주술적 도구를 얻기 위해 모험을 감행하며, 이들을 손에 넣음으로써 자신의 영웅적 여행의 반환점을 돌게 된다. 여기서 바리데기의 목적물이 되는 약수와 약초가 죽음에 생명을 부여하는 신약이라는 것도 눈여겨 볼 필요가 있다. 장차 바리데기가 획득할, 망자를 인도하여 새로운 생명을 부여하는 신직과 결코 무관할 수 없기 때문이다.

(9) 바리데기가 신약을 가지고 돌아온다.
→ I. 영웅의 귀환

신약을 구한 바리데기는 부모를 살리기 위해 지상세계로 귀환한다. 귀환의 여정은 (6) 단락과는 달리 그리 힘들지 않게 이루어진다. 이는 그녀의 귀환이 천계여행이 아닌 인간세계로의 복귀이기 때문이기도 하고, 그녀가 이미 신격을 획득했기 때문이기도 하겠다. <영덕본>과 <영일본>에서는 바리데기가 귀환하기 전에 동수자가 승천하는 대목이 있어서 의문을 자아낸다.

> 말을 하는데 아버지가 꽃 끊어가 오꺼나 느그 서이 놀아래이 하며 아버지가 저 공중으로 꽃 끊어가 온다 하며 공중으로 쫙 올라가 버려 꽃 끈으로 간다고 그때여 아들 삼형제 낳았으니 삼십년 죄를 삭히고 천상에 득천하는구나.[42]

천신이 신모와 결합한 후 하늘로 돌아가는 것은 고대신화에서 자주 접한 장면이다. 그런데 「바리데기」의 경우는 그녀가 천계여행을 하여 그곳에서 만난 천신이므로, 천계에서 다시 천계로 올라가는 것은 비논리적인 대목이라고 생각할 수 있다. 하지만 신화에서 천계는 하나의 층위로 설정되지 않는다. 흔히들 불교의 천계를 삼십삼천이라고 하는데, 천계가 여러 층위로 구성되어 있다는 관념이 불교에만 국한되는 것은 아니다. 시베리아 샤머니즘 역시 하늘이 구천, 십이천 등 여러 층위로 구성되어 있다고 믿는다.[43] 따라서 이 대목은 전승과정의 착오에서 발생한 오류가 아니라, 오히려 샤머니즘의 전통적 천계 관념에 바탕을 둔 고대형으로 보인다.

⑽ 바리데기는 신약을 사용하여 죽은 부모를 회생시킨다.
→ J. 영웅적 임무의 완성

파란만장한 모험을 끝마치고 귀환한 영웅은 탐색을 통해 획득한 신이한 물건이나 주술적 도구를 사용하여 그의 위업을 갈무리한다. 바리데기도 지상으로 돌아오자마자 마침맞게 길을 떠나는 부모의 상여행렬을 발

42 김태곤, 『한국무가집 IV』, 174쪽.

43 M. 엘리아데, 이윤기 옮김, 『샤마니즘』, 127쪽, 188쪽.

견하고, 상여를 멈춰 세운 후 시신에 약수와 약초를 뿌려 부모를 소생시킨다. 그리고 영웅적 임무를 완성한 바리데기는 비로소 신직을 부여받고 지상의 신으로 좌정한다.

「바리데기」의 공통단락을 신화적으로 재구하여 단락들이 내포하고 있는 고대의 신화소를 밝혀 보았다. 「바리데기」의 신화적 이야기는 출생 후 버림을 받고, 시련을 극복하며, 주어진 임무를 수행하여, 능력을 입증하는 것까지 보편적인 영웅의 일생에 부합하는 내용으로 구성되어 있다.[44]

「바리데기」는 가히 우리의 대표적 여성영웅서사시라고 부를 만하다. 그런데 바리데기는 어떤 영웅이고 그녀가 차지한 영광은 과연 무엇이었을까? 이에 대한 해답은 그녀가 무조로 인식되고 있다는 점에서 찾을 수 있다. 바리데기는 서천서역을 오가는 천계여행을 무사히 수행하고, 그곳에서 신약을 구해다가 죽은 부모를 회생시키는 치병(治病)의 업적[45]을 지계에 펼친 최초의 여인이다. 이러한 의미에서 그녀는 고대의 문화영웅에 해당한다. 최초의 샤먼은 하늘에서 최고의 신의 뜻을 받들어 지상에 내려와 하늘의 뜻을 지상에 편 존재다.[46] 샤먼은 하늘과 지상의 매체 또는

44 조동일, 「영웅의 일생－그 문학사적 전개」, 동아문화 10, 서울대 동아문화연구소, 1971.
1) 고귀한 혈통을 지니고
2) 비정상적으로 태어나
3) 어려서부터 비범했으나
4) 일찍 기아(棄兒)가 되거나 고난에 부딪쳐
5) 구출, 양육자를 만나 살아나고
6) 다시 죽을 고비에 이르렀으나
7) 투쟁에서 승리해 영광을 차지했다.

45 무당의 기능에는 사제의 기능, 치병의 기능, 예언의 기능, 유희의 기능 등이 있다. 최운식 외, 『한국 민속학 개론』, 민속원, 1998, 236쪽.

영매로서의 역할을 한다. 그래서 샤먼은 그와 같은 자격을 획득하기 위하여 영혼의 천계여행을 하는데, 최초의 샤먼이 수행한 천계여행담이 바로 「바리데기」인 것이다.

3) 「바리데기」에 나타난 천계여행의 의미

전항에서 「바리데기」의 신화적 재구형을 통해 이 무가가 최초의 샤먼이 수행한 천계여행담으로 구성된 무조신화라는 사실을 조명해 보았다. 하지만 천계여행담으로서의 의미는 표면적인 의미일 뿐이지 「바리데기」가 내포하고 있는 이면적 상징의미는 아니라고 본다. 신화는 민간층의 신화적 관념에서 비롯되므로 외형적인 내용 고찰만으로 신화가 제기하는 다양한 문제의식을 모두 드러낼 수는 없다. 이러한 관점에서 「바리데기」의 유형구조를 분석함으로써 이 작품이 함축하고 있는 상징의미에 접근해 보고자 한다.

우선 앞서 추출되었던 「바리데기」의 단락별 신화소를 정리하여 구조도를 작성해 보면 다음과 같다.

A. 득죄로 말미암은 비정상적 출생
B. 기아를 통한 재탄생
C. 구원자와의 만남과 성장
D. 모험에의 동기부여
E. 소명적 모험에의 출발
F. 바리데기의 천계여행

46 김열규, 『한국신화와 무속연구』, 일조각, 1982, 21쪽.
「바리데기」가 샤머니즘이 낳은 타계여행담이라는 것에 대해 고찰했다.

G. 혼사시험와 신성혼

H. 탐색 목표의 달성

I. 영웅의 귀환

J. 영웅적 임무의 완성

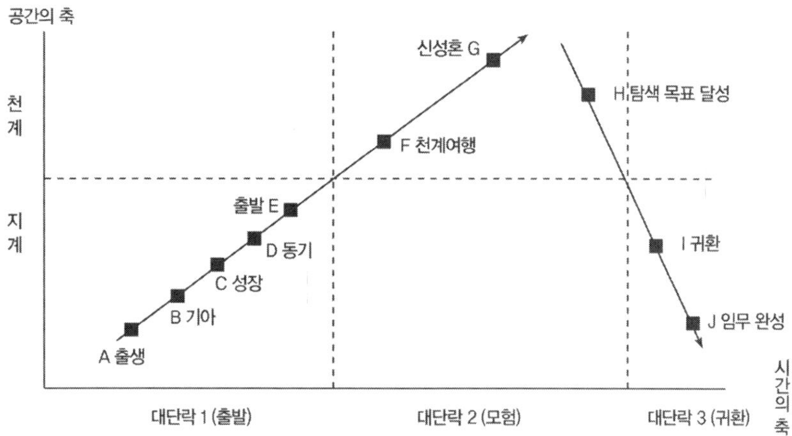

〈그림 3〉「바리데기」 서사의 구조도

「바리데기」의 상징의미를 밝히는 작업에 굳이 구조도가 필요한 이유는 서사를 형성시키는 동력이 되는 신화적 관념을 포착하기 위함이다. 관념상의 이야기는 청사진과 같은 이미지로 형상화되었다가 선조성 연결 형태로 변환되어 표출된다. 따라서 이 관념상의 이미지에 최대한 접근하기 위하여 사건의 선조성 연결 형태인 진행적 측면만이 아니라 사건의 배경이 되는 장면적 측면도 고려하여 구조도를 작성한 것이다.

구조도를 통해 알 수 있듯이 「바리데기」의 신화적 구성은 '대단락 Ⅰ + 대단락Ⅱ + 대단락Ⅲ'으로 되어 있다. 대단락Ⅰ~Ⅱ는 바리데기가 천계여행을 수행하여 천계와의 거리를 좁혀가는 인(人)→천(天)의 과정이므로 상향선으로 나타냈고, 대단락 II~III은 바리데기가 모험적 임무를 완성하고 지계로 귀환하는 과정인 천→인의 방향이므로 하향선으로 나타냈다.

캠벨(Campbell)은 영웅이 치르는 신화적 모험의 표준궤도는 통과제의 양식인 분리(separation)–입문(initiation)–귀환(return)의 확대판이고, 이 양식이 곧 단원신화(單元神話, monomyth)라 했다.[47] 그런데 「바리데기」의 유형구조를 통해 구분된 대단락 I, II, III이 각각 이 단계들에 상응하고 있음은 「바리데기」가 영웅 서사문학의 전형적인 구조로 이루어졌다는 사실을 말해 준다. 물론 세계의 다양한 영웅 신화를 하나의 틀에 가두려는 도식적 파악이 마냥 바람직한 것은 아니지만, 그만큼 통과제의적 구성이 인류의 공통된 관념을 통해 형성된 보편적인 이야기 형태라는 것은 부인할 수 없다.

대단락 I 은 'A. 비정상적 출생 → B. 기아를 통한 재탄생 → C. 구원자와의 만남과 성장 → D. 모험의 동기 부여 → E. 모험의 출발'로 되어 있다. A는 B의 원인이 되고 B, C는 D의 원인이 된다. 또한 A~D는 하나의 묶음이 되어 E의 모험적 출발을 야기하는 동인으로 작용하는데, 모두 지계에서 이루어지는 단락들이다. 그러므로 대단락 I 은 캠벨이 설정한 분리단계로, 영웅이 지계에서 천계로 모험을 떠나게 되는 출발 과정이다. 이 모험의 목적은 지계의 결핍을 천계의 신성에 기대어 해결하려는 구약여행이다.

대단락 II는 'F. 천계여행 → G. 신성혼과 출산 → H. 탐색 목표의 달성'

47 조셉 캠벨, 이윤기 역, 『세계의 영웅 신화』, 34쪽.
방 주네가 말한 통과제의 절차인 '분리–과도–통합'과 용어의 차이만 있을 뿐 같은 단계인데, 영웅의 모험을 나타내는 데는 캠벨의 용어가 더 적합하므로 '분리–입문–귀환'이라는 용어를 사용했다.

으로 되어 있다. 대단락II는 천계에서 이루어지는 일들이고 캠벨이 설정한 입문단계인데, 영웅에 의한 탐색과 모험으로 이루어진다. 그런데 이 천계에서의 장면은 표면적 이야기야 어떻든 G의 신성혼에 초점을 맞추고 있다. 왜냐하면 천계여행의 끝 지점이 곧바로 신성혼과 연결되고, 이 신성혼을 행함으로써만 신약을 얻을 수 있기 때문이다. 신성혼 이후 별반 장애 없이 신약을 얻는 장면도 이 점을 뒷받침해 준다. 신성혼을 통한 신성회복의 결과로 얻게 되는 신약이 천계의 영원성과 관련된 상징물이라는 점도 결코 간과해서는 안 된다. 지상이 불행·질병·죽음 등의 한계성을 가지고 있는 시공이라면, 이에 반해 천상은 그러한 한계성이 분화되기 이전의 영원성과 초월성을 가지고 있는 시공이며, 민간층의 신앙원리에서 존재의 근원으로 남아있는 시공인 것이다.[48]

대단락III은 천계에서 지계로 다시 공간이 이동되며 'I. 귀환 → J. 영웅의 임무 완성'으로 구성된다. 대단락III은 바리데기가 지상으로 돌아와 자신의 능력을 입증하고 신앙의 대상으로 좌정하기까지의 과정이므로, 캠벨이 말한 귀환단계다. 대단락II에서 성취된 존재근원의 회복은 신모에 의해 지계에 환원되지 않으면 안 된다. J단락에서 드러나듯 바리데기가 천계에서 가져온 신약으로 죽은 부모를 소생시키는 행위는 그녀에 의해 천계의 신성함이 지계에 베풀어졌다는 상징의미를 지니는 것이다.

이를 종합해 볼 때 「바리데기」는 천계여행을 주제로 한 여성영웅서사시 이상의 상징의미를 갖는다. 「바리데기」는 격리되었던 천계와 지계의 분화된 상황을(대단락 I), 천계여행을 통하여 극복하고 존재근원을 회복함으로써(대단락II), 지계를 다시 신성시공으로 소생시키는(대단락III) 근

---

48 김태곤, 『한국민간신앙연구』, 집문당, 1987, 329쪽.
천계를 무공간, 무시간의 영원한 카오스 상황으로 보고, 민간신앙은 이 카오스 상황의 존재근원으로 끊임없이 회귀하려는 것이라 했다.

원회귀의 신화인 것이다. 신모가 신앙의 대상이 되는 까닭은 단순히 천신의 배우자가 되었기 때문이 아니라 지상의 신성함을 신모의 의지로 회복하여 지계의 신으로 좌정하였기 때문이라고 본다. 바리데기가 수행한 이러한 역할이 바로 이 무가를 무조신화로 서게 하고, 끊임없이 구연되게 하는 동인이 되었을 터이다.

3. 신모신화의 상징의미와 기능

「당금애기」와 「바리데기」는 신모신화의 고대적 유풍을 간직한 채 현재도 전국적으로 구연되고 있다. 이렇듯 원시 지모숭배에서 출발한 신모신화가 서사무가로 이어지며 시간과 공간을 초월하여 부단히 사랑을 받아온 근본적인 이유가 무엇일까? 이에 대한 나름대로의 견해를 논의가 전개되는 동안에 간간히 밝히기는 하였지만, 산재되어 있는 감이 있으므로 이쯤에서 종합해 볼 필요를 느낀다. 신모신화가 내포하고 있는 상징의미를 재고하면서 신모신화를 지속적으로 전승시키는 진정한 힘에 대해 살펴보기로 하자.

> (보편적 이미지가 된) 상징은 고유의 영교(靈交) 또는 마력을 보존하고 있다. 그와 같은 상징들이 어떤 사람에게는 깊은 정서적 반응을 일으켜 주는데, 그와 같은 마음의 반응은 상징들로 하여금 편견과도 같은 기능을 수행하게 만든다.[49]

49 칼 융, 조승국 역, 『인간과 상징』, 범조사, 1981, 110쪽.

인용문처럼 신모신화가 지속적으로 이야기되는 이유는 작품이 가지고 있는 상징의미와 그것이 수행하는 기능 때문이다. 융(Carl G. Jung)에 의하면 꿈은 상징을 산출하는 심적 행위인데, 이 꿈이 보편화되고 집단화되면 신화나 제의를 통하여 나타난다고 한다. 신모신화가 내포하고 있는 상징 역시 인간의 보편적 꿈을 담고 있는 고대 영적 교류(numinous)의 수단으로서 지금도 전승되며 사람들에게 깊은 정서적 반응을 유발하고 있는 것이다.

1) 풍요다산의 상징 신모신화

신모신화는 풍요다산의 상징으로 이루어져 있다. 신모라는 신격도 그렇지만, 작품을 구성하는 화소, 신성혼 절차로 구성된 작품 자체도 모두 이러한 상징들이다. 앞에서 거론되었던 신모신화의 내용을 떠올리면서 풍요다산의 상징들을 하나하나 되짚어보자.

신모는 위대한 어머니라는 자격을 갖추고 있으므로 풍요다산의 상징이 됨은 물론이다. 신모는 애초 대지의 신격화에서부터 출발한다. 대지는 만물을 생성하는 생명의 근원지로 인식되었고, 지모숭배는 이런 관념을 바탕으로 기원했다. 대지의 인격화 과정에서 신모는 마고할미와 같은 거인여성으로 형상화되었는데, 거인여성들이 맡은 역할은 세상과 만물을 창조해내는 일이었다. 웅녀처럼 동물신격을 지닌 신모는 종족의 토템적 조상으로 여겨지기도 했다. 동물 신모에 대한 숭배는 수렵사회를 배경으로 하며 사냥감의 풍성함과 성공적인 사냥활동을 보장받기 위함이었다. 무속의 조상신인 무조 역시 빼놓을 수 없는 고대의 신모였다. 그녀는 신성혼을 통해 천신의 배우자로 자리 잡으며 하늘과 땅을 이어주는 매개자의 역할을 담당했다. 유화와 알영 등 농경사회의 신모는 지신과 수신을 겸하는 성격을 지녔다. 땅과 물은 농경의 핵심 요소로 이들을 잘 다스려야 풍농을 기약할 수 있다. 이처럼 인류의 역사가 변천함에 따라 신모도 역사적 단계에 걸맞은 모습으로 변모하였지만 풍요의 여신으로서의 자격은 항상 유지하고 있었다.

신모신화의 내용을 구성하는 화소들도 풍요다산을 상징하는 것들이 태반이다. 먼저 눈에 띄는 것은 잉태와 출산 화소다. 신모는 신이나 영웅의 어머니로서도 숭앙되는데, 이 경우 그녀의 잉태와 출산은 필수적이다. 건국신화에서 신모신화를 수용한 목적도 신성혼에 의한 국조의 출산 때문이었다. 이와 더불어 신모의 출산은 다산인 경우가 많다는 특징도 지적할 만하다. 당금애기는 삼형제를 낳지만, 바리데기는 칠형제나 구형제 심지어 십이형제까지 낳는다. 간혹 신모는 알을 낳기도 하는데, 신화에서 알은 태양을 상징함과 동시에 생명의 원질인 씨앗과 동일한 의미를 지닌다. 씨앗하면 떠오는 화소가 곡물 화소다. 유화가 주몽에게 오곡의 종자를 싸주는 대목도 이에 해당하지만, 당금애기가 마당에 쏟아진 쌀을 젓가락으로 집어서 한 알 한 알 다시 바랑에 담는 장면은 곡식의 종자를 중시하여 풍성한 수확을 기원한다는 의미가 강조된다. 곡물과 관련된 신모의 혼사시험은 「콩쥐 팥쥐」에서 참새들이 벼를 찧어주는 대목 등 결혼식 설화에 종종 등장하는 혼사시험의 전형이 되었다.[50] 물도 생생력의 상징이다. 해모수와 유화, 김수로와 허황옥, 이비가와 가야산신 정견 등의 결합이 강·바다·시내 등 물가에서 이루어지는 것도 물이 생명의 근원으로 생산·출산과 밀접한 연관 관계가 있다고 여겨졌기 때문이다. 신모는 이상하리만치 자주 감금된다. 신모의 감금 장소가 되는 동굴·토굴·돌함

50 곡물시험 화소는 「에로스와 푸쉬케」, 독일판 신데렐라인 「아센푸텔」 등에서도 찾을 수 있는 세계적인 분포를 보이는 화소이므로 연원이 상당히 오래된 것으로 보인다.

등은 여성원리의 상징으로서 재생이나 생산과 결부되어[51] 자궁으로의 회귀라는 상징적 의미를 갖는다. 웅녀가 동굴 속에서 시험을 받는 경우, 유화가 금와의 별궁에 유폐되는 경우, 당금애기가 잉태 후 돌함에 감금되는 경우 등에서 확인하듯이 감금 후에는 새로운 자격으로 재생을 하거나 출산을 하게 된다.

신모신화는 신성혼의 이야기이므로 작품 전체가 풍요다산의 상징이기도 하다. 천신과 신모의 결합은 지상의 풍요를 보장한다. 이 풍요의 배경이 하늘과 땅의 우주적 결합이라는 관념적 소론도 제기되지만[52], 종교적 관념을 빌리지 않아도 원래 남녀 간의 결합은 풍요의 이미지를 지닌다. 그래서 신모신화는 풍요굿으로 공연되기도 하였다. 제왕운기 유형의 「단군신화」에서 단수신과 단웅천왕의 손녀가 결합하는 사례나, 「김수로신화」에서 장막을 치고 두 밤과 하루 낮을 지냈던 김수로와 허황옥의 사례는 고대 풍요굿의 기록이다. 현재 거행되는 「대관령국사서낭제」도 마찬가지로 국사서낭과 여서낭이 동거하는 기간 동안 강릉 단오제 행사가 펼쳐진다. 사대부들의 시선으로 신사(神祠)의 제사 중에는 음사(淫祀)가 많았다고 기록한 사항은 풍기문란의 행위가 아니라 바로 풍요다산의 의식이었다.

신화는 원래 이야기되는 것이 아니라 구연되는 것이다. 말·노래·동작 등으로 공연되며 신의 행위를 재연했다는 뜻이다. 신모신화를 구연하는 동안 풍요의 상징들이 표출될 때마다 지상은 생생력으로 가득차고 풍요가 보장된다고 믿는다.

51 황패강, 「단군신화시고」, 120쪽.

52 M. Eliade, "The Myth of the Eternal Return", p. 23.

단어와 이름은 단지 대상만을 가리키거나 의미하는 것은 결코 아니다. 단어와 이름은 사물의 핵심이며 주술적인 힘을 갖고 있다. 사물의 형상에도 이와 같은 식으로 능동적인 힘이 부여되어 있으며 형상에 일어나는 일은 또한 사물에도 일어나는 것이다. 이것은 많은 원시주술의 근본적 가정이다. 그래서 언어, 예술, 신화에서 신화적 사고방식은 상징적 형상을 사용하지만 그 상징과 사물을 구별하지는 않는다.[53]

신화를 구연하면서 이루어지는 신의 행위에 대한 형상화는 제의적 실연(實演)과 동일하다. 풍어굿에서 무당은 그물을 던져 고기를 가득 잡아서 만선을 이루는 시늉을 하는데, 행한 그대로 이루어지기를 바라는 모방주술이다. 이와 마찬가지 원리로 신모신화 역시 구연을 통해 풍요다산을 이루어 내려는 풍요굿의 구비상관물이다. 동해안 지역에서 「당금애기」가 구연될 때 삼형제가 태어나는 대목에서 첫국, 첫밥을 해먹어야 한다고 돈을 걷는다. 이러한 행위를 단순히 무당의 수작으로만 볼 수는 없다. 현재 당금애기의 출산이 재연되고 있다는 무당과 관객 간의 묵인된 약속이 없다면 이러한 장면은 성립될 수 없기 때문이다. 굿의 구연원리에 따라 신모가 천신과 결합하고 풍요의 상징이 표출될 때마다 지상의 풍요가 약속되는 것이다.

2) 근원회귀의 상징 신모신화

전항에서 풍요다산의 상징으로서의 신모신화에 대해 조명해 보았다. 그런데 이러한 상징들은 작품의 표면적 내용을 통해서 드러나므로 풍요다산은 신모신화의 표층적 의미에 해당한다. 이제 신모신화가 상징하는

53 David Bidney, 김영일역, "Myth Simbol, and Truth", 『문학과 신화』, 가람출판사, 1981, 104쪽.

심층적 의미에 대해 논의할 차례다. 심층적 의미는 표출되는 것이 아니라 함축되는 것이므로 서사구조의 분석을 통해서 접근할 수밖에 없다.

「당금애기」와 「바리데기」에서 재구된 신모신화의 구조도를 상기해 보면, 서사구조의 장면이 천계와 지계로 양분되어 있음을 알 수 있다. 천계는 신이 거주하는 신성의 공간이고, 지계는 인간이 거주하는 세속의 공간이다. 두 공간은 평상시에는 서로 단절되어 있는 별개의 이질적 공간들이다. 그러나 신모신화는 성과 속의 단절된 이원화 질서에 대한 파기와 회복을 지향한다.

천신이 하강하여 신모와 결합하는 사건은 천계의 질서와 지계의 질서가 혼효되는 상황이므로 세속의 공간이 신성화되는 것을 상징한다. 그러나 이러한 과정은 천신에 의해 이루어진 행위이고 지속할 수 있는 상태가 아니다. 천신은 신모와 결합한 후 지계를 떠나버리고 만다. 또 다시 찾아온 성과 속의 분리가 이번에는 신모에 의해 극복된다. 신모가 천계여행을 통해 격절되었던 천상의 신성을 회복하는, 곧 지상의 여인이 신성으로 회귀하는 과정이 펼쳐지는 것이다. 신모는 간접적 죽음을 통해 세속의 존재질서를 소거하고, 천계여행이라는 시련을 거쳐 신성세계에 수용되고 다시 이 신성을 지상세계에 펼칠 수 있는 자격을 획득한다. 이러한 서사구조를 통해 신모신화가 지닌 심층적 상징의미가 존재근원으로의 회귀임을 발견할 수 있다.

> ① 그 옛날 인간은 황금시대에 어떻게 살았으며, ② 그리고 그 세계는 어떻게 상실됐으며, ③ 그래서 어찌하면, 또 어느 때 그러한 세계를 회복할 수 있는 것인지……. 동일성(Identity)의 상실과 회복을 말하는 이야기는 모든 문학의 기본적 구상이 된다고 생각한다.[54]

아득한 그때에 있었던 천지의 합일상황에 대한 회귀의 염원은 신앙의 주축을 이루는 관념을 형성했다. 신화도 이 점은 마찬가지여서 이러한 관념이 신모신화로 형상화한 것이다. 인용문의 ①이 「당금애기」에서 살핀 신모신화의 대단락 I 과, ②가 연결단락과, 그리고 ③이 「당금애기」의 대단락II와 「바리데기」의 대단락 I, II의 내용과 대응됨은 주목할 만하다. 신모신화가 설정하는 세 상태도 프라이(Frye)의 견해대로 문학의 기본적 구상에 기인한 것이기 때문이다.

신화는 신에 대한 기원이나 찬양에 초점을 맞추는 이야기가 아니라, 인간의 존재문제에 초점을 맞추는 이야기다.[55] 신화는 신의 입장이 아닌 인간의 입장에서 신의 세계와 인간 세계의 일체성을 이룩하고자 하는 노력의 산물이다. 그러므로 신화의 구연을 통해 인간이 진정으로 추구하는 바는 신성과의 재접촉을 통한 존재 근원으로의 회귀인 것이다.

> 카오스를 존재근원으로 보는 것은 존재근원에 대한 원질사고-존재근원에 대한 사고의 원본(原本)이 된다. 우주가 카오스로부터 개벽(開闢)되고, 우주 안에 있는 인간이 그와 같은 카오스 쪽의 영혼으로부터 온 것이라 믿으며, 우주 안의 만물이 역시 그와 같은 카오스 쪽의 신에 의해 운행된다고 믿어 카오스가 궁극적인 존재근원이 된다.[56]

엘리아데가 태초에 신에 의해 창조된 코스모스의 세계를 존재근원으로 본 것과 달리 인용문에서는 카오스의 상태 그 자체를 존재근원으로 보고,

---

54 N. 프라이, 김상일역, 『신화문학론』, 을유문화사, 1971, 55~59쪽. 번호는 필자가 붙임

55 T. A. Sebeck, 'Myth, Symbolism and Truth,' "Myth: A Symposium", Bloomington: Indiana Univ. Press, 1972, p. 22.

56 김태곤, 『한국민간신앙연구』, 329쪽.

이 카오스로의 순환적 회귀 사고를 원본(arche-pattern)이라고 하였다. 우리의 무속원리에 비추어 보면 카오스라는 미분화 상태로 복귀함으로써 분화된 세상의 질서와 고착된 삶의 제약을 소거하고 재생할 수 있다는 사고가 더욱 타당한 관점이라고 판단된다. 원본사고는 생성 이전의 상태로 돌아가려는 모태회귀의 본능과 같은 상징의미를 지니는 것이다.

민간층에서 신모신화가 그토록 오랜 시간 동안 전승변이를 거치면서도 끊임없이 이야기될 수 있음도, 신모신화가 민간신앙의 원본(原本)으로 자리 잡고 있는 근원회귀의 상징의미를 지녔기 때문이라고 본다.

> 태초에 아직 천지가 생성되지 않았을 무렵 세계의 형상은 어둠과 혼돈의 도가니와 같아서 아무런 징조도 나타나지 않았다. 그러던 것이 이 암흑 속에서 음신과 양신이라고 하는 두 개의 대신(大神)이 탄생하게 되었다. 그들은 열심히 천지를 경영하였고 후에 음양이 갈라지게 되면서 8방의 위치도 정해지게 되었다. 그래서 양신은 하늘을, 음신은 땅을 각각 다스리게 되었는데 이렇게 하여 현재의 세계가 형성되었다.[57]

인용문은 신화라기보다는 신화의 근간이 되는 원시신앙의 근본관념에 관한 기술이다. 음양은 하나의 동일근원에서 갈라져 분화된 것이고, 이후 음양은 다시 하나가 되려는 움직임을 보인다. 음양이 때로는 상생하고 때로는 상극하는 현상도 이러한 움직임의 일종이다. 이와 같은 작용을 양신 쪽에 초점을 맞추어 이야기로 형상화하면 천신신화가 되고, 음신 쪽에 초점을 맞추어 이야기로 형상화하면 신모신화가 된다. 그런데 양신이 하늘의 신이고, 음신이 땅의 신이므로 지계에 속한 인간이 의존할 수

57 『회남자』. 위앤커, 정석원 역, 『중국의 고대신화』, 문예출판사, 1989, 28~29쪽에서 재인용.

있는 신앙의 대상이 음신에게 기울게 됨은 자명한 이치다.

> 연월일에 천비(天妃)의 신에게 경건히 제를 올리노니 무릇 적은 것으로써 큰 것을 섬기는 일은 천지의 마땅한 도리이며, 음(陰)으로써 양(陽)을 구하는 것은 귀신의 성덕(盛德)입니다. [……] 땅을 사용하여 하늘을 계승하는 이치는 일치에 이르렀고 하늘과 짝을 지어 그 존귀함은 백령(百靈)의 으뜸입니다. 그 숭상해 받드는 의를 밝히니 실로 그 차이가 멀지 않습니다.[58]

인용문은 김상헌이 장산도의 천비에게 올리는 제문으로 신모신앙의 저변에 흐르는 민간층의 관념을 잘 대변하고 있다. 천지의 합일상황에 대한 회귀의 염원이 민간신앙의 주축을 이루며 신모신앙으로 형성되었음을 뒷받침해 주는 것이다.

신화에 있어서도 이 점은 마찬가지여서 천지개벽신화가 있듯이 그 후 분리되어 버린 천지의 재결합을 추구하는 천지결합신화가 있기 마련이다. 이 분열된 천과 지의 재결합을 신모에 의지해서 실현하려는 신화가 곧 천신과 신모의 신성혼으로 구성된 신모신화라고 생각한다.

58 이능화, 「조선무속고」, 장산도 천비.

제6장

신모계 전승과 변화하는 신모

제6장
신모계 전승과 변화하는 신모

1. 신모신화의 후신 산신·서낭신화

지모숭배는 원시사회에서 비롯되어 산신과 서낭신앙으로 이어지며 꾸준히 민간신앙의 주축이 되어 왔다. 지모에 대한 민간신앙은 전대와 마찬가지로 신모계 전승을 지속적으로 생성 유지시키는 밑바탕이기도 했다. 이 점을 확인하기 위해서 고대 신모신화가 후대 여산신과 여서낭의 이야기에 어떻게 수용되고, 또 어떤 과정을 거치며 변이되고 있는가 하는 문제를 살펴보기로 하자.

> 그 풍속은 산천을 존중한다. 산천에는 각기 부계(部界)가 있어서 함부로 서로 간섭할 수 없었다.[1]

1 『삼국지』, 위서 동이전, 예. 『후한서』 동이전 예.

지역 간의 자연경계는 산과 하천으로 말미암아 생긴다. 산과 하천은 다른 지역과의 원활한 교류를 단절시킴으로써 '우리'라고 부를 만한 지역적 공간을 마련해 주며, 이 공간을 보호해 주는 울타리 역할을 한다. 그러므로 산천에 우리를 보호해 주는 신이 깃드는 것은 당연한 일이다. 『삼국지』나 『후한서』 동이전의 기록을 보아도 산신신앙이 민족신앙의 주류가 된 일은 상고시대로 거슬러 올라간다. 환웅이 태백산에 내려와 단웅천왕으로 모셔지고 단군이 사후에 산신이 되었다는 고대신화의 기록도 산신신앙과 직결된다.

옛 기록을 살펴보면 여성 산신이 남성 산신보다 압도적으로 많다.[2] 그 이유는 원시 지모숭배에 영향을 받은 바도 있고, 산이 갖는 포용력과 풍요로움이라는 모성적 이미지에 기인한 바도 있다. 그래서 산은 위대한 어머니로 형상화되고는 한다. 민간신앙에서는 산신을 모신(母神)이라 부르기도 하는데, 대모산·모악산처럼 산의 이름에 어미 '모(母)'라는 글자가 흔히 쓰이는 것도 이러한 전통에서 기인한다.

신앙과 신화는 상호보완적 관계를 유지하므로 여산신에 대한 신앙은 단지 신앙에 머물지 않고 유래담이나 공덕담으로 전승되기도 한다. 고대 여산신신화가 전대 신모신화의 영향 하에서 형성되었음은 이미 밝힌 적이 있는데, 이러한 영향은 고대에만 국한되는 현상이 아니고 현재까지 이어지며 다양한 여산신의 민간전승을 지속시키는 원동력으로 작용하고 있다.

골매기할매, 각시서낭 등 여서낭에 대한 유래담 중 일부도 신모계 전승에 포함시켜야 한다. 우리 고유의 여성 산신이 도교의 영향을 받아 대부분 남성 산신으로 교체된 데 비해서 서낭신은 여전히 여성신

---

2 손진태, 「조선고대산신의 성에 취하여」, 『진단학보』 1, 진단학회, 1934, 145~155쪽.

격이 우세하다. 고유의 여산신이 할아버지 산신에게 자리를 내주고 동구(洞口)로 내려와 여서낭으로 자리 잡은 것일 수 있다.

서낭이라는 말 자체가 산신인 산왕(山王)에 근거를 둔 말이라는 논의도 참고할 만하다.[3] 산왕의 '산'이 음성모음화하여 '선'으로 변이되면서 선왕이 되었고, 이 선왕은 다시 '선'의 'ㄴ'이 연철전음되어 서낭으로 발음되었다는 것이다. 현학적인 식자층을 제외하면 중국의 성지신앙(城池信仰)인 성황(城隍)[4]에서 서낭의 유래를 찾지는 않았을 것이고, 민간층에서 생각하는 서낭의 개념은 성황보다는 산왕에 가까울 것이므로 적어도 민간어원의 측면에서 이러한 주장은 일리가 있다. 여기에 민간층에서는 서낭을 선왕(仙王)이라고 인식하는 단계를 거쳤을 수도 있다는 의견을 덧붙여 본다. 선도산 신모가 지선이 되었다는 기록이 보이듯 산신를 지칭할 때 지선, 여선과 같이 '선(仙)'이란 표현이 자주 쓰인다. 또한 가야산신 정견을 모신 사당을 정견천왕사라 하고, 지리산신을 성모천왕이라 하는 것처럼 산신을 '왕(王)'이라고 지칭하는 것도 흔히 볼 수 있는 현상이다.

산왕(山王) → 선왕(仙王) → 서낭

이러한 복잡한 어원을 차치하더라도 현재의 마을신앙에서는 산신과 서낭신을 명확하게 구분하지 않고 동일시하는 사례가 허다하다.[5] 따

3 김태곤, 「서낭당연구」, 『한파 이상옥박사 회갑기념론문집』, 1970.

4 이능화, 이재곤 역, 『조선무속고』, 153쪽.

5 현재의 마을신앙을 조사해 보면, 일반적으로 상당(上堂)이라 하여 마을의 주산에는 산신을 모시고, 하당(下堂)이라고 하여 마을입구에는 서낭이 자리 잡고 있으나, 하나의 당집만 있는 경우에는 대개 산신과 서낭신을 구별하지 않는다.

라서 여서낭은 애초 고려시대 이후 관에서 제사를 지내던 성읍의 신인 중국의 성황과는 전혀 무관한 유래를 지닌 고유한 여산신의 후예라고 봄이 타당하다.

1) 지리산 신모의 다양한 전승들

「지리산신모신화」는 현전하는 여산신신화들 중에서 가장 주목할 만한 유형이다. 지리산 신모는 국행제를 거행하며 받들던 고대의 여산신이다. 그러므로 그녀의 이야기들은 고대부터 이어져 내려오는 산신신화에 맥이 닿아 있고, 신화의 바탕이 되었을 신모신화의 모습도 아울러 조명할 수 있다는 이점을 지니고 있다.

신모에 대한 신앙은 지상의 풍요와 안정을 기원하기 위한 것인데, 이 소망은 신들의 결혼을 통해서 이루어질 수 있다는 관념이 고대 신앙의 원리였다. 후대 여산신신화에 신성혼의 양상이 남아 있는 이유는 이러한 전통 원리를 기반으로 하였기 때문이다. 현재의 마을신앙에서 할아버지 서낭과 할머니 서낭을 함께 모시고 제사를 지내는 사례도 신성혼의 잔재 형태라 볼 수 있다.

1968년에 채록된 지리산 신모의 이야기는 신화라고 부르기에 다소 거리가 있어 보이지만 고대 신성혼의 면모가 구성요소로 각인되어 있다.

> 지리산에는 키가 36척에 다리가 15척이나 되는 마고 혹은 마야고라는 여신이 살고 있었는데, 반야라는 남신과 서로 사랑하는 사이였다. 그러다 반야는 곧 돌아온다며 마고의 곁을 떠났지만 돌아오지 않았다. 기다리다 지친 마고가 짜증이 나서 긴 손톱으로 나무 밑동을 긁어 버리는 바람에 지리산의 나무들은 모두 껍질이 벗겨지고 말았다. 마고는 이제나 저제나 반야를 기다리며 나무에서 실을 뽑아 반야에게 줄 옷을 지었다. 그러던 중 반야는 구름으로 변하여

지리산으로 돌아왔는데도 마고에게 머물지 않고 그냥 지나쳐 가버렸다. 화가 난 마고는 반야에게 주려던 옷을 갈기갈기 찢어 나뭇가지에 걸어 놓았다. 그래서 지금도 지리산 꼭대기에 있는 나무에는 실오라기 같은 줄이 붙어 바람에 흔들리고 있는 것이다. 마고는 천왕봉에 좌정하여 성모신이 되었다.[6]

이 이야기는 지리산의 정상인 천왕봉과 반야봉이 마주보고 있다는 지리적 특성에 착안해서 형성되었다. 겉보기와는 달리 이 이야기는 천신과 신모의 결합, 천신의 떠남, 신모로 좌정이라는 신모신화의 주요 화소들로 구성되어 있다. 또한 지리산에 나무 밑동의 껍질이 왜 벗겨졌는지, 나뭇가지에 왜 실오라기 같은 줄이 매달려 있는지 등 지리산에서 흔히 볼 수 있는 자연 현상에 대한 유래를 설명하는 대목도 신화와 무관하지 않다. 신들의 행위로 말미암아 세상에 그와 상관된 현상들이 생겨나게 되었다는 기원담은 신화가 갖는 기본적 특징 중 하나다. 또한 마고라는 이름도 일치하지만 키가 36척이나 되는 거인이었다는 외형에서도 지리산 신모가 마고할미와 동일시되었음을 확인할 수 있는데, 마고할미는 우리 고유의 대표적 창조 여신이다. 마고가 반야의 옷을 짓는 행위도 직조의 여신으로서의 고대적 유풍일 수 있다. 이렇듯 다양한 신화소로 이루어진 이야기가 신화로 느껴지지 않는 이유는 지리산 신모에 대한 구연자의 신앙심이 이미 사라진 지 오래고, 지리산 지역에 한정되어 전하는 지역전설로 변한 탓일 것이다.

지리산 천왕봉정에 올라가면 일간판옥(一間板屋)으로 된 신당 하나가 있는데 이것을 성모사라 일컫고 그 신당 내에는 석제 여인신상을 안치하였는데

6 한상수, 『한국인의 신화』, 문음사, 1987, 228~231쪽. 필자가 내용을 요약함.

> 이것을 성모라고 일컫는다. [……] 이 지리산 성모사에 대하여는 세 가지의 전설이 유행하였던 것을 알 수 있다. 첫째는 이승휴의 제왕운기를 중심으로 한 고려태조모 위숙왕후설이요, 둘째는 승려들의 구두에서 나온 석가불타의 모 마야부인설이요, 셋째는 항간전설을 근거로 한 법우화상 팔도무당시조설이다.[7]

신모는 천신의 배우자로만 머물지는 않는다. 신모는 신성혼을 통하여 '위대한 어머니'로서의 자격을 획득하며, 그 결과로 태어난 자식은 신, 시조 혹은 인간사회를 유익하게 만드는 문화 영웅이 된다. 지리산 신모와 관련된 위대한 어머니로서의 신모계 전승도 다양하게 유포되어 있었는데, 인용문에 나타나듯이 누구의 어머니인지는 각양각색이다. 이는 오랜 기간 동안 지리산 신모에 대한 이야기가 지속되었으므로 그녀가 낳는 인물을 시대에 알맞게 조정할 필요가 있었기 때문이다.

우선 눈에 띄는 것은 지리산 신모가 고려 태조의 어머니 위숙왕후라는 이야기다.

> 성모가 누구인지 모르나 혹은 고려 태조의 어머니라고도 한다. 현명한 왕을 낳고 길러서 능히 삼한을 통일하였기 때문에 높이 받들어 신봉하여 오늘까지 이르렀다고 한다.[8]

조선 전기의 인물인 김일손이 이 글을 기술할 때에는 지리산 신모가 왕건의 어머니로 이야기되었다. 그가 '혹은'이라고 토를 단 이유는 다른

---

7 김영수, 「지리산 성모사에 취하여」, 『한국민속연구논문선』, 일조각, 1982, 343쪽. 이글은 원래 1939년에 나온 『진단학보』 11권에 실려 있던 글이다.

8 김일손, 『탁영집』, 속두류산록.

인물의 어머니란 이야기가 공존했거나, 「고려세계」에 기록된 몽부인 한씨의 이야기와는 별개의 내용이기 때문일 것이다.

> 고려 사람들은 선도성모의 이야기를 익히 듣고 지리산신을 군(君)의 계통으로 하려고 이 이야기(지리산 신모의 위숙왕후설)를 지어낸 것이다. 이승휴가 이를 믿고 운기에 기록하였지만 반드시 그렇다고는 할 수 없다.[9]

동시대의 인물인 김종직도 지리산에서 이 이야기를 듣고 지리산 신모의 위숙왕후설은 민간전승에서 흔히 발생하는 시대적 변이의 결과일 뿐이라는 자신의 소견을 밝혔다.

지리산 노고단(老姑壇)에서는 혁거세의 어머니인 선도산 신모에게 제사를 지냈었다고 한다.[10] 그런데 선도산 신모의 제사를 주소지가 다른 지리산 노고단에서 지낸 이유가 무엇일까? 『삼국사기』 제사조에 의하면 통일신라 때 거행하던 국행제 중에서 지리산은 중사(中祀)를 지내던 오악 중 남악이니 소사(小祀)를 지내던 선도산보다 위상이 높았다.[11] 삼국을 통일한 후 신라는 넓어진 영토를 효율적으로 통치하기 위하여 국가제도를 개편하는데, 산제사도 전국적인 범위에 걸쳐 개편과정을 겪는다. 특히 지리산은 신라와 백제의 전통이 어우러진 성산이었으므로 신앙을 이용하여 양국민의 통합을 이루기 위해 대규모의 산신제가 거행되었을 것이다. 이때 지리산 신모가 산신신앙의 종주로 자리를 잡게 되고, 선도산 신모에 대한 제사도 지리산 노고단으로 옮겨졌다고 추정된다. 선도산이 아니라 사소가 이사를 온 것이니 이상할 것도 없는 현상이다.

---

9 김종직, 『점필제집』, 두류산록.

10 송화섭, 「지리산의 노고단과 성모천왕」, 『도교문화연구』, 제27집, 한국도교문화학회, 2007.

11 김부식, 『삼국사기』, 제사.

김종직의 인용문을 보더라도 선도산 신모에게서 혁거세가 태어났다는 이야기가 고려 때까지 구전되고 있었지만, 이미 신앙의 향방은 지리산 신모에게 쏠리고 있었음을 짐작할 수 있다. 이에 따라 고려시대에는 지리산 신모를 내세워 그녀에 의해 왕건이 태어났다는 이야기가 민간층에 유포되었던 것이다.

> 어언간 성자 낳고,
> 성지성모(聖智聖母) 도선시켜,
> 명당이라 일러 주며,
> 제왕기지(帝王基地)라 이르므로,
> 이로써 왕성(王姓)을 삼았네.[12]

『제왕운기』의 내용을 통해서도 고려시대 지리산 신모가 국가를 대표하는 산신이었다는 사실과, 그 신앙력에 기대어 혁거세의 탄생담과 마찬가지로 왕건의 탄생담도 지리산 신모를 끌어들여 신모계 전승으로 전이되었다는 정황을 알 수 있다.

지리산 신모는 이후로도 왕건의 어머니가 아닌 다른 신이한 인물의 어머니로 변신하며 지속적으로 이야기되었다. 신모에게서 태어나는 인물들은 시대에 따라 변하는 비고정체계면에 속하므로 이러한 인물들의 변화를 통해서 시대적, 사회적 가치관이 달라지고 있다는 사실도 읽어낼 수 있다.

그중 지리산 신모가 석가모니의 어머니 마야부인이라는 전승은 고유의 산신신앙에 불교 신앙이 접합된 사례다. 마야부인설에서 느껴지는 이질

12 이승휴, 『제왕운기』.

감 때문에 김종직은 이 이야기를 승려에게 듣고 어이없어 한다.

> 인도[西竺]와 우리나라[東震]는 천백 세계가 떨어져 있는 곳인데 마야부인이 어찌 이 나라의 신이 될 수 있는가.[13]

하지만 사대부들의 따지기 좋아하는 논리가 통하지 않는 것이 바로 민간신앙의 세계다. 지리산 신모의 마야부인설은 『점필제집』에 언급되어 있으므로, 지리산 신모가 고려 태조의 어머니라는 믿음이 약해진 후 그에 대체할 만한 신격을 석가모니의 어머니인 마야부인에게서 찾은 경우다. 이러한 변이는 승려 몇몇이 지어낸다고 가능한 일은 아니므로 민간신앙의 비중이 불교 쪽으로 기울면서 일어난 현상일 것이다. 마고라고 불리던 지리산 신모의 이름도 변이에 일조를 하였을 텐데, 지리산 신모가 마야고라는 별칭을 얻은 까닭도 이 유형 때문인 듯하다.

이렇듯 국조의 어머니라는 자격에서 벗어난 연후에도 지리산 신모는 영웅이나 성인의 탄생담에 차용되며 꾸준히 이야기되었다. 이러한 현상은 산신신앙이 표면적으로는 불교와 도교의 영향으로 달라진 듯 보이지만, 내면적으로는 고유의 신앙의식을 그대로 간직하면서 유연하게 적응했다는 의미다.

지리산 신모에게서 팔도무당이 기원했다는 이야기는 지금도 들을 수 있는 「지리산신모신화」의 대표적 유형이다. 『조선무속고』에 소개된 지리산 신모의 팔도무당전설은 다음과 같다.

> 세전(世傳)에 지리산 고엄천사에 법우화상이 있었는데 자못 도행이 있었

---

13 김종직, 『점필제집』, 두류산록.

다. 하루는 한가롭게 있는데 홀연히 산간에 비는 내리지 않았는데 이상스럽게 도 물이 불어 그 근원을 알고자 천왕봉 꼭대기에 올라 키가 크고 힘이 센 여인을 보았다. 그 여인은 스스로 성모천왕이라 말하고 인간 세계에 귀양 내려와서 군(君)과 인연을 맺고자 물의 술법을 적용했다 하면서 스스로 중매 했다. 드디어 부부가 되어 집을 짓고 사는데 딸 여덟을 낳았으며 자손이 번식 했다. 모두 무술(巫術)을 가르쳤는데 금방울과 부채를 쥐고 춤을 추고 아미타 불을 창하고 법우화상을 부르고 방방곡곡을 다니면서 무업을 했다. 이 때문에 세속에서는 큰 무당은 반드시 지리산에 가서 성모대왕에게 기도해서 접신한 다고 한다.14

세상에 전한다는 지리산 신모의 팔도무당기원설은 내용으로 보아 신화적 색채가 약화된 비교적 후대에 생성된 이야기라는 인상이 풍긴다. 그러나 세속화된 이야기라 할지라도 우연히 형성된 이야기가 아니라는 점은 팔도무당기원설이 신모신화 고유의 유형구조와 화소들을 두루 간직하고 있다는 특성을 통해 알 수 있다. 이러한 특성을 조금 더 명확하게 고찰하기 위해 필자가 채록한 팔도무당기원설과 비교해 보기로 하자.

천왕성모님께서 하늘에서 하계당처하셔서 지리산 꼭대기에서 중턱쯤 내려다보니까 법우화상이라는 화상이 도를 닦고 있더랍니다. '아 내가 저 인간과 부부의 인연을 맺어서 하늘의 뜻을 펼치리라.' 이렇게 마음을 먹고 그 위에서 소변을 보셨대요. 법우화상이 도를 닦다가 보니까 갑자기 옆에 큰 시냇물이 흘러내려 오더랍니다. 그러니까 놀래가지고 '어디서 이렇게 큰 물줄기가 생겼는가?' 하고 물줄기를 쫓아 올라가 보니까 팔대장신 같은 여인이 서 있더랍니다. 그 여인의 말씀이 "나는 원래 옥황의 명을 받고 땅에 하강한 신녀인데

14 이능화, 이재곤 역, 『조선무속고』, 144쪽.

너와 내가 부부의 연을 맺어 하늘의 뜻을 펼치리라." 하셨다네요. 그래가지고 법우화상과의 사이에서 팔선녀를 낳아서, 여덟 딸을 낳아서 그 팔선녀에게 하늘을 숭배하는, 인간의 난제를 해결하는 기도 같은 방법 있지 않습니까? 그 기술을 가르쳐서 각 팔도에 보냈다는 것입니다.[15]

인용한 두 팔도무당기원설은 변화된 모습이 거의 없는 동일 유형의 이야기이므로, 이 유형의 「지리산신모신화」가 고정된 서사적 틀을 이루며 오랫동안 구전되어 왔음을 확인할 수 있다. 두 이야기에서 공통적으로 나타나는 내용도 고대 신모신화와 직결되는 몇 가지 특징을 보여주고 있다.

첫째, 신모는 여산신으로 신앙의 대상이 되었다. 성모천왕 혹은 천왕성모라는 명칭도 이를 증명하지만, '키가 크고 힘이 센'이나 '팔대장신' 같은 구절에서 신모가 거인이었다는 인식이 남아있다. 신화에 나타나는 신체의 크기는 신성성의 정도와 비례한다는 점에 유의할 필요가 있다.[16] 또한 그녀가 소변을 보자 비가 오지 않았는데도 큰 시냇물이 되어 흘렀다는 대목은 그녀가 엄청난 거인이었다는 것을 강조함과 동시에, 세상의 재창조를 상징하는 생생력과 관련된 보편적 화소다.

둘째, 신모는 비범한 인물과 인연을 맺는다. 법우화상은 옛 엄천사의 개창자로 신모의 배우자를 지리산과 관계있는 유력한 인물에서 찾은 간택의 결과였다. 물론 이 대목은 신성혼의 세속화 형태로 천신이 아니라 인간이 신모와 결합한다. 그러나 이야기 속에는 명백히 신성혼에 대한

15 류석순, 여, 경남 산청군 시천면 중산리 천왕사, 조사일시 : 2002. 5. 30.

16 『삼국유사』 석탈해조에 기록된 석탈해의 유골은 해골이 3자 2치였고, 몸 뼈의 길이는 9자 7치였다. 하지만 가락국기조에 기록된, 수로왕에게 패배하여 도주하는 석탈해는 머리 둘레가 1자이고 키는 3자로 되어 있다. 참고로 고대의 1자는 23~25cm다.

인식이 남아 있다. '부부의 인연을 맺어 하늘의 뜻을 펼치리라.'라는 구절은 신성혼을 여실히 드러내는데, 이를 통해 신모는 비범한 인물을 배우자로 삼고 세상을 이롭게 할 자식들을 낳아 '하늘의 뜻'을 실천할 수 있게 된다.

셋째, 신모는 신이한 인물을 탄생시킨다. 신모는 법우화상과 관계를 맺고 딸을 여덟 낳아서 팔도의 무당이 되게 한다. 이 이야기가 형성되었을 당시 무당의 사회적 위상이 그리 대단치는 않았겠지만, 무당은 애당초 하늘과 인간의 중개자로서 인간을 구원하는 존재였다. 인용문에서 보듯이 무당은 '하늘을 숭배하는, 인간의 난제를 해결하는' 그런 신성한 존재라는 인식이 남아 있다. 아키바 다카시[秋葉隆]는 이 유형의 「지리산신모신화」를 무조전설의 대표적 사례로 소개하고 있는데, 그가 소개한 다른 무조전설도 왕녀를 무조로 하는 경우, 귀족 여성을 무조로 하는 경우, 왕명을 받들어 굿을 시작하는 왕무(王巫)의 경우[17]이므로 무당이 원래 고귀한 신분이었다는 민간층의 생각을 확인할 수 있다. 이런 점을 감안하면 팔도무당기원설도 본래 문화영웅의 탄생담이며 신성성을 내포하고 있었던 이야기임이 분명해진다.

물론 지리산 신모의 팔도무당기원설은 무당들이 지리산으로 참배를 많이 오는 바람에 만들어진 전설에 불과할지도 모른다. 신라의 법우화상 시절에 조선시대에 정해진 팔도가 존재했을 리도 없다. 그러나 예전 사대부들이 민간전승을 대하던 시선으로 이야기의 진위를 가린다는 것은 바람직한 방향도 아니고 부질없는 일이기도 하다. 이야기는 이야기 나름대로의 진실성과 역사성을 가지고 있기 마련이다. 지리산이 고대로부터 우리 무속의 성지로 숭배되는 곳이었기에 무당들에게 '큰 산'으로 치성의

17 秋葉隆, 최길성 역, 『조선무속의 현지연구』, 계명대학교 출판부, 1987, 29쪽.

대상이 되었으며, 지리산 신모에 의해 팔도무당이 기원했다는 이야기가 형성될 수 있었고, 또 현재까지 전승되고 있다는 사실은 의심의 여지가 없다.

「지리산신모신화」는 이렇듯 오랜 기간 동안 신모에 대한 고유의 신앙을 간직한 채 이야기되어 왔다. 그러는 사이 「지리산신모신화」는 시대적 변화를 수용하면서 세속화된 형태로 바뀌고 말았다. 하지만 이는 표면적인 층위에 해당할 뿐 지리산 신모가 누구이든, 누구의 아내이든, 누구의 어머니이든 서사의 틀은 일정하며, 그 틀은 고대 신모신화에 기반을 두고 있는 것이다.

2) 대관령국사서낭제에 나타난 풍요굿의 전통

「대관령국사서낭신화」도 고대신화와 접맥되는 신모계 전승이기 때문에 신모신화가 민간전승을 통해서 현재까지 영향을 미치고 있음을 뒷받침해 주는 대표적 사례에 속한다.

(1) 강원도에 사는 한 처녀가 해가 비친 표주박으로 물을 떠 마신 후 옥동자를 낳았다.
(2) 처녀는 아이를 산에 내다 버렸으나 아이는 백학의 도움으로 살아난다.
(3) 처녀는 아이의 신이함을 깨닫고 다시 집으로 데려와 기른다.
(4) 아이는 자라서 범일국사가 되었고 나중에 대관령에 들어가 서낭신이 되었다.
(5) 강릉에 사는 정씨처녀의 꿈에 대관령 서낭신이 나타나 청혼을 했다.
(6) 처녀의 집에서 반대를 하자 호랑이가 나타나 정씨처녀를 물어갔다.
(7) 정씨처녀는 서낭신과 결혼하여 여국사서낭이 되었다.[18]

「대관령국사서낭신화」는 서낭신의 유래담답게 요소요소에 잔재된 고대 신화소들을 다수 발견할 수 있다. 우선 단락 (1)의 해가 비친 표주박으로 물을 마신 후 옥동자를 낳았다는 내용부터 고대신화의 일광감응 화소와 직결된다. 햇빛이 쫓아가면서 비췄다는 사건이 세속적 변이를 거쳐 표주박으로 해가 비친 물을 떠먹었다는 사건으로 바뀌었을 뿐이다. 바가지로 물을 뜨니 해가 그만 바가지에 딱 붙어서 그것을 먹고 임신했다는[19] 표현은 좀 더 노골적으로 일광감응을 드러낸다. 해는 물론이고, 박 또한 생생력(生生力)을 나타내는 보편적 화소다. 이야기 속에 나타나는 박씨는 땅에 떨어뜨리기만 해도 「자크와 콩나무」의 콩씨처럼 놀라운 성장력을 발휘한다. 「당금애기」에서도 징표인 박씨를 던져 자라나는 덩굴을 따라가 천신의 처소에 도달한다.[20] 혁거세는 박 모양의 자줏빛 알에서 태어나는데, 박은 '볽'과 유사한 음절로 된 단어이기도 하므로 박 자체가 태양과 동일한 상징으로 사용되기도 한다.

그런데 신라의 선승이었던 범일은 명주도독을 지낸 김술원의 아들이며, 어머니는 문씨로 가계가 확실한 인물이다. 범일의 어머니가 태양을 머리 위로 받드는 태몽을 꾸고 13개월 만에 그를 낳았다는 신이한 탄생의 기록[21]이 있기는 하지만 민간전승의 내용과는 판이한 차이를 보인다. 그렇다면 단락 (1)은 범일국사의 공식적인 탄생담을 무시하고 유화계 신화의 탄생담으로 교체를 한 내용이다. 이러한 사례는 고대 신모신화가 민간층의 기억에 잔존하여 후대의 신화적 전승의 형성 과정에 강력하게 영향을 미치고 있다는 사실을 말해 준다.

18 한상수, 『한국인의 신화』, 232~236쪽. 필자가 단락으로 정리함.

19 『한국구비문학대계』 2-1, 272~273쪽.

20 <평양본>, <영일본>

21 『조당집』. 선종의 역사를 기록한 고문헌이다.

단락 (2)의 버려진 아이가 백학의 도움을 받는다는 대목도 주몽이 버려지자 온갖 짐승의 보살핌을 받는다는 내용과 연관된다. 이 일로 말미암아 아이의 신이함을 깨닫게 되어 다시 데려다 키우고 아이는 자라서 비범한 인물이 되었다는 (3), (4) 단락도 「주몽신화」와 다를 바가 없다. 현지 전승에 의하면 이러한 유사성은 더욱 두드러진다. 범일은 어린 시절 아비 없는 자식이라고 주위 아이들에게 놀림을 받으며 어머니에게 자신의 출생에 대한 이야기를 들은 후 출가를 결심하여 고승이 되는 것이다.

단락 (5)의 국사서낭신이 된 범일국사가 정씨처녀의 꿈에 나타나 청혼하는 대목도 천신과 그의 배우자 사이에 인연을 설정하는 보편적인 신화소다. 용건도 꿈속의 인연을 통해 위숙왕후와 맺어진다. 신화에서 꿈은 초자연적 본질의 세계에 속하고, 신이 인간에게 전달하는 신성한 메시지이므로22 거절할 수 없는 절대적인 하늘의 명령이라 여겨진다.

단락 (6)은 정씨처녀의 부모가 서낭신과의 결혼을 반대하자 이를 극복하는 과정이다. 비범한 인물과 여인이 결합할 때 거쳐야 하는 혼사장애에 해당하며, 하백이 해모수와 유화의 결혼을 반대하는 상황과 대응된다. 결국은 대관령국사서낭의 화신인 호랑이가 나타나 정씨처녀를 납치해 가는 약탈혼의 방식으로 문제를 해결하는데, 이 역시 해모수가 유화를 취하는 방식이다.

단락 (7)에서는 정씨처녀가 서낭신의 배우자가 된 후 국사여서낭이라는 신격을 부여받는다. 신성혼은 천신과 결합하는 여인에게는 입무식의 완성이다. 이 통과제의를 통해 여인은 천신의 배우자라는 새로운 신분으로 거듭나게 되고, 그 거듭남의 결과가 신격의 획득으로 이어진다.

---

22 Freud, "The Interpretation of Dreams", Trans. James Strachey, London: Hazell Wazell Watson & Viney Ltd, 1977, p. 58.

전체적으로 조망하면 현재의 「대관령국사서낭신화」는 단일한 이야기가 아니라 독립된 두 이야기의 연결 형태로 구성되어 있다. (1)~(4)로 이루어진 대단락 A와 (5)~(7)로 이루어진 대단락 B다. 대단락 A는 대관령 서낭신인 범일국사의 탄생과 성장에 대한 이야기로 남편 없이 잉태하는 유형의 신모신화 양상을 보이고, 대단락 B는 정씨처녀가 국사서낭신과의 신성혼을 거쳐 국사여서낭이 되는 이야기로 천신이 하강하여 신모와 결합하는 유형의 신모신화 양상을 보인다. 이러한 구성은 「주몽신화」에 차용되어 이중잉태의 문제를 제기했던 두 유형의 유화계 신모신화와 비교해 볼 때 순서가 뒤바뀐 형태에 지나지 않는다. 따라서 「대관령국사서낭신화」에 나타나는 두 유형의 신모계 전승은 고대로부터 전승되어 오던 신모신화의 여러 유형들이 지역 서낭신의 신이한 탄생담으로 또는 여서낭신의 유래담으로 수용되어 활발하게 전승 유포되었다는 사실을 입증해 준다.

「대관령국사서낭신화」는 이야기로 전승될 뿐만 아니라 강릉 단오제 때 서낭굿으로 해마다 재연된다. 대관령국사서낭제는 사월 보름에 국사서낭신을 청배하는 절차로 시작된다. 굿을 하는 도중 나무 하나가 신들린 듯 흔들리면 국사서낭신이 그 나무에 내린 것으로 간주한다. 국사서낭신이 깃든 나무는 베어서 신간(神竿)으로 삼고 국사여서낭한테 놀러 가자고 아뢴다. 신간과 위패를 모신 행렬은 산을 내려와서 국사여서낭의 생가인 정씨 집에 잠시 들른다. 신간이 국사여서낭사에 도착하면 서낭내외를 합사(合祠)하여 20여 일 간 함께 지내게 한다. 이 서낭부부의 재회 기간 중 강릉단오제의 행사들이 펼쳐지며, 단오제가 끝나면 국사서낭은 자신의 거처로 돌아간다.[23]

---

23 임동권·최길성, 『민속자료조사보고서』 33, 문화재관리국, 1971.

앞서 고대 신모신화가 제의를 통하여 실연되었을 가능성을 여러 차례 지적한 바 있었다. 강릉 단오제의 서낭굿이야말로 현재의 시점에서 신화와 제의가 상호보완적 관계를 맺고 있다는 사실을 증명할 수 있는 소중한 자료다. 또한 신을 청배하여 신성혼을 거행하는 절차도 신단수에서 신을 청배하여 천신의 손녀와 결합한다는 제왕운기 유형의 신모신화와 상응하는 제의구조를 보이므로, 현행 서낭굿이 고대굿의 원리를 간직하며 전승되어 왔다는 것을 뒷받침해 준다. 강릉단오제가 세계문화유산[24]으로 지정되어 우리 전통문화의 위상을 제고할 수 있었던 이유도 대관령국사서낭제가 지닌 이러한 전통계승의 의의와 가치가 중요한 몫을 담당했기 때문이다.

3) 죽령 산신의 화신 다자구 할머니

죽령은 경북 영풍군 풍기읍과 충북 단양군 대강면을 잇는 고개다. 대강면 용부원리[25]에는 죽령 산신을 모신 산신당이 있어서 지금도 매년 3월과 9월 상정일(上丁日)에 산신제를 지낸다. 죽령 산신제는 신라시대부터 거행된 역사적 유래가 오래된 제사다. 조선시대에도 죽령사를 세우고, 나라에서 향(香)과 축(祝)을 내려 단양, 영춘, 풍기의 세 군수가 삼헌관이 되어 제를 주관하는 관행제로 거행되었다.[26] 죽령 산신에 대한 이야기도 현재까지 전해진다.

이렇듯 죽령 산신은 신앙의 유래를 신라시대까지 소급할 수 있고, 산신에 대한 이야기도 「선도산신모신화」과 깊은 관련성이 있기 때문에 소홀

---

24 2005년에 UNESCO 인류구전 및 무형유산 걸작으로 등재되었다.

25 행정구역 명칭인 용부원의 원(院)은 국가가 운영하는 숙박시설이 있었던 곳으로 인근에 역(驛)이 있었다는 뜻인데, 대강면에는 대강역이 있었다. 이곳이 교통의 요지였다는 의미이다.

26 이창식·안상경, 『단양지역의 죽령국행제』, 단양문화원, 2002, 63~98쪽.

히 다룰 수 없다. 죽령 산신은 현재 다자구 할머니로 불리고 있는데, 그녀에게 이러한 별칭이 붙은 이유는 다음 이야기를 들어보면 알 수 있다.

> 예전에 도둑 바위라는 게 여기 있어. 도둑을 잡은 할머니거든. 사람이 아니고 신이야. 그게 이제 그전에 옛날에는 세금을 돈을 안 가져가고, 엽전·명주·삼베·무명을 말께에 싣고 올라가거든. 비단 같은 거. [……] 거기서 인제 죽령재에서 고개서 인제 말에다 뭘 싣고 가면 거기 인제 보물 단지가 온다 이래면서 이제 북을 치거든. 북을 치면 그 밑에 있던 사람이, 도둑놈들이 거기서 대기하고 있다가 말에 싣고 오는 걸 뺏고 잘못하면 말 다 죽여 버리고 그래놓고 빈 거를 보내 버리고.
>
> 이래니 대궐에 생전 안 올라가거든. 대궐에 올라가야 나라에서 먹고 살잖아. 그래가주구 도둑놈 잡는다고 공병을 보내고, 뭐 간부를 보내고 이래도 도둑을 못 잡았어. 한날은 다자구 할머니라는 신이 내려와서 도둑을 잡았는데, 도둑을 잡을 직에 뭘 했냐 하면은 도둑이 모은 것을 빼앗아 가지고 먹고 자는데, 나는 아들을 찾아 왔노라고. 그래 아들 하나 이름은 더자구요. 하나는 다자구다. 그래 굴 안에 인제 굴 문에다 신병을 딱 복병을 시켜 놓고 내가 들어가서 '더자구야, 더자구야.' 하거든 이 사람들이 아직 덜 잤다 이 말이야. '다자구야, 다자구야.' 하거든 문을 막고 너희들이 이 도둑을 잡아라. 이렇게 약속을 해 놓고. 인제 도둑이 있던 데, 지금은 인제 뭐시기 차 서는 데 동네도 없어지고, 굴도 다 없어져 뻐리고 이랬는데. 그래 가지고 인제 일망타진해 잡았다 말이야.
>
> 그래고부터는 세금이 잘 올라가니까 나라에서 참 이상하다. 그래 누가 잡았느냐 도적을 어디서 잡았느냐 상금을 많이 걸어 줄 테니까. 그래도 아무도 나서는 사람이 없어. 그래가주구 그 어떤 임금인지 임금한테다 협박을 했어. 다자구 할머니가. 나는 사람이 아니고 죽령 산신이다. 나의 공을 알라면은 서울에서 연을 띄워 가지고, 연 알지? 그걸 띄워 가지고 그 앉는 자리에다

사당을 져 가지고 제향을 지내다고. 이랬거든. [……][27]

현전하는 「죽령산신신화」는 고대로부터 전해온 신화는 아니다. 지금의 이야기는 죽령산신이 다자구 할머니라고 불리게 된 별칭의 유래담이자 그녀가 행한 신이한 공적을 소개하는 후대에 추가된 공덕담일 뿐이다. 죽령산신 덕분에 도둑을 일망타진할 수 있었다는 일은 그녀의 공덕이지 이 사건으로 말미암아 인간이 신이 된 것은 아니라는 뜻이다. 죽령 산신이 다자구 할머니로 불리기 이전부터 산신이었다는 사실은 그녀가 임금에게 현몽하여 "나는 사람이 아니고 죽령 산신이다."라고 밝히는 대목을 통해서도 확인할 수 있다. 그녀가 산신으로 모셔진 것은 최소한 신라시대부터로 당시에 산신제를 지냈던 기록이 남아있다.[28]

죽령은 소백산맥을 가로지르는 고개로 영남과 호서 지방을 연결하는 교통로였다. 영남에서 이곳을 통과하면 바로 남한강과 만나고, 남한강 물길은 중부 지방을 가로지르며 흐르다 서울을 경유하여 서해로 흘러나간다. 죽령이 개척된 시기는 신라 아달라왕 5년(158)이라 하는데, 삼국시대 교통의 중심지이자 군사적 요충지가 된 이곳을 차지하기 위해 신라와 고구려가 치열한 전투를 치루기도 했다. 남한강을 사이에 두고 단양군 영춘면에는 온달산성이 있고, 적성면에는 진흥왕의 단양적성비가 있어서 당시 일촉즉발의 상황이 실감나게 다가오는 지역이다. 이러한 죽령의 역사적·지리적 위상으로 인하여 죽령 산신제가 일찍부터 국행제로 거행되었던 것이다.

고대부터 죽령 산신에 대한 신앙이 있었다는 사실은 이 산신의 원래

---

27 김성락, 남, 당시 82세. 충청북도 단양군 대강면 용부원리, 조사 일시 : 2003. 3. 21.

28 『삼국사기』, 제사. 소사에 속한다. 기록에 보이는 죽지가 죽령이고, 급벌산군은 지금의 영주다.

유래담도 존재했다는 뜻이지만, 문헌에 기록되지 않아 원형적 모습을 확인할 길이 없다. 영남에서 호서를 연결하는 고갯길로 죽령보다 조령(문경새재)이 선호되면서 한동안 죽령은 쇠퇴의 길을 걸은 적이 있었다. 이때 죽령 산신제가 위축되면서 고유의 「죽령산신신화」도 사람들의 기억 속에서 희미해졌던 것 같다.

그러다가 고려시대 이후 강을 이용하여 세곡(稅穀)이 운반되기 시작했는데, 남한강 물길이 가장 중요한 역할을 담당했다. 조선시대에는 세곡뿐만 아니라 영남의 각종 물류가 죽령을 통과하여 남한강 물길을 이용해 한양으로 집결되었다. 조선시대 남한강 수운(水運)이 전성기를 구가하자 죽령은 다시 교통의 요충지로 급부상하였고, 죽령 산신제는 관행제로 부활했다. 이때 죽령사가 재건되었고, 죽령산신의 유래담도 당시에 전승되던 공덤담을 수용하며 재구성되었을 터이다. 현재 이야기되는 「죽령산신신화」는 한양으로 올라오는 공물을 탈취하는 도적을 일망타진하고, 죽령사의 터를 잡는 두 삽화로 구성되어 있다. 이 내용들은 위와 같은 시대적, 사회적 상황을 반영하고 있으므로 조선시대에 재구성된 이야기임이 명백하다.

우리가 「죽령산신신화」라고 생각하는 다자구 할머니 이야기가 죽령산신의 후대 공덕담이라면, 원래의 「죽령산신신화」의 모습은 어떠했을지 궁금해진다. 그런데 산신당의 터를 잡을 때 연을 날리는 이야기는 「선도산신모신화」를 연상케 한다. 두 신화 모두 좌정할 터를 잡기 위해 연(鳶)을 날린다는 공통점을 찾을 수 있는 까닭이다. 선도산 신모의 경우는 솔개 연을 날리지만, 지리산신모의 경우는 종이 연을 날린다. 신터를 잡기 위해 솔개를 날리던 화소가 동음이의어에 의한 혼동 때문에 종이 연을 날리는 것으로 변이를 일으켰다고 추정할 수 있다. 산신제를 지내는 용부원 3리의 자연마을 이름이 매바위라는 점도 이와 관련된 지명일 수 있다.

만약 그렇지 않고 새로운 화소의 형성에 의한 대목이라 해도 연이 등장하는 장면의 상징적 의미는 같다. 하늘의 의사를 물어 좌정할 터를 잡는다는 의미다. 이런 측면에서 신당의 터를 정하는 내용은 고대 원형의 유풍을 간직하고 있는 화소일 가능성이 농후하다. 그렇다면 원래의 「죽령산신신화」는 「선도산신모신화」와 동일하게 여산신의 좌정담으로 이루어진 유형이었다는 말인데, 두 신화가 신라시대의 여산신신화였다는 사실도 이러한 추정에 타당성을 더한다.

현몽 역시 천명을 알리는 고대의 화소로 죽령산신이 좌정터를 잡는 계기를 마련하는 역할을 한다. 「선도산신모신화」에도 현몽이 나타나지만 좌정과는 상관이 없으므로 기능이 일치하지는 않는다. 「선도산신모신화」의 경우는 연을 날리라는 명령을 전달하는 부황(父皇)이 보낸 편지가 「죽령산신신화」의 현몽과 같은 기능을 담당한다. 외형상으로는 거리가 멀어 보이지만 두 여산신 이야기는 '명령 전달 → 연을 날림 → 좌정터를 잡음'이라는 전개과정이 유사하다.

이러한 사항들은 조선시대에 형성되었던 「죽령산신신화」의 두 번째 삽화인 죽령사의 터를 잡는 대목이 창작된 이야기가 아니라 고대신화의 틀에 새로운 내용을 덧입히며 개작된 이야기였음을 시사해 준다. 이에 따라 신라의 여산신신화들은 지금의 제주도 본향당풀이처럼 여신이 해당 지역에 자리 잡게 된 연유와 과정으로 이루어진 좌정담을 중심으로 구성되었다는 추론이 가능하다.

이왕 다자구 할머니의 이야기가 나온 김에 신모가 왜 할머니 신으로 인식되었는지에 대한 궁금증도 해소해 보자. 산신 할머니, 골매기 할머니 등 산신이나 서낭을 지칭할 때 쓰이는 할머니라는 호칭은 '큰' 혹은 '위대한' 어머니라는 뜻의 '한 어미'였다고 한다. 곧 신모에게 붙은 할머니라는 호칭은 원래 대모(大母), 성모(聖母), 신모(神母)를 뜻하는 고유어다. 친족 명칭인 할머니 역시 어원이나 의미에 있어서 다를 바가 없다. 전통사회의 가족관계에서 할머니가 지녔던 위상이나 역할도 큰 어미였지 늙은 어미가 아니었다. 그래서 두 '한 어미'의 이미지가 자연스럽게 겹쳐지면서 신모는 연령이나 외모 모두 할머니 신인 노고(老姑)로 여겨지게 된 것이다. 고대 여산신이 할머니로 등장하는 사례가 많지 않은데 비해 후대로 내려갈수록 할머니로 등장하는 경우가 많아지는 현상은 이러한 신모에 대한 인식의 변화 과정을 뒷받침해 준다.

하지만 신모가 이야기에서 할머니의 모습으로 등장하는 빈도가 높아졌다 하더라도 고정된 모습은 아니고 어디까지나 신모의 화신 중 하나일 뿐이다.

> 죽령 산신당에 폐백으로 바친 옷감을 안동에 사는 권참사라는 사람이 딸의 혼수로 쓰려고 훔쳐갔다. 산신은 평범한 여인의 모습으로 변장하여 옷감을 찾아다니다 최명길과 동행하게 되었다. 산신이 권참사 집에 가자 딸이 갑자기 병이 들어 거의 죽게 되었다. 최명길이 권참사를 찾아가 그 사정을 알리고 옷감을 산신에게 되돌려 주니 딸은 완쾌되었다.[29]

이 지역에서 구전되고 있다는 죽령 산신과 최명길에 얽힌 이야기다. 산신이나 서낭에게 바쳐진 폐백을 훔쳐서 벌을 받는 이야기는 도처에서 들을 수 있는 지역전설이다. 이러한 유형의 전설은 산신이나 서낭에 대한 예우와 금기가 지켜져야 한다는 경계심을 담고 있지만, 그 반면에는 신성성이 약화되었기에 소홀히 대접받는 산신이나 서낭의 처지가 반영되어

29 『한국민족문화대백과』, 죽령산신다자구할머니설화, 한국정신문화연구원, 1991.

있기도 하다. 그런데 여기서 최명길과 동행하는 죽령 산신은 예사 여인네로 변장한 모습이다. 산신이 길을 나서는 이유도 자기가 해입을 예쁜 옷감에 대한 미련 때문이고, 자신에 대한 불경죄에 벌을 내리겠다는 분노도 그녀가 옷감을 돌려받는 순간 어느새 사라지고 만다. 그만큼 이 전설에 등장하는 죽령 산신은 까탈이 많지만 단순한 성격의 여신으로 수더분한 다자구 할머니의 이미지는 아니다.

이렇듯 죽령 산신의 이야기에 나타난 여신의 모습은 이해하기 힘들 정도로 차이가 극심하다. 그러나 설화에서 신이 인간과 대면할 때 자신의 진면목을 보이는 경우가 거의 없다는 점을 고려하여야 한다. 신의 현현은 주로 화신(化身)을 통해서 이루어지며 외모의 변화는 성격의 변화도 수반하는 까닭이다. 따라서 평범한 아낙네의 모습이건 다자구 할머니의 모습이건 다 죽령 산신의 화신임은 마찬가지이다.

> 꿈에 한 선녀가 어여쁜 모양과 주옥으로 장식하고 와서 위로하며 말하기를, 나는 선도산 신모다.[30]

선도산 신모의 사례처럼 여신이 본래의 모습으로 나타나는 경우는 주로 현몽을 통해서다. 죽령 산신도 임금의 꿈에 나타나 자신의 신분을 밝히는 장면이 있는데, 협박까지는 아니라 해도 명령을 내릴 수 있을 만큼 위엄을 갖춘 본모습으로 현몽했을 터이다.

4) 물을 주관하는 운제산 신모

운제산 신모에 관한 기록은 『삼국유사』 남해 왕조에 살짝 얼굴만 비치

---

30 일연, 『삼국유사』, 선도성모수희불사.

는 정도이고 이렇다 할 서사적 내용은 찾을 수 없다. 그럼에도 불구하고 운제산 신모를 굳이 거론하는 이유는 이 짤막한 기록에 고대신모와 관련된 수수께끼가 하나 숨어 있는 까닭이다.

> 남해거서간은 또한 남해차차웅이라고 이르니, 이것은 존장의 칭호로서 오직 이 왕만을 일컫는다. 아버지는 혁거세이고, 어머니는 알영부인이다. 왕비는 운제부인(雲帝夫人)인데, 달리 운제(雲梯)로도 쓴다. 지금도 영일현 서쪽에 운제산 성모가 있는데, 가뭄에 빌면 영검이 있다.[31]

운제산 신모는 남해왕의 부인이었다가 나중에 물을 관장하는 여신이 된다. 그런데 그녀에 대한 기록은 이것이 전부다. 마땅한 유래담이 남아 있지 않아서, 도대체 어떤 경로로 그녀가 운제산의 신모가 되어 신라인들에게 신앙의 대상이 되었는지 알 수가 없다. 고대신화를 다루며 언급했듯이 왕이 죽어서 신으로 신봉되는 현상과 마찬가지로 왕비도 죽어서 신이 되었겠지만, 이 정도의 결론은 막연한 느낌이 있으므로 고찰의 범위를 그녀의 주변인물로 넓혀 좀 더 구체적인 대답을 찾아보자.

> 차차웅(次次雄)이란 무당을 이르는 방언이다. 세상 사람들은 무당이 귀신을 섬기고 제사를 숭상하기 때문에 그들을 두려워하고 공경한다. 그래서 드디어 존장이 되는 이를 자충(慈充) 혹은 차차웅(次次雄)이라 한다.

『삼국유사』에 인용된 김대문의 설명을 참고하건대 남해왕은 하늘에 제사를 지내는 천군으로서의 자격을 갖고 있었다. 남해왕의 차차웅이라

31 일연, 『삼국유사』, 남해왕.

는 명칭이 무당을 지칭하는 방언이라면, 남해왕은 혁거세를 계승해서 제정일치시대의 왕이자 무당의 역할도 겸하고 있었다는 뜻이다. 그렇다면 남해왕의 부인인 운제부인 역시 남편의 무업(巫業) 중 일부를 부여받아 담당했다고 볼 수 있다.

운제부인의 시어머니가 되는 알영은 알영우물에 나타난 계룡에게서 태어났는데, 용은 물을 다스리는 수신으로 신앙되는 존재였다. 신라시대에는 가뭄이 들었을 때 용의 그림을 그려 놓고 비가 내리기를 기원하는 풍습이 있었다 하니[32] 용이 날씨를 좌우할 수 있는 신으로 신봉되었음을 알 수 있다. 고대 농경사회에서 물을 다스리는 일은 중대한 국사의 하나였는데, 여성 또한 물과 함께 생생력을 지닌 양대 요소로 여겨졌다.[33] 이렇듯 고대 관념에서 여성과 물이 밀접하게 연관되었으므로, 물을 다스리는 역할이 수신인 용의 딸 알영에게도 부여되는 것은 당연하다. 따라서 혁거세의 일을 남해왕이 계승하였듯이 알영의 역할을 운제부인이 이어받아 물을 관장하는 여신으로 신봉되었음을 유추해 낼 수 있다.

> 남해왕 3년에 비로소 시조 혁거세의 사당을 세워 사계절로 제사하고 친누이 아로(阿老)에게 제사를 맡게 했다.[34]

위 기록처럼 당시 혁거세 사당의 제사를 남해왕의 친누이인 아로가 주재했듯이 왕비인 운제부인도 여사제의 권한을 부여받았을 것이다. 그런데 『삼국사기』에 운제부인을 아루부인(阿婁夫人)이라 한다고 기록되어 있는 점[35]이 아무래도 수상하다. 왕비 아루와 시누이 아로의 이름이 흡사

---

32 김부식, 『삼국사기』, 신라본기, 진평왕.

33 김열규, 『한국민속과 문학연구』, 127쪽.

34 김부식, 『삼국사기』, 제사.

한 것이다. 고대 이집트에서 파라오가 친누이를 왕비로 삼는 '나의 누이, 나의 신부'와 같은 근친혼의 관습이 아니라면, 남해왕의 친누이 아로와 그의 왕비인 운제부인 아루를 동일인물로 볼 이유가 없다. 더욱이 탈해왕의 왕비가 되는, 남해왕과 운제부인이 낳은 딸의 이름도 『삼국사기』에는 아효부인(阿孝夫人), 『삼국유사』에는 아니부인(阿尼夫人)이라고 기록되어 있다. 그러므로 '알영', '아리영', '아로', '아루', '아효', '아니'라는 명칭은 동일한 명사의 차자표기이고, 이름을 나타내는 고유명사가 아닌 직능을 나타내는 보통명사였다고 사료된다.

혁거세왕 : 알영 = 아리영
남해왕 : 아루(운제부인), 아로(친누이)
탈해왕 : 아효 = 아니

그런데 알영 혹은 아리영은 그녀가 태어난 우물의 명칭에서 따온 이름이다. 따라서 그녀들의 이름에 들어가는 '알, 아리'는 물을 뜻하는 고어로 보인다. 한강의 고어가 아리수[36]였다고 하는데, '아리+수'로 분석이 가능한 합성어다. 아리 자체가 물이라는 고유어인데 수(水)라는 한자가 중첩되어 형성된 단어인 것이다. 그렇다면 위에 열거한 여인들의 이름은 한자의 차자표기로 인해 조금씩 달라졌지만 모두 물을 뜻하는 '아리'라는 동일한 이름이었고 물을 주관하는 여사제 역할을 담당했을 개연성이 크다.

---

35 김부식, 『삼국사기』, 신라본기, 남해차차웅.

36 한국향토사연구전국협의회, 『한강유역사연구』, 도서출판 산책, 1999, 54쪽.
한강을 고구려에서는 아리수(阿利水)라 하였고, 백제에서는 욱리하(郁利河)라 하였는데, 이는 동일한 어원을 지닌 '아리'의 한자 표기라 본다. 또한 '알'을 漢江과 연관지어 크다는 의미로 해석하는 견해도 있지만, 한강은 寒江이라고 기록되기도 한다. 이때의 寒은 얼다의 '얼' 곧 물의 의미라 본다.

또 하나 짚고 넘어가야 할 사항은 '운제(雲帝)'라는 인물의 명칭이다. 그녀는 이른바 '구름의 제왕'이니 기후의 신으로 여겨졌다는 뜻이다. 부연하면 운제부인이 왕비 시절 고대 농경사회에서 기후를 조절하기 위하여 기우제를 집전하였으므로 이를 기억하는 신라인들은 그녀가 죽은 후 동일한 이름을 지닌 운제산의 신모로 숭앙하였고, 가뭄에 그녀에게 빌면 영검이 있다고 생각했던 것이다.

운제산 신모에게는 이렇다 할 서사적 전승이 남아있지 않지만, 기우제를 주관하는 등 수신의 역할을 담당하던 신라의 왕비가 사후 산신으로 좌정하게 된 경위를 추적할 수 있었다. 고대의 신모는 수신과 지신의 자격을 동시에 보유하고 있던 존재라는 의견을 제시한 바 있는데, 알영이나 운제부인의 경우로 미루어 보면 적어도 신라 초기사회까지는 왕비가 고대 신모의 역할을 대행했음을 짐작할 수 있다.

5) 치술령 신모에 스며든 원혼신앙

『삼국유사』의 「내물왕과 김제상조」에 의하면 제상[37]의 부인이 치술령에서 신모가 되었다는 후기가 붙어 있다. 왕비까지야 그럴 수 있다 하더라도 관료의 부인이 과연 신모로 추앙받을 만한 신이한 공적이 있었겠느냐는 의문이 제기된다.

> 처음에 제상이 신라를 떠날 때 부인이 듣고 남편의 뒤를 쫓아갔으나 따르지 못했었다. 이에 망덕사 문 남쪽 사장 위에 이르러 주저앉아 길게 부르짖었는데, 이런 일이 있었다 하여 그 사장을 장사(長沙)라고 불렀다. 친척 두 사람이

37 『삼국사기』의 기록에는 박제상이라 되어 있지만, 『삼국유사』의 기록에는 김제상이라 되어 있어서 성을 제외한 이름만 표기하겠다.

부인을 부축하여 돌아오려 하자 부인은 다리를 뻗은 채 앉아서 일어나지 않았다. 그래서 그곳을 벌지지(伐知旨)라고 이름 지었다. 이런 일이 있은 지 오래된 뒤에 부인은 남편을 사모하는 마음을 이기지 못하여 세 딸을 데리고 치술령에 올라가 왜국을 바라보고 통곡하다가 죽고 말았다. 그래서 그녀를 치술신모라고 하는데, 지금도 그녀를 제사 지내는 신당이 있다.[38]

제상은 왜국에 인질로 잡혀간 왕자를 구출하고, 자신은 왜국을 빠져나오지 못한 채 붙잡혀 화형에 처해진 신라의 충신이다. 치술령 신모는 제상의 부인이라 하는데, 그녀가 신모가 된 데는 고국을 위해 이국에서 불귀의 객이 된 남편에 기인한 측면이 있기는 하다. 그러나 제상의 부인이 남편을 기다리다 원통하게 죽어 망부석(望夫石)이 되었다는 전승이 회자되면서 열녀의 자격을 획득한 측면이 더 크게 작용했다고 본다.

고대 왕권이 강화되고 유교적 정치이념이 국가적 가치관으로 대두되면서 인륜으로 무장한 충신, 효자, 열녀가 고대 영웅의 자리를 갈음하게 된다. 제상과 그의 부인은 여러모로 이에 적합한 이미지를 가지고 있었다. 제상의 부인이 한 행동으로 말미암아 장사, 벌지지라는 이름이 붙게 되었다는 지명 유래담은 그녀에 대한 신앙이 하루 이틀 사이에 생겨난 것이 아니라는 사실을 방증한다.

치술령 머리에서 일본을 바라보니
하늘에 닿은 고래 물결 가이 없네
낭군이 가실 때에 다만 손만 흔들더니
살았는가 죽었는가 소식이 끊어졌네

38 일연, 『삼국유사』, 내물왕과 김제상.

죽은들 산들 길이 이별함이여
어찌 서로 만날 때 있으랴
하늘을 우러러 부르짖다가 문득 무창의 돌로 화하니
열녀의 기운이 천추에 푸른 하늘을 찌르는구나.[39]

신라시대에 유행했던 가요 중에는 제상의 부인을 추모하는 「치술령곡」이라는 노래가 있었다 하나 지금은 전해지지 않는다. 인용시는 『동국여지승람』에 실린 김종직의 한시 「치술령곡」을 번역한 것인데, 이와 같은 내용으로 제상의 부인을 추모하는 노래가 신라시절 널리 불렸듯이 그녀를 기리는 신앙 또한 치술령의 신당으로 자리 잡게 되었다.

하지만 제상의 부인이 왜 신모로 신앙의 대상이 되었는지에 대한 의문이 다 풀린 것은 아니다. 충신의 아내 혹은 열녀라고 해서 모두 위대한 어머니로서의 신모에 부합하는 자격 요건을 갖춘 존재라 할 수는 없기 때문이다.

유교적인 정치이념이 굳어지고, 율령이 반포되어 삼국이 고대국가체계를 정비하는 시기는 불교가 국가에서 공인을 받는 등 외래 종교가 유입되는 시기와 맞물린다. 이러한 사회적, 종교적 변화는 필연적으로 고유의 전통신앙에도 강력한 영향을 미치기 마련이다. 초기에는 무불의 습합으로, 정치와 종교의 분리로 조화를 이루는 듯했던 전통신앙은 점차 지배층의 종교가 아닌 민간층의 신앙으로 위축되고 만다. 이러한 현상은 고유신격의 전반적인 위상을 약화시키며, 아예 고유신들의 자리를 외래신들이 차지해 버리기도 한다. 사찰에 산신각이 있는 것은 불교에 전통신앙이 수용된 사례이기는 하지만, 대웅전의 부처와 산신각의 산신이 갖는 신격

39 『신증동국여지승람』, 경주부.

의 위상은 전각(殿閣)의 크기만큼이나 현저한 차이를 보인다. 그나마 남아있는 산신각에는 고유의 여산신 대신에 수염을 기다랗게 늘어뜨린 백발노인이 모셔져 있다. 아무리 보아도 그의 곁에 바둑판 대신 호랑이를 그려 놓았을 뿐 도교의 신선임이 분명하다.

관음보살은 본래 여성신격이 아님에도 불구하고 여인의 모습으로 이야기 속에 등장하는 경우가 많다. 이러한 현상은 인도의 신들이 워낙 다양한 아바타(Avatar, 화신)를 가지고 있기 때문이라는 설명만으로 해결될 수 있는 문제는 아니다. 이보다는 불교가 도입된 후 무불이 습합하는 과정에서 고유의 신모를 대체할 마땅한 신격을 불교의 신에서 찾지 못하자, 자비의 부처 관음보살에게 신모의 모습을 투영하였기 때문이라고 이해하는 편이 민간신앙의 실정에 맞다. 따라서 우리 문학에서 등장하는 여성 관음보살 역시 신모의 변화된 모습이라 하겠다.

신모의 신격과 위상이 급속도로 격하되는 시기도 이 즈음이라고 본다. 치술령 신모가 충신의 아내이자 열녀로서 신앙의 대상이 되었다고 하지만, 그 신앙의 이면에는 위대한 어머니라는 신모의 관념 대신에 한을 품고 죽은 여인이라는 원혼의 관념이 스며들어 있다는 증거가 포착되기도 한다.

> 제상은 집에 들르지도 않고 출발하여 곧장 율포의 해변에 이르렀다. 제상의 아내는 이 소식을 듣고 말을 달려 율포까지 쫓아왔다. 그러나 남편은 벌써 배에 올라 타 있었다. 그 아내가 간절하게 불렀지만, 제상은 단지 손만 흔들어 보일 뿐 배를 멈추지 않았다.[40]

---

40 일연, 『삼국유사』, 내물왕과 김제상.

이렇게 손만 흔들고 떠난 낭군이 왜국을 떠도는 넋이 된 것이다. 이에 화답하듯이 전설 속의 그녀 또한 치술령을 떠도는 원혼이 된다. 현재 치술령 인근지역에서 구전되고 있는 전설에 따르면 제상의 부인이 죽어 몸은 망부석이 되고, 혼은 새가 되어 날아갔다고 한다. 새는 신화에서 신의 뜻을 알리는 메신저의 역할을 하지만, 전설에서는 이승을 떠도는 한 맺힌 혼을 상징한다. 접동새라 불리는 두견이는 소쩍새와 다른 새임에도 불구하고 한이 맺혀 구슬프게 운다는 이유로 문학작품 속에서는 동일한 새로 인식된다. 망부석도 한을 표상하기는 마찬가지다. 한이 바위에 투사된 것이니 쉽게 사그라질 리도 없다. 이렇듯 「치술령신모신화」는 전통적인 신모신앙이 변질되면서 원혼 신앙이 개입되기 시작했음을 시사해 준다.

민간층에서 신봉하는 신들 중에는 억울하게 죽임을 당한 인물들이 많다. 최영, 임경업, 남이 장군 등이 무속신으로 좌정된 대표적 예들이다.[41] 한을 품고 죽은 인물이 신격으로 부상되는 이유는 한의 힘이 그들을 이승에 붙들어 매어 영력(靈力)을 발휘한다는 민간층의 속신 때문이다. 이쯤 되면 신과 귀의 간극이 모호해진다. 과연 한에 의해서 신봉되는 대상을 신이라고 불러도 되는지 조심스럽다. 원귀와 원혼이 훨씬 적합한 표현일 것이다.

밀양 태수의 딸 아랑은 영남루의 야경을 보러 갔었는데, 평소 그녀를 탐내던 통인(通引) 백가가 기둥 뒤에 숨어 있다가 뛰어나와 아랑을 겁탈하려 했다. 아랑은 완강히 거부하며 정절을 지키려다 백가의 칼에 피살되고, 그녀의 주검은 낙동강가의 숲 속에 버려진 바 되었다. 이후 새로 부임하는 밀양 태수마다 변사(變死)하는 일이 발생하므로 이상사란 자가 자진해서 부임하였는데 한밤

41 김태곤, 『한국민간신앙연구』, 집문당, 1987, 28쪽.

중이 되자 한 여인이 목에 칼이 꽂힌 채 나타나는 것이었다. 이상사는 그 여인이 아랑이라는 것과 그녀의 호소를 듣고 백가를 잡아 원한을 풀어주었다. 이후로 고을 청사에 변괴가 없어지게 되었다.[42]

밀양의 「아랑전설」은 『청구야담』에도 실려 있는 신원설화(伸冤說話)의 대표적 작품이다. 아랑은 신이한 행적을 통해 좌정하는 여신이 아니라 한을 품고 죽은 원귀에 불과하다. 그런데도 아랑의 이야기는 단순한 전승으로 그치지 않고 신앙적 형태로 발전했다. 지금도 밀양시에서는 매년 음력 사월에 규수를 제관으로 뽑고 아랑의 사당에서 제사를 지내고 있다. 표면적으로는 그녀의 정절을 기리는 것이지만, 원혼을 달래려는 측면이 크게 작용했음은 물론이다. 민간속신에서는 원혼이 해코지가 심한 편이기는 하지만 한을 풀어주거나 잘 달래주면 이에 상응하는 도움을 주는 존재라고 믿는다.

원혼을 공동체의 신으로 신봉하는 사례는 전국적인 분포를 보일 정도로 늘어났는데, 특히 서낭과 같은 마을 당신의 유래담에서 자주 발견된다.

순조 때 당리에 살던 우씨의 부인 황씨가 시어머니의 학대를 못이겨 일월산에 올라가 산삼 캐는 사람들의 움막에서 자결하였다. 가족들은 사방으로 수소문하였으나 찾을 수가 없었고, 며칠 뒤 같은 마을에 사는 이명존이라는 사람에게 현몽하여 남편에게 일러 시체를 거두게 하였다. 그 뒤 다시 현몽하여 자기를 위하여 당사를 세워주기를 부탁하므로, 이씨는 곧 현 위치에 넋을 위로하는 당집을 세웠다.[43]

42 손진태, 『한국민족설화의 연구』, 39~43쪽. 필자가 요약함.

43 『한국민족문화대백과』, 일월산황씨부인당, 한국학중앙연구원.

경북 영양군 일월산에 있는 황씨부인당에 얽힌 유래담은 단순히 한을 품고 죽은 여성의 이야기가 마을의 당신화로 전승되는 대표적 사례다. 순조 때라는 시기, 황씨부인이 자결한 장소, 당을 건립한 인물의 이름 등을 구체적으로 명시한 것으로 보아 마을에서 실재했던 사건을 바탕으로 형성된 지역 전설일 가능성이 높다. 신이 현몽을 통해 자신의 좌정처를 마련하는 내용은 당신화의 전형적 특징이지만, 꿈에 나타난 대상은 신이 아니라 원혼이므로, 자신의 한을 풀어달라는 부탁을 넘어서 마을신으로 모셔 달라는 요구는 과분한 것이다.

손각시 혹은 왕신 신앙은 젊은 여성의 원혼을 위하는 민간속신이다. 그녀들의 영력을 이용하여 소원을 이루려는 행위는 그리 떳떳한 편은 아니었으므로 남 몰래 개인적으로 위하는 형태가 일반적이었다. 그런데 마을신앙에서 드러내 놓고 원혼을 모시는 행위는 이러한 속신이 집단적으로 발현한 경우이므로 전통적인 상식에도 어긋나는 인습에 불과하다. 문제는 언제부터인가 황씨부인당과 같은 원혼신앙이 마을신앙으로 보편화되고 말았다는 데 있다.

> 옛날 황씨처녀가 시집을 가게 되었다. 신혼 첫날밤 뒷간에 다녀오던 신랑은 대나무의 그림자를 처녀의 정부가 자기를 죽이려고 칼을 들고 기다리는 그림자로 오해하고 그 길로 달아났다. 황씨처녀는 신방에서 원삼과 족두리도 벗지 못한 채 신랑을 기다리다가 한을 품고 죽었다. 신랑은 외지로 가서 새장가를 들었는데, 아이를 낳기만 하면 이내 죽었다. 점을 쳐 보니 황씨처녀의 원혼 때문이라고 했다. 신랑이 잘못을 뉘우치고 사당을 지어 그녀의 시신을 옮기고 원혼을 위로했다. 그때서야 신부의 시신이 삭아 없어졌다.[44]

44 『두산백과』, 일월산 황씨부인당설화. 필자가 요약함.

조지훈의 시 「석문」의 소재가 되기도 하였던 황씨부인당의 또 다른 유래담은 원래 「재가 된 신부」 혹은 「사그라진 신부 원혼」으로 알려져 있는 광포전설을 특정 지역의 당신화로 수용한 것이다.[45] 단지 오해가 풀려 위로를 받았다는 이유만으로 스스로 한의 무게를 내려놓을 수밖에 없었던 그녀의 처지가 애틋하게 다가오기는 하지만 연민과 신앙은 별개의 문제다.

황씨부인당에 대한 유래담으로 전혀 다른 유형의 전설들이 공존한다는 사실은 당신화가 주민들 사이에서 확고하게 정착하지 못했다는 의미다. 또한 현전하는 두 유래담은 마을 자체에서 일어났던 사건에 의한 것이든 전국적으로 분포하던 이야기를 차용한 것이든 간에 모두 전설에 지나지 않는다. 신앙의 배경이나 성격이 신화가 아닌 전설을 기반으로 삼고 있는 것이다. 이러한 정황들은 원혼관념을 바탕으로 하는 마을신앙의 역사가 그리 오래되지 않았다는 사실을 암시해 준다.

여기서 주의를 기울여야 할 사항은 주민들이 황씨부인을 단순한 해원(解寃)의 대상으로 여기지 않는다는 점이다. 그녀는 마을의 수호신이자 안토신(安土神)으로 마을의 안녕과 평화가 모두 그녀의 조화라고 믿는다.[46] 뜻밖에도 신격은 원혼인데, 그녀에게 기대하는 역할은 신모와 다를 바가 없는 것이다.

또한 이곳에서는 신당을 '황씨부인당'이 아니라 그냥 '부인당'이라고 부른다. 황씨부인당은 일월산 일자봉 정상에 위치해 있는데, 이곳은 산신의 자리이지 원혼의 자리가 아니다. 지금의 황씨부인당이 건립된 순조 연간 이전에 이곳에 산신이 없었을 리는 만무하므로 황씨부인이 아닌 일

45 이 전설은 서정주의 「신부」에도 인용된 바 있는데, 신랑이 문돌쩌귀에 자신의 옷자락이 걸린 것을 음탕한 신부가 잡아당기는 것이라고 오해한다는 정도의 부분적인 차이가 있을 뿐이다.

46 『한국민족문화대백과』, 일월산황씨부인당. 한국학중앙연구원.

월산이라는 명칭에 걸맞은 다른 부인신이 산신으로 좌정하고 있었을 가능성도 제기된다.

전통사회의 고유한 산신과 서낭전승은 고대 신모신화를 근간으로 하는 신모계 전승이었다. 하지만 현재 「황씨부인당신화」와 같은 원혼전설이 지역사회의 서낭전승들 중 높은 비중을 차지하고 있다. 왠지 신모가 외래신도 아닌 원혼에 밀려 마을신앙에서 점점 설 자리를 잃어버리는 모양새다. 물론 원혼설화의 역사가 일천한 것은 아니다. 삼국시대의 원혼에 관한 이야기가 문헌기록으로 다수 남아 있는 것으로 보아[47] 원혼 관념 역시 고대적 관념이란 것을 알 수 있다. 다만 원혼, 원귀가 있어야 할 자리가 신모가 있어야 할 산신, 서낭의 자리가 아니라는 사실은 지적되어야 마땅하다.

6) 「아기업개당신화」·「해랑당신화」와 희생제의

제주특별자치시 마라도에는 아기업개당이 있고, 이 당의 유래담으로 다음과 같은 본풀이가 전해 온다.

> 해녀 셋이 마라도로 물질을 하러 갔었다. 한 해녀가 갓난아기를 혼자 두고 올 수 없어서 아기와 업저지를 같이 데려 갔다. 섬을 나오려 할 때 갑자기 파도가 거세지는 바람에 도저히 배를 띄울 수가 없었다. 사흘간이나 섬에서 빠져 나오지 못해서 다들 기진맥진한 상태였는데, 하루는 한 해녀의 꿈에 산신대왕이 나타나서 업저지를 섬에 버려두고 가면 살 수 있다고 했다. 달리 방법이 없다고 생각한 해녀들이 업저지를 따돌리고 배에 오르자 파도는 잦아

47 『삼국사기』 유리왕조의 사비와 탁리 이야기, 『삼국유사』 김유신조의 추남 이야기가 그 대표적 사례라 할 수 있다.

들었다. 이 사실을 뒤늦게 안 업저지는 함께 데려가 달라고 울부짖었지만 소용이 없었다. 이듬해 4월 해녀들이 다시 마라도로 가서 보니 업저지는 굶어 죽었는지 뼈만 남아 있었다. 그 자리에 당을 세우고 업저지를 일뤠중저로 모셨다.[48]

「아기업개당신화」는 인신공희(人身供犧)를 근간으로 하여 신앙이 형성된 유래를 밝히는 지역 전설이다. 집단의 안위를 위하여 개인을 신에게 희생물로 바치는 이야기는 세계적인 분포를 보이며, 원시 혹은 고대사회에서 행하던 희생제의에 기원을 두고 있다. 우리도 적지 않은 인신공희 설화가 전해오고 있으니 이 잔혹한 제의에서 자유롭지 못한 셈이다. 성덕대왕신종이 에밀레종으로 불리게 된 유래담도 그렇지만, 성·둑·다리를 만들 때 사람을 한 명 파묻었다는 인주설화(人柱說話)도 도처에서 들을 수 있는 지역전설이다.

인신공희로 바쳐지는 대상은 이야기에 따라 남녀노소 다양하게 나타난다. 그러나 비율로 따져 보면 젊은 여성이 압도적이다. 「아기업개당신화」에서도 소녀가 희생물이 된다. 세 명의 해녀들, 갓난아이, 아기업개 중 왜 아기업개가 희생제물이 되어야만 했을까? 아무나 인신공희의 제물로 선택되는 것은 아니다. 순교자와 같은 성스러운 인물이거나, 다수결 혹은 제비뽑기에 의해 선정된 인물을 제물로 선택함으로써 집단은 개인을 희생시키는 폭력성을 감추려하기 마련이다.[49] 앞서 살펴보았던 거타지의 경우는 이중 제비뽑기의 사례였다. 그런데 이 당본풀이에서는 산신대왕이 해녀에게 현몽하여 아기업개를 직접 요구한다. 아기업개를 선택하는

48 진성기, 『남국의 무가』, 제주민속문화연구소, 1968. 필자가 요약함.

49 희생제의에 대해서는 다음 책자를 참조함.
르네 지라르, 김진식·박무호 옮김, 『폭력과 성스러움』, 민음사, 1997.

주체가 산신대왕이므로 그가 필요로 하는 희생물은 잡아먹기 위한 대상이 아니라, 자신의 배우자가 될 대상이다. 그러므로 이듬해 굶어 죽어 뼈만 남은 소녀의 시신을 발견하게 되었다는 비장미를 고조시키는 대목은 이 이야기의 결말이 아니다. 그녀가 이레마다 제사를 받는 마라도의 당신으로 좌정했다는 대목이 이 본풀이의 진정한 결말인 것이다.

이런 관점에서 보면 아기업개는 원혼의 관념이 아니라 신모의 관념으로 신앙의 대상이 되었다고 볼 수 있다. 즉 이 당본풀이는 희생제의의 구비상관물로 구연되었지만, 희생양으로 바쳐진 아기업개에게 산신대왕의 배우자라는 성스러운 의미를 부여하여 신격으로 모셨다는 뜻이다. 아기업개당의 경우로 미루어 보아 원혼신앙으로 알려진 마을신앙 중에는 한을 품고 죽은 여인에게 신모의 관념을 적용하여 신성성을 부여하고 폭력의 책임으로부터 회피하려고 한 사례들이 상당수 있음직하다.

동해안 어촌지역은 원혼신앙이 마을신앙의 근간을 이루고 있다고 알려진 대표적인 지역이다. 강릉, 삼척 등지에는 해랑당, 해신당으로 불리는 마을신당이 있고 대체로 다음과 같은 유래담이 전해온다.

> 이곳에서 어떤 미녀가 그네에서 실족하여 바다에 떨어져 숨졌다. 미녀의 영혼이 마을 사람의 꿈에 나타나서 소원하자 작은 사당을 짓고 나무로 남자의 성기를 만들어 걸어 놓았다. 또한 이 음사(陰祠)가 창건됨으로 이후에 재앙이 없어지고, 어획량이 크게 증대하여 지금까지 성기를 걸어 놓고 복을 기원한다.[50]

---

50 『한국민속신앙사전』 마을신앙 편, 강릉안인진해령사, 장정룡, 국립민속박물관, 2009. 25~27쪽에서 재인용함. 이하 해랑당에 대한 자료는 이 책자를 참고하였다.

인용문은 강릉 안인진 해랑당에 관한 조선총독부의 현장조사 기록이다. 동해안 어촌지역에서 전승되는 마을신앙의 전반적 특징은 처녀로 죽은 여성을 서낭신으로 삼고 그녀에게 해마다 나무로 깎은 남근을 봉헌하여 마을의 안녕과 풍요를 기원한다는 점이다. 풍요굿에서 거행하던 신성혼이 극도로 세속화된 모의성행위의 상징으로 변질된 형태인 셈이다. 해랑당에서는 현재 남근 봉납이 중단되었는데, 그 이유는 설악산의 김대부신을 모셔다가 해랑과 결혼식을 치렀기 때문이라 한다. 이는 여신에게 남근을 바치는 행위가 신성혼 제의에 상응하는 상징의미를 지니고 있었음을 방증하는 사례다.

동해안 지역의 여서낭 전승은 성기숭배(性器崇拜)가 두드러지지만 이러한 요소를 제외하면 처녀가 죽어서 당신으로 모셔졌고, 마을사람들은 그녀에게 풍어와 안녕을 기원한다는 신앙적 맥락이 「아기업개당신화」와 다를 바가 없다. 이러한 사항을 감안하면 동해안 지역 여서낭의 기원 역시 원래 해신에게 바쳐진 처녀가 해신의 배우자로서 신봉되었다는 희생제의의 구비상관물일 가능성이 있다. 여서낭의 명칭이 해령, 해랑, 해신인 점도 그녀와 그녀의 배우자인 해신을 동일시하는 현상에서 비롯된 것으로 보인다.

강릉 안인진에서는 그네를 타던 미녀가 관기였다는 이야기도 전해온다. 400년 전쯤 강릉부사가 이곳에 관기와 함께 놀러 왔다가 그네를 뛰던 관기가 바다에 떨어져 죽자, 부사가 "내가 데리구 놀러 왔다가 죽어서 애석하니 돌무덤이라도 해놓고 춘추로 제사를 좀 지내 달라."라고 당부했다는 것이다. 그 이후의 상황은 인용문과 동일하니 처녀의 현몽이 아니라 강릉부사의 명으로 제사가 시작되었다는 정도의 차이를 보일 뿐이다.

그런데 이 전승은 여러모로 강릉 태수 순정공과 그의 아내 수로부인을 연상케 한다. 수로부인은 강릉으로 부임하는 남편을 따라 길을 가다 지금의 삼척지역에 위치한 임해정에 잠시 머물고 있었다. 그때 갑자기 바다에서 용이 나타나더니 수로부인을 납치해서 바다 속으로 들어가 버리는 사고가 발생한다. 그러자 어떤 노인이 나타나서 강릉지역 백성들을 모아 놓고 용을 위협하는 「해가(海歌)」[51]를 불러서 수로부인을 구출한다. 「해가」가 김수로를 맞이하기 위해 가락국 사람들이 부른 「구지가」와 유사하다는 사실은 자주 거론된 바 있는데, 두 노래 모두 지역 공동체에서 원망(願望) 사항을 이루려고 굿에서 부른 신맞이 노래라는 공통점을 지닌다.

> 수로부인은 자태와 용모가 뛰어나서 매번 깊은 산이나 큰 연못을 지날 때마다 여러 차례 신물(神物)들에게 납치되곤 했다.

『삼국유사』에 따르면 수로부인은 아마도 신라시대 납치를 가장 많이 당한 여인일 텐데, 과연 그녀의 정체는 무엇이었을까? 일반적인 학설은 수로부인이 무당이었고, 그녀가 용에게 납치되었던 이야기는 동해안 지역의 풍어굿을 반영하고 있다는 것이다. 그렇다면 이 풍요굿의 중심내용이 용과 여성이 결합하는 신성혼 절차로 이루어졌기에 그녀는 굿을 거행할 때마다 용에게 납치를 당해야 했다는 결론이 유도된다.

강릉지역에서 고대부터 용과 무녀의 신성혼으로 이루어진 풍요굿이 거행되었다면, 동해안 지역에서 신봉되는 여서낭들의 원형도 본디 해신의 배우자였을 가능성에 무게가 실린다. 특히 안인진 해랑의 유래담 중 강릉부사의 사례를 수로부인의 이야기와 비교하면 1) 강릉지역에서, 2) 그곳

---

51 『삼국유사』, 수로부인. 「해가」의 내용은 다음과 같다.
거북아 거북아, 수로를 내놓아라
남의 부인을 빼앗아 가는 죄 얼마나 큰 줄 아느냐
만약 이를 어기고 다시 돌려보내지 않는다면
그물은 던져 사로잡아 구어서 먹으리

을 통괄하는 관료와 함께 온 여인이, 3) 바다에 빠졌다는 공통점을 발견할 수 있는데, 이는 우연의 일치가 아닌 듯하다. 수로부인이 용에게 납치된 임해정이 있었던 삼척에도 현재 바다에서 고립되어 죽은 처녀를 모신 해신당이 있기는 마찬가지다.

강릉의 해랑당이 위치한 해령산은 『동국여지승람』에 이미 해령봉으로 기록되어 있다. 해령산 아래에 있는 바닷가 암석에는 용궁으로 통하는 문인 명선문(溟仙門)이라는 글자가 새겨져 있고, 강릉 일대에는 다수의 용궁설화가 전해지기도 한다.[52] 그러므로 바다의 신령이라는 뜻인 해령은 본래 동해의 용왕을 지칭하며, 이곳은 오래전부터 용신신앙이 만연했던 지역이었던 것이다. 실제로 강릉은 고대부터 해상교통의 중심지였고, 특히 안인진은 과거 바다 상인들이 뱃길로 장사를 떠날 때 풍어와 안전을 기원하며 제사를 지내던 곳이었다.[53]

현재 동해안의 풍어굿에서는 심청굿이 거행된다. 심청이 희생제물로 용왕에게 바쳐진 곳은 서해안 백령도 부근으로 알려진 인당수다. 서해안을 배경으로 하는 심청의 이야기를 왜 동해안 풍어굿에서 구연하는지 수긍하기 힘들지만, 뱃사람들에 의해 심청이 용왕에게 바쳐진 희생물이었다는 내용이 주요 원인으로 작용했다는 점은 분명하다. 무가의 구연원리인 언어를 통한 모방주술에 의해서 심청을 용왕에게 바치는 행위를 재연함으로써 동해안 어촌마을의 풍어와 안전을 도모하려는 의도인 것이다. 그렇다면 동해안에는 심청굿에 상응하는 고대 풍요굿이 존재하였고, 수로부인의 이야기는 그러한 굿에서 공연되던 희생제의의 구비상관물이었

52 『한국민속신앙사전』 마을신앙 편, 강릉안인진해령사.
정동진이 용궁의 동쪽 입구라는 이야기, 등명낙가사의 구전설화, 강릉 김씨 파보 등에 용궁의 이야기가 전한다.

53 『증수임영지』

으며, 그 전통이 용인 해신과 그의 배우자인 해랑의 신성혼 제의로 이어졌을 공산이 커진다.

희생제의는 고대의 중요한 종교의식이었다. 희생제의는 신을 향한 성스러운 행위지만, 그것을 집행하는 공동체의 입장에서는 죄책감을 동반하는 행위라는 양면성을 지닌다. 따라서 개인의 희생을 통해 집단의 풍요와 안전을 보장하려는 욕망에서 비롯된 이 종교적 폭력은 관념적인 도피의 수단과 방법을 강구하게 된다. 곧 희생물을 죽이는 것은 죄악이지만 더 큰 피해를 막기 위해 불가피한 일이고, 이를 요구하고 선택하는 것은 모두 신의 뜻이므로 희생물은 죽음으로써 성스러움을 획득한다[54]는 논리다.

이러한 이유에서 고대 풍요굿에서 행해지던 희생제의는 신모신화를 관념적 도피수단으로 이용함으로써 집단적 합리화를 시도하였을 터인데, 제주도의 「아기업개당신화」에서 그러한 관념의 잔존형태를 발견할 수 있다. 동해안 어촌지역에서도 수로부인의 이야기나 심청굿의 사례를 통해 볼 때, 아득한 상고시대의 일이겠지만, 희생제의가 있었을 것이다. 이 희생제의의 구비상관물인, 희생으로 바쳐진 여인이 해신의 배우자가 되어 신으로 좌정한다는 이야기가 현재의 원혼신앙으로 변질되기 이전에 존재하던 이 지역 여서낭의 원형적 유래담이라고 추정된다.

2. 거인여성에 나타난 원시 신모의 면모

구비설화 중에는 '○○할미'라고 부르는 거인여성들이 등장하는 이야

54 르네 지라르, 김진식·박무호 옮김, 『폭력과 성스러움』, 9~10쪽.

기가 다수 전한다. 이 설화들은 분명 여신들에 대한 신화가 맞는 것 같기는 한데, 이렇다 할 서사구조도 갖추지 못했고, 숭고미를 바탕으로 하는 이야기도 아니므로 신화라고 단정하기에 애매한 측면이 있다.

이야기에 등장하는 거인여성 역시 지금껏 살펴보았던 전통적인 신모와는 성격이 판이하다. 그녀들은 천신의 배우자도 위대한 인물의 어머니도 아닌 경우가 대부분이고, 게다가 행색마저 초라하기 그지없다. 여신으로서의 자체 신격이 없다고는 할 수 없으나 민간층에서 강력한 신앙의 대상으로 대접받는 경우도 드물다.

하지만 이 수수께끼와 같은 거인여성신화들은 지금껏 구연되고 있고, 우리 설화를 대표하는 창조서사의 유형이기도 하므로 결코 소홀히 다룰 대상은 아니다. 과연 이 거인여성들이 원시시대부터 존재했던 여신인지, 현재 들을 수 있는 싱거운 서사 내용이 이야기의 원래 모습인지에 대해 진지하게 고민해볼 필요가 있다.

1) 창세신화의 태동 「마고할미신화」

거인여성이 등장하는 설화는 전국적인 분포를 보이며 현재도 구연되고 있다. 가장 대표적인 예는 「마고할미신화」다. 중국 도교의 여선(女仙) 중에도 마고가 있는데, 전승 내용을 보면 일치하는 구석이 별반 없는 동명이인의 여신이다.

「마고할미신화」는 다양한 이야기가 전승되는 편이지만, 대개는 그녀의 어떤 행위에 의하여 산·섬·하천·바위·다리·성곽 등이 만들어지고, 그 행위의 특징에 따라 창조물의 명칭도 생기게 되었다는 정도의 내용이다. 이 글에서는 이러한 기본 유형만을 대상으로 한다는 사실을 밝혀둔다.

저 탄금대 산도 옛날에 떠내려가는 걸 어떤 여자(마고할미)가 빨래하다가 방망이로 툭 때려서 생겼대. 열두대산, 산이 떠내려 오다가 방망이로 툭 때리니까 가라앉았대. 옛날 역사가 그렇대. 예전에 산이 없었대여. 예전에 무슨 장마에 떠내려 왔대. 아흔아홉 골이래. 그게 몰라 골이 여럿이래대.[55]

마고할멈이 온 바다를 다 돌아다녀도 발등에 찰 물도 안 되었는데, 외포리 정포에 다다르니 정갱이까지 쑥 들어가므로 '아이쿠 여기가 정통이구만' 했다. 그래서 거기가 정포가 되었다.[56]

첫 번째 채록본은 어떤 여자에 의해 열두대산(탄금대)과 아흔아홉 골이 생겨났다는 이야기다. 제보자는 '어떤 여자'라 하여 행위의 주체가 마고할미라는 것을 기억하지 못했지만 빨래방망이로 떠내려 오는 산을 멈춰 세울 정도니 거인여성이고, 아흔아홉 골과 관련이 있으니 분명 마고할미다. 뒤에 부언한 '아흔아홉 골'은 충주가 아니라 인근 지역인 단양에 있는 아흔아홉 마지기 다락논이다. 마고할미가 비녀를 잃어버린 후 비녀를 찾으려고 흙을 손으로 파헤쳤는데, 그곳이 아흔아홉 마지기의 다락논이 되었다는 이야기다.[57] 망각이나 기억의 혼란으로 부실한 이야기가 되었지만 오히려 이 전승의 고정체계가 거인여성이 무엇인가를 창조해 내는 행위임을 확인케 해주는 사례다. 두 번째 인용문은 마고할미에 의해 지명이 유래된 경우로, 이러한 유형의 전승은 마고할미의 거대한 신체를 두드러지게 표현하는 데 주안점을 두는 특징을 보인다.

여기서 제기되는 문제는 이와 같은 이야기들을 과연 신모계 전승으로 볼 수 있겠느냐 하는 점이다. 마고할미 유형의 거인여성신화는 창조에

55 엄복남, 여, 당시 87세, 충북 충주시 가금면 창동리, 조사일시: 2003. 1. 24.

56 『한국구비문학대계』 1-7, 강화편, 757쪽.

57 황기옥, 여, 당시 78세, 충북 단양군 단양읍 도담리, 조사일시: 2003. 3. 22.

대한 이야기가 맞지만, 이렇다 할 서사구조가 나타나지 않는다는 점 외에도 신성성 역시 찾아보기 힘들다. 「마고할미신화」의 현재 모습은 가부장제 질서 아래 변모를 겪은, 모계사회에서 형성된 여성신화의 파편화된 흔적[58]일 뿐이라는 견해는 주목할 만하다. 지금까지 살펴본 신모신화의 위축되고 세속화되어 가는 과정들이 이를 뒷받침해준다. 하지만 마고할미의 이야기는 파편이 아니라 애초부터 이런 모습이 아니었을까 하는 생각이 든다.

구비설화 중에는 완전한 서사구조를 갖추지 못한 채 신화적 관념을 단순하게 형상화한 형태가 종종 눈에 띄는데, 「마고할미신화」와 「영등할미전승」이 그 대표적 사례다.

> 영등할미가 이 세상에 내려올 때에는 며느리나 딸을 데리고 내려온다. 딸을 데리고 올 때는 딸의 치마가 예쁘게 나부끼도록 하기 위해서 날씨가 좋지만, 사이가 좋지 않은 며느리와 함께 내려올 때는 비단치마가 비에 젖어 칙칙하게 보이도록 하기 위해서 비바람을 몰고 온다.[59]

「영등할미전승」은 현재도 인용문과 같은 형태로 지역민들 사이에서 구연되고 있다. 변이가 있다면 누구를 데려올 때 그해 농사가 잘 되느냐 하는 정도다. 딸보다는 며느리인 경우가 우세하며, 비바람을 동반해야 농사짓는 데 유리하기 때문이라고 한다. 이 단순한 내용이 별다른 변화 없이 고정적인 형태로 전국에 유포되어 있다는 사실은 「영등할미전승」이 원래부터 이처럼 단순한 형태의 이야기였음을 시사해 준다.

---

58 강진옥, 「마고할미 설화에 나타난 여성신 관념」, 『한국민속학』 25집, 한국민속학회, 1995, 40쪽.

59 최운식 외, 『한국민속학개론』, 94~95쪽, 필자가 요약함.

이야기는 관념의 형상화 작업이므로 이야기 이전에 관념이 존재한다. 사람들은 대상세계를 인식하면서 살아가는데, 이 인식이 사회적 공인을 받아 보편화되면 집단적인 관념으로 자리 잡는다. 이야기는 이 집단적 관념을 인물들의 행위를 통해 형상화시킨 것이다. 화소(motif)는 집단 관념이 형상화된 이야기를 구성하는 최소의 요소로서, 행위자·특정 대상들·개별적 사건이 이러한 요소에 속한다.60

「마고할미신화」는 '거인여성이 세상을 창조한다.'라는 신화적 관념을 마고라는 '거인여성'이 산·섬·바위 등의 '세상'을 어떤 사건을 통하여 '창조한다'는 화소를 통해 형상화한 이야기다. 따라서 이 유형은 단일한 신화적 관념을 세 화소의 조합으로 구성한 가장 기본적인 서사형태이며, 서사물의 원초적 특성을 보여준다. 이러한 이유에서 「마고할미신화」는 원시신화의 파편이 아니라, 원시신화 그 자체의 형태를 유지하고 있는 유형이라고 판단된다.

마고할미와 동궤의 거인여성으로 노고할미, 안가닥 할미, 설문대할망 등에 대한 지역별 설화도 전한다. 이 설화들은 내용이나 성격상 다를 바가 전혀 없고, 다만 지역에 따라 인명·지명·자연물명 등의 명칭만 달라질 뿐이므로 거인여성신화로 통칭할 만하다. 거인여성신화는 고정체계면인 '누가 무엇인가를 어떤 행위로 생기게 한다.'라는 공통된 서사적 틀에 비고정체계면인 '누가', '무엇을', '어떻게'에 해당하는 선택항을 대입하면서 무수한 변이형들을 양산했다. 이러한 기본형을 반복해서 연결하거나 살을 붙이면서 서사적 확장이 이루어지지만 기본적 틀이 달라지는 것은 아니다. 「오누이 성 쌓기」와 같이 거인여성신화와 상관없는 설화 유형에 마고할미 등이 차용되는 경우는 서사적 확장과는 별개의 문제이므로

60 Sthith Tompson, "The Folktale", p. 415.

거인여성신화에 포함시키기는 어렵다.

제주도의 거인여성은 설문대, 선문대, 설망대 등으로 불린다. 『표해록』61에 그녀의 이름이 선마고(詵麻姑), 선마선파(詵麻仙婆)라는 한자명으로 기록되어 있어서, 설문대 할미가 마고할미와 동일인이라는 인식이 오래전부터 있었다는 사실을 알 수 있다.

> 설문대할머니는 한라산을 베개 삼고 누우면 발끝은 바닷물에 잠기어 물장구를 쳤다. 그리고 빨래를 할 때만 하여도 한쪽 발은 한라산, 또 한쪽은 관탈섬을 디디었다. 그리고 서귀포와 법환리의 앞바다에 있는 섶섬에는 커다란 구멍이 두 개 뚫려 있는데, 이것은 이 할머니가 누울 때 잘못 발을 뻗쳐 생긴 것이라 한다.62

위의 「설문대할망신화」는 앞서 인용했던 이야기들보다 다소 복잡해졌다 해도 거인여성신화의 기본적 서사구조에서 자유롭지는 못하다. 현재 전해지는 거인여성신화들은 신화라기보다는 지역전설의 특성이 강하다. 하지만 거인여성신화는 어느 한 지역에서 형성된 이야기가 전국으로 전파되어 보편적인 유형으로 자리 잡았다기보다는 원시 동일근원의 이야기가 고정된 구조를 간직한 채 이어져 내려오면서 현재의 각 지역 전승으로 남아 있는 유형이라고 판단된다.

> 천지개벽홀 때 아미영ᄒᆞ여도(아무리하여도) 열린 사름이 이실 거라 말이우다. 그 열린 사름이 누게가 열렷느냐 ᄒᆞ면 아주 키 크고 센 사름이 딱 떼어서 하늘은 우테레(위로) 가게 ᄒᆞ고 땅을 밋트로(밑으로) ᄒᆞ여서 ᄒᆞ고 보니 여기

61 장한철, 『표해록』. 영조 47년, 1771년의 기록이다.

62 진성기, 『제주도 전설』, 백록, 1992, 22~27쪽.

물바다로 살 수가 읎으니 ᄀᆞᆺ드로(가로) 돌아가멍 흑 파 올려서 제주도를 맨들엇다 ᄒᆞ는디 거 다 전설로 ᄒᆞ는 말입쥬.[63]

거인여성의 이야기에서 표면적으로 드러나는 신성성은 찾아볼 수 없다 하더라도, 창조행위는 그 자체로 신성한 행위다. 인용한 채록본에서는 설문대할망이 천지를 개벽시키고 제주도를 만드는데, 물속의 흙을 퍼 올려 세상을 창조하는 화소는 전 세계 도서지역에 분포하는 신화소다. 거인여성신화가 원래 창세신화의 성격을 가지고 있었다는 것을 엿볼 수 있는 사례라 하겠다. 따라서 거인여성신화는 신모에 의한 천지창조 이야기의 세속화된 모습이며, 원시 지모숭배 관념에서 유래한 서사형태로 보인다. 그렇다면 원시 거인여성신화는 비록 신모신화라고 지칭할 만한 서사구조를 갖추지 못했다 할지라도, 신모라는 관념이 태동하여 본격적인 신화로 발전하는 발판을 마련하였을 것이다.

천지가 분리되기 전 우주의 형상은 암흑과 혼돈의 도가니였고 반고는 이 거대한 계란 같은 곳에서 태어났다. 이렇게 1만 8천 년이 지난 후 깨어난 그는 칠흑 같은 어둠의 상황이 답답해서 도끼를 가지고 힘껏 내리쳤다. 굉음과 함께 거대한 계란은 깨지고 그 속에 있던 가볍고 맑은 기운은 위로 올라가 하늘이 되었고 나머지 무겁고 탁한 것들은 가라앉아 땅이 되었다.[64]

이후 반고는 죽음을 맞이하고 그의 시신은 해, 달, 산과 구릉, 초목 등으로 변한다. 중국의 「반고신화」에서 확인할 수 있듯이 거인 신화는 천지 창조와 관련된 것들이 많고, 거개가 신화적 관념이 소박하게 형상화된

63 조현설, 『마고할미 신화연구』, 민속원, 2013, 151쪽에서 재인용.

64 위앤커, 정석원 역, 『중국의 고대신화』, 35쪽. 필자가 요약함.

형태이지 발달된 서사구조를 가지고 있는 이야기가 아니다.

거인이 세상을 창조한다는 신화는 세계 도처에서 발견되는데, 거인은 당연히 남성일 수도, 여성일 수도, 성별을 밝히기 어려울 수도 있다. 중국의 경우 반고는 남성이지만 자전(字典)에는 여와가 '고대 만물을 만들어 낸 성스러운 여신'이라고 기록하고 있으므로 여와는 인간만이 아닌 세상 만물을 창조하는 여신이었을 공산이 크다. 우리의 경우도 배설물로 산맥과 강을 만들었다는 장길손이라는 거인남성이 엄연히 존재한다. 따라서 창세신의 성별이 무엇이냐를 논한다는 자체가 무의미한 일인지도 모른다. 그러나 여성인 대지에 의해 세상이 창조된다는 '가이아' 층위의 신화 관념은 인류의 가장 원초적 관념에 해당한다. 창세신의 어마어마한 신체 크기는 신성성의 과장된 표현이기도 하지만 대지가 의인화하는 과정에서 발생한 특징이기도 한데, 만물을 품고 육성시키는 대지는 속성 상 남성보다 여성신격에 부합한다. 또한 인류의 사회발전 단계가 모계씨족사회를 거쳤다면, 원시 단계의 사회적 관념에 맞게 생성되었을 창세신화의 주인공은 여성이었다는 것이 사리에도 맞다.

2) 전통의 재창조「개양할미신화」

개양할미는 칠산바다의 해신으로 어부들의 뱃길을 안전하게 보호해 주고 풍어를 이루게 해주는 여신이라고 한다.

> 아득한 옛날 적벽강의 대막골 뒤 여울굴에서 개양할미가 나와 바다를 열고 풍랑과 깊이를 조정하여 어부들의 생명을 보호하고 풍어를 관장하여 왔다고 한다. 그리하여 이 개양할미를 물의 성인으로 높여 수성(水聖)할미라 부르고 여울굴 위 칠산바다가 한눈에 보이는 절벽에 구랑사를 짓고 모셔오다 지금은 수성당으로 고쳐 부르고 있다. 이 개양할미는 키가 어찌나 크던지 굽(곱)나막

신을 신고 바다를 걸어 다녀도 버선도 젖지 않았다 하며 다만 곰소의 게란여에 이르러 발이 빠져 치마까지 젖었는데 화가 난 개양할미가 치마로 돌을 담아다 게란여를 메웠다고 한다. 지금도 깊은 물을 보면 '곰소 둠벙 속 같이 깊다.'라는 속담이 전해오고 있다. 개양할미는 딸 여덟을 낳아 위도와 영광, 고창, 띠목 등 칠산바다의 요소에 배치하고 막내딸을 데리고 구랑사에 머물러 서해 바다를 총괄하고 있다는 것이다.[65]

개양할미가 곰소의 '게란여'라는 곳을 지날 때 치맛자락이 약간 물에 젖을 정도로 거인이었다는 이야기는 마고할미가 강화도의 정포를 지날 때 정강이까지 물이 찼다는 이야기와 동일 유형의 거인여성신화다. 따라서 개양할미는 마고할미의 지역적 변이형에 속하는 여신이다. 그럼에도 불구하고 구태여 개양할미를 다른 거인여성신화와 분리하여 별도의 항으로 다루는 이유는 「개양할미신화」와 그녀에 대한 신앙이 만들어진 전통이 아니냐 하는 의혹의 시선이 있는 터라 개양할미와 관련된 전통의 진위를 고찰해 볼 필요성이 있기 때문이다.

여타 거인여성들과 비교해 볼 때 개양할미의 특이한 사항은 그녀가 자신의 당집을 가지고 있고, 특정 지역의 여신으로 마을신앙의 대상이 되고 있다는 점이다. 전라북도 부안의 격포리 죽막동마을에는 적벽강이 내려다 보이는 언덕에 개양할미를 모시는 수성당이 있어서 해마다 음력 정월 초에 당제를 지내고 있다. 이렇듯 마고할미 계통의 개양할미가 신앙 대상으로 자리 잡고, 더 나아가 칠산어장의 해신으로 여겨지며 지역문화를 대표하는 콘텐츠의 소재로 활용되고 있는 까닭은 무엇일까?

수성당이 있는 격포리는 칠산어장의 중심 항구 중 하나로 옛날부터

65 『부안군지』, 전북향토문화연구소, 1991, 1189쪽.

어선들이 붐비던 곳이다. 칠산어장은 연평도어장, 흑산도어장과 더불어 서해의 3대 어장이라 불리는데, 조기를 비롯하여 어종이 풍부하기로 유명했다. 개양할미는 이 어장을 관리하는 해신으로 이 지역 주민들뿐만 아니라 도처에서 몰려든 선주나 어부들에게도 일찍부터 신앙의 대상이 되었다 한다. 개양할미가 딸 여덟을 낳아 칠산바다의 주요 장소마다 배치했다는 대목도 이 점을 돋보이게 하는 내용이다. 이 당신화는 칠산어장에 속하는 지역을 하나의 공동체로 묶어 유대감을 고취시키는 동시에 개양할미를 모신 수성당을 이 지역공동체의 본가로 삼음으로써 부안지역의 위상을 높이려는 배 먹고 이 닦기 식의 효과를 기대하는 내용을 담고 있다. 그러나 이 때문에 「개양할미신화」는 타지역의 시선으로 보면 오히려 작위적이고 배타적으로 느껴질 수 있다.

개양할미가 여덟 딸을 두어 여러 곳으로 시집을 보내는 내용은 「지리산신모신화」의 팔도무당설에서 보았듯이 그리 특이한 소재는 아니다. 그냥 전통적인 서사 방식대로 팔도나 도처라고 막연하게 표현하면 그만이다. 그런데 그녀가 딸들을 칠산어장권 특정지역의 당신으로 좌정시키고 서해를 총괄한다는 전승내용에는 무리가 따른다. 아무리 지역공동체라 하더라도 각자 가장 효험이 있다고 믿는 신을 당신으로 모시면 그만이지 서열이 정해져 있을 리 없다. 당장 격포리와 마주하는 위도의 대리마을에는 원당이 있는데, 이 당 역시 외지에서 온 어부들도 제사를 올리던 이름 있는 당이다. 원당에 모셔진 12서낭 중 원당 마누라가 이 당의 주신인데, 그녀가 개양할미의 딸일 가능성은 없어 보인다. 소원을 빌면 잘 이루어진다고 해서 원당(願堂)이라고 한다지만 지역마다 은근한 원조의식이 배어 있는 법이므로 정작은 으뜸이 된다는 원당(元堂)이었을 것이다. 이렇듯 실제 인근 지역에 모셔진 신들은 「개양할미신화」에서 말하는 여신들의 계보와는 무관하다.

수성당제는 1960년대 중반에 중단되었다가 2004년에 주민들에 의해 복원되었다 한다. 만약 현재 전승되는 「개양할미신화」가 개작된 내용이라면 이 복원과정을 통해서일 것이다. 다행히도 1967년에 시행되었던 『전국 부락제당 조사 질문지』66에 수성당에 대한 기록이 남아있으므로 지금의 전승내용과 비교해 볼 필요가 있다. 조사기록이 수성당제가 중단될 당시의 모습을 담고 있는 자료이기 때문이다.

연대는 불명이나 당할머니는 키가 아주 큰 분으로써 칠산 앞바다 어데든지 바지 소매를 걷고 다녔다. 그러나 곰소 앞바다에서 바지 속옷을 다소 젖은 일이 있었다. 당할머니는 딸을 하나 데리고 사는데 3자 3치 높이의 굽나무깨를 신고 당옆에 있는 용소로 해서 당으로 올라왔다. 당할머니는 앞바다의 수호신으로써 정성껏 모시지 않으면 앞바다에서 조난이 심하다고 한다.

옛날에 지금 당자리에서 장님할머니가 아들 둘을 데리고 살았다. 하루는 큰 아들이 고기를 잡으러 나갔다 돌아오지 않았고, 형을 찾으러 나섰던 작은 아들마저 돌아오지 않았다. 장님할머니는 허둥지둥 아들들을 찾으러 나오다가 당 옆에 있는 용소에 빠져 죽었다. 아들들이 돌아와 보니 어머니가 돌아가셨으므로 한없이 울고 있었는데 그때 용소에서 신령할아버지가 나타나서 풍랑을 일으키고 가라앉히는 부채 2개와 칼, 화살, 창을 맞아도 죽지 않는 철마를 주셨다. 아들들은 그 부채와 철마로 싸움터에 나가 나라에 큰 공을 세웠다.

설문지에는 위에서 제시한 두 종류의 당신화가 기록되어 있다. 이 기록을 통해 당제가 중단되기 전 수성당에는 당할머니와 딸과 형제장군이 모

66 『한국의 마을제당』 제5권 전라북도편, 국립민속박물관, 2001. 232~233쪽. 두 번째 전승만 필자가 요약함.

셔졌다는 사실을 알 수 있다. 마을당에서는 주신만이 아니고 여러 신들을 함께 모시는 경우가 다반사이므로 새삼스러운 사항은 아니다.

첫 번째 당신화는 당할머니와 관련된 전승으로 당할머니의 거대성, 좌정 경위, 효험으로 구성되어 있다. 설문지의 제신(祭神) 항목에 '수성당할머니, 당할머니는 칠산 앞 바다의 수호신임'이라는 내용이 기재되어 있어서 이 당의 주신이 수성당할머니임을 분명히 밝히고 있다. 이 당신화와 비교해 보면 현재의 이야기는 구성순서가 바뀌어 있고, 내용이 다소 부풀려져 있을 뿐이다. 다만 딸을 하나 데리고 산다는 대목에 논란의 여지가 있을 수 있다. 현재의 전승도 막내딸만 데리고 산다고 하였으니 두 이야기가 서로 마찰을 일으키는 대목은 없지만, 적어도 나머지 일곱 딸들에 대한 이야기가 없는 것으로 보아 지금처럼 칠산바다의 특정지역에 시집보내서 당신으로 좌정시킨다는 내용은 아니었던 듯하다.

형제장군신의 이야기는 서해안 지역에서 두루 모시는 장군신의 지역적 전승이다. 풍랑을 조정하는 부채와 무적의 철마를 소유한 것으로 보아 형제장군이 지역 수호신이 된 까닭은 이곳이 그간 해적의 약탈이나 전란에 의한 피해를 많이 받았기 때문일 것이다.[67]

따라서 수성당은 고대로부터 내려오던 마고할미 계통의 거인여성신화와 서해안지역에서 성행하던 장군신 계통의 형제장군신화를 바탕으로 하는 신앙체계를 가지고 있었다. 그러나 요즘의 마을신앙은 약탈이나 전란의 위협보다는 해상의 풍요와 안전을 중시하는 경향이 강하므로 당제사에서 형제장군의 위상은 점점 위축되고, 수성할미가 칠산바다의 신으로 부각되며 당제사에서 대부분의 비중을 차지하게 된 것으로 판단된다.

67 한때 형제장군신이 당할머니 대신 마을의 주신으로 격상된 적도 있었던 듯하다. 장님할머니의 죽음과 형제장군신의 등장은 이때의 정황을 반영하는 것으로 추정된다.

수성당에 대한 기록들을 비교 검토해 보면 수성당제의 중단과 복원 과정 중 신앙체계에 변화가 있었고, 당신화도 과장되게 부풀려진 것은 사실이다. 하지만 이러한 변화를 부정적인 측면으로만 바라볼 사항은 아니다. 학술적 입장에서야 원형대로의 모습이 변화되는 것이 안타까울 수 있지만, 시대에 적응하지 못하고 동떨어진 문화는 자생력을 잃고 되레 도태되는 상황에 직면할 수 있다. 어차피 전통은 어느 시기엔가 고안되었던 것이고, 지금도 끊임없이 환경에 적응하며 변모해 가고 있는 것이다.

전통의 발명은 변화하는 사회상과 낡은 전통이 충돌할 때 일어나는데, 없던 전통을 창조한다기보다 낡은 전통을 새로운 목적을 위해 재활용함으로써 이루어진다.[68] 「개양할미신화」도 무에서 유를 창조한 것은 아니고, 지역사회에 활력을 불어넣어준 전통의 활용이었다고 본다. 다만 지역 전통의 발명은 외부적 영향이 아니라 내부적 주체에 의해서 자발적으로 이루어져야 지속성이 보장되며, 타 지역의 전통을 무시하거나 침범해서는 안 된다는 점을 염두에 두어야 한다. 수성당의 경우 개양할미가 딸들을 위도와 영광, 고창, 띠목 등 칠산바다의 주요 지역에 배치하고 서해를 총괄했다는 이야기는 인근 지역과의 유대감을 조성하기보다는 반감을 사게 될 확률이 높다. 그 결과 「개양할미신화」도 칠산어장을 대표하는 해양여신의 신화가 아니라 부안에만 한정된 지역전설로 인식되어 고립될 위험성이 있다.

현재 서해안 도서지역에서 일반적으로 모시는 신은 장군신인데, 임경업 장군인 사례가 많다. 임 장군 신앙은 군사들의 식량이 부족해지자 가시나무를 엮어 바다에 꽂은 후 간조(干潮)를 이용하여 조기를 대량으로

68 에릭 홉스봄 외, 박지향·장문석 옮김, 『만들어진 전통』, 휴머니스트, 2004. 26쪽.

잡았다는 구비설화를 배경으로 한다. 이 때문에 임 장군은 서해안 지역에서 조기의 신으로 불리며 어민들에게 신앙의 대상이 된 것이다. 이에 비해 칠산어장의 도서지역에서 주로 모시는 신이 여성신이라는 점[69]은 관심을 기울일 만한 사항이다. 이러한 특징은 서해안에 장군신이 성행하기 이전부터 내려온 해양여신의 전통과 연결되어 있을 수 있기 때문이다.

1992년 국립전주박물관이 시행한 '죽막동 제사유적 발굴조사'에서 이곳이 백제시대에 해양제사를 지내던 장소라는 것이 확인되었다.[70] 이때 발굴된 제사 유물들은 4~7세기경의 백제 토기였다고 한다. 그렇다면 죽막동에서 거행되던 해양제사의 역사가 고대로 거슬러 올라가며, 이곳은 당시 어업뿐만 아니라 중국이나 일본 등지와 활발하게 교류하던 동아시아 해상교통의 요지였다는 뜻이다. 당시에 지냈던 해양제사가 어떤 형태인지 재구하기는 힘들겠지만, 제사의 대상 신 중에는 개양할머니와 같은 고유의 해양여신이 포함되어 있었을 가능성은 개진할 수 있다.

> 이때 마침 포구에 한 늙은 할멈이 있어 이름을 아진의선이라 하였는데 그녀는 바로 혁거세왕의 해척지모(海尺之母)였다. 그녀는 이 배를 바라보고 "이 바다 가운데에는 본래 바위가 없는데 무슨 까닭으로 까치들이 모여 들어서 우는가?" 하고 말했다. 배를 끌어당겨 찾아보았더니 까치들이 배위에 모여 들었는데, 그 배 안에는 궤 하나가 있었다. 길이는 이십 척에 너비는 십삼 척이나 되었다. 그 배를 끌어다가 나무숲 밑에 매어 두었다. 그러나 이것이 흉한 것인지 길한 것인지 몰라서 하늘을 향해 고했다.[71]

---

69 이영금, 「칠산어장권의 해신 신앙과 특징」, 『인문과학논총』 27권, 순천향대 인문과학연구소, 2010.

70 국립전북박물관, 『바다와 제사-부안 죽막동 제사유적』, 신유문화사, 1995, 74~76쪽.

71 일연, 『삼국유사』, 탈해왕.

탈해를 바다에서 구하는 '아진의선'이라는 할머니는 길이 이십 척에 너비 십삼 척이나 되는 궤가 들어있는 배를 끌어다가 나무숲 밑에 매어둘 정도의 거인여성이다. 그런데 그녀의 정체가 혁거세의 '해척지모(海尺之母)', 곧 '어부의 어머니'이므로 당시 동해안에서 신봉되던 바다의 여신인 것이다. 또한 그녀는 중대사를 하늘에 고하는 고대 신모의 역할도 맡고 있었다. 경상도의 해안지역에는 안가닥 혹은 아그락할미라 불리는 마고할미 계통의 거인여성신화들이 전해온다.[72] 지역적인 위치로 보나 신체의 크기로 보나 이 할미는 아진의선의 후신일 확률이 높다.

그러므로 서해안의 마고할미나 개양할미, 동해안의 안가닥할미 등 해안지방에 전승되는 거인여성신화의 원형은 대지의 어머니 지모에 비견하는 바다의 어머니 해모(海母)의 이야기였고, 그 연원은 고대까지 거슬러 올라갈 수 있다. 내륙지역의 지모가 해안지역의 해모로 인식되는 현상은 대지와 마찬가지로 바다 또한 모든 생명의 근원이라는 관념을 바탕으로 한다. 이는 비단 우리뿐만 아니라 인류의 공통적인 관념에 속한다. 수메르 신화에서 세계를 창조하는 지모신 티아마트는 바다를 의인화한 존재이며 바다를 주관하는 신으로 여겨지기도 했다.[73] 예(濊)에는 남자가 살지 않는 여인국이 바다 가운데 있었다는 기록이 보인다.[74] 아마조네스를 연상케 하는 이 기록도 바다와 여성성을 연결하는 관념이 고대로부터 내려온 고유의 신화적 전통임을 뒷받침해준다.

이러한 정황을 종합해 보면 현재 칠산어장 지역에서 모시는 주신이 여성신이 대부분이라는 특징은 고대로부터 이어져온 전통이었고, 해안지

72 『한국구비문학대계』 7-1, 안가닥 할무이(경북 월성), 145~146쪽.
『한국구비문학대계』 8-12, 아그락 할머니와 방바우골짜기(울산), 135~137쪽.

73 다카하라 나루미, 이만옥 옮김, 『여신』, 도서출판 들녘, 2002. 260쪽.

74 『후한서』, 동이전, 예.

역의 거인여성신화는 고유의 해양여신에서 유래하였으며, 그 유풍이 「개양할미신화」에 남아있다는 결론에 도달한다.[75]

3. 민담 속에서 만나는 신모의 후예

마치 신이 변화무쌍한 화신의 모습으로 나타나듯이 신모신화는 시대에 따라 다양한 변이형을 양산하며 면연히 이야기되었다. 그런데 앞에서 살폈듯이 후대 신모계 전승에 이르면 그 변화된 모습이 신화라기보다는 전설에 가까운 속성을 보인다. 산신, 서낭의 유래담이나 공덕담은 전승범위가 전국이 아닌 지역으로 축소되고, 전승의 향유층 역시 지역민들로 한정되므로 이러한 현상이 발생하는 것이다.

한편 신모계 전승 중에는 신모에 대한 신앙이 약화됨으로써 숭고미와는 거리가 먼 흥미본위의 이야기로 구연되면서 점차 민담으로 바뀌는 유형도 생긴다. 이러한 장르의 변화는 서사문학이 다양해지고 발전하는 데 긍정적으로 작용하기도 한다. 신화가 신앙체계에서 분리되면 전승집단은 보수적 제약에서 해방되어 자유롭게 이야기를 펼쳐나갈 수 있다. 그리스 로마신화가 문예화하여 세계를 대표하는 신화문학으로 자리 잡을 수 있었던 이유도 어찌 보면 이른 시기에 신앙의 구속에서 벗어나 활발하게 구연되고 재창작될 수 있는 여건이 마련되었기 때문일 것이다.

민담 중에는 표면적인 모습이야 어떻든 화소나 서사구조가 신화와 유

75 중세의 해양신앙으로 관음신앙이 성행한 것은 동아시아의 전반적 특징이지만, 우리나라에서 해수관음을 여성신으로 인식하는 현상은 고유 해양여신의 전통 때문이라고 본다. 중국의 해양여신이었던 마조신앙이 별 무리 없이 도입되는 것도 마찬가지 이유일 것이다.

사한 이야기가 많다. 서양에서 '메르헨(märchen)', '요정담(fairy tale)' 등으로 불리는 마법담 혹은 주술담이 이에 해당한다. 이 이야기들은 신화가 세속화되어 민담에 수용된 사례로 보이므로 신화적 민담이라고 불러도 무방할 것이다. 지금부터 이 신화적 민담 중 신모신화 계통의 작품들을 분석하여 신모신화가 문예화되고 다양한 변이형을 생성하는 현상을 조명해 보기로 하자.

1) 신모신화의 민담형 「구렁덩덩 신선비」

「뱀서방」이라고도 불리는 「구렁덩덩 신선비」는 이류교혼으로 이루어진 민담의 대표적 유형이다. 이 민담은 「당금애기」와 흡사한 신성혼 절차로 구성되어 있으므로 신모신화가 민담이라는 장르에 수용된 전형적 유형이라 할 수 있다.[76]

(1) 가난한 집 할머니가 구렁이를 낳았다.
→ A. 천신하강

「구렁덩덩 신선비」는 할머니가 윗마을에 살고, 정승이 아랫마을에 살았다는 공식구(公式句)로 시작되는 각편들이 많은데, 이 대목은 결코 흘려들을 수 없다. 윗마을에 사는 할머니가 산신의 세속화된 모습일 수 있기 때문이다. 할머니에게서 태어나는 구렁이 역시 예사로운 존재일 리는 없다.

이 이야기에서 첫 번째 인상적인 장면은 할머니가 구렁이 아들을 낳는 대목이다. 혀를 날름거리며 꿈틀대는 구렁이의 선뜻한 이미지가 떠오르

76 기존의 연구에서 구렁덩덩 신선비의 신화적 성격이 논의된 바 있다.
서대석, 「구렁덩덩 신선비의 신화적 성격」, 『고전문학연구』3, 1986. 172~203쪽.

는 것이다. 구렁이는 이런 외양 때문에 부정적으로 인식되기도 하지만, 민간신앙에서는 엄연히 신으로 모셔지는 신성한 동물이라는 점을 상기할 필요가 있다. 구렁이는 진대 혹은 긴대서낭이라고 부르는 마을신으로, 혹은 업이라 부르는 재복(財福)을 가져오는 가신(家神)으로 대접받는 대상이다.

(2) 정승이 세 딸들을 할머니에게 보내는데, 셋째 딸만이 신선비를 낳았다고 알아본다.
→ B. 인식의 시험

정승의 세 딸들이 할머니에게 문안인사를 하는 장면도 돋보인다. 첫째와 둘째 딸은 할머니가 징그러운 구렁이를 낳았다며 바로 뛰쳐나오지만, 셋째 딸은 '구렁덩덩 신선비를 낳으셨네.'라며 제대로 문안인사를 올린다. 셋째 딸이 구렁이에게 구렁덩덩 신선비라는 이름을 선사한 셈이다. 이렇듯 이름을 지어주는 행위는 셋째 딸만이 구렁이가 예사 존재가 아니란 것을 인식했다는 의미를 담고 있다. 대상을 있는 그대로 알아본다는 지인지감(知人之鑑) 화소는 등장인물의 능력을 드러내주는 동시에 그들의 운명을 결정짓는 복선으로 사용되는 서사문학의 단골 화소다. 구렁이가 신격임을 알아차림으로써 셋째 딸은 그의 배우자로서의 자격을 검증받는다.

할머니가 구렁이 아들을 단지에 넣어 삿갓이나 삼태기로 덮어두는 장면도 결코 놓칠 수 없는 대목이다. 단지에 곡식을 넣고 볏가리를 씌워두는 것은 대표적인 신체(神體)의 형태인데, 이곳에 신이 깃든다는 정령신앙(Animism) 단계의 특징을 보여주는 관습이다. 구렁이는 태어나자마자 신의 처소에 자리를 잡는 것이다.

(3) 구렁이가 정승의 딸들에게 청혼하고, 셋째 딸이 승낙한다.
→ C. 희생의 소명

구렁이는 할머니에게 정승집에 가서 혼인 승낙을 받아오라고 조른다. 첫째와 둘째 딸은 거절하고, 셋째 딸이 자진해서 구렁이에게 시집을 가겠다고 한다. 혼인 승낙을 받는 과정에서 정승이 노발대발하며 할머니를 죽이려 하지만 칼날과 작두날이 부러져 여의치 않았다거나, 구렁이가 마을에 재앙을 내리겠다는 협박을 하는 등 혼인을 승낙할 수밖에 없는 상황으로 몰아가는 다양한 사건들이 개입되기도 한다. 이러한 측면에서 (3) 단락은 신의 요구에 의해 처녀가 제물로 바쳐지는 인신공희의 유래를 가진 대목이라 볼 수 있다.[77] 신화적 서사로 환원한다면 원래 청혼의 형태는 신이 인간을 위협하는 방식일 테고, 그 희생양으로 셋째 딸이 선택되는 것이다.

(4) 구렁이와 셋째 딸은 결혼을 한다.
→ D. 천신과 신모의 결합

이 단락은 고대 이류교혼담의 영향을 받은 부분이다. 신선비와 셋째 딸의 결혼을 내림굿으로 본 선행연구가 있는데,[78] 이에 따르면 셋째 딸은 내림굿을 받는 무녀이고, 구렁이는 그녀의 몸주신이 된다. 그렇다면 단수신과 결합하는 무녀의 입무식 양상을 보였던 제왕운기형 신모신화와 같은 내용이므로 구렁이의 신격은 업신이 아닌 서낭신일 가능성 쪽으로 기

77 박종성, 「사신설화의 형성과 변이」, 『국문학연구』 제103집, 1991, 21쪽.
셋째 딸이 신선비에게 자진해서 혼인요구에 응한 것은 '집단적 폭력의 흔적 지우기'에 의한 윤색으로 볼 수 있다고 했다.

78 서대석, 「구렁덩덩 신선비의 신화적 성격」, 197쪽.

운다. 가신이 몸주신이 될 리가 없고, 마을의 안위를 위해 결혼이 성사되는 각편들로 미루어 볼 때 최소 마을신 이상의 신격임을 짐작할 수 있다.

(5) 구렁이는 허물을 벗어 신선비가 되고 허물을 절대 남에게 보이지 말라고 셋째 딸에게 당부한다.
→ E. 금기의 설정

셋째 딸과 결혼하자마자 구렁이는 허물을 벗고 훤칠한 신선비로 변한다. 이때 허물을 절대 남에게 보여서는 안 된다는 금기가 설정된다. 허물은 인간이 신을 함부로 알아보지 못하도록 하는 일종의 가면의 역할을 한다. 입무식을 거쳐 신과 교섭할 수 있는 자격이 주어진 무녀와의 결합을 통하여 이 가면이 소거됨으로써 신은 참모습을 드러낼 수 있다. 이 과정에 의해서 그동안 신을 인지하지 못했기 때문에 야기되었던 신과 인간의 격절된 상태는 회복되어 신인합일의 신성한 질서를 되찾을 수 있는 것이다.

(6) 셋째 딸이 언니들에게 속아 신선비의 말을 어기고 허물을 불태워 버린다.
→ F. 금기의 파기

이 단락의 중심 화소는 허물을 없애 버리는 금기의 파기다. 허물은 구렁이와 셋째 딸을 이어주는 매개물이며, 이 매개물에 의거해야만 그들의 관계가 지속될 수 있다는 논리는 그들이 서로 다른 신분, 즉 신격과 인격임을 암시한다. 셋째 딸이 허물을 부적처럼 자신의 옷고름 속에 소중히 간직하는 각편들은 허물이 언약의 증표임을 은연중에 드러낸다. 이 증표의 상실은 그들의 지속적 결합을 불가능하게 만들고 급기야 분리로 치닫게 만든다. 인간이 신과의 관계를 유지하기 위해서는 정해진 금기를 지켜야만 한다는 것이 신앙의 일반적 법칙이다. 지금도 마을에서 당제사를 지낼 때 금줄을 두르고, 외부인과 접촉을 피한다거나 육식을 피한다거나 목욕재계를 하는 등 금기를 지키는 것은 이와 동일 맥락이다.

허물을 제거하는 방법은 다양하지만 대개 불로 태워지는데, 이 방법이 신선비에게는 가장 잔인한 행동이다. 신선비는 구렁이로 등장하지만, 「견훤설화」의 지렁이가 그러했듯이 구렁이 또한 용의 세속화 형태다. 용은 수신의 신격을 지니고 있으므로 구렁이의 허물을 불로 태우는 행위는 신선비의 신격을 거세한다는 상징적 의미를 지닌다. 그래서 일부 각편에서는 허물을 태우자 신선비가 병이 들거나 심지어 죽어버리기까지 하는 것이다.

(7) 신선비는 셋째 딸을 버리고 떠난다.
→ G. 천신이 떠남

신선비는 허물을 태운 사실을 알아차리고, 셋째 딸에게 더 이상 같이 살 수 없다고 선언하며 길을 떠나고 만다. 금기의 파기는 신과의 계약을 어겼다는 의미이니 신의 징벌이 뒤따르기 마련이다. 이는 인간의 잘못으로 말미암아 신과 인간의 관계가 다시 소원해지는 상태를 상징하므로 이번에는 인간의 정성과 노력으로 신을 되찾아야 한다는 것이 신화의 논리다. 신선비의 결별 선언으로 셋째 딸은 어쩌면 예정되어 있었는지도 모르는 고난의 길을 떠나게 된다.

(8) 셋째 딸이 신선비를 찾아 나선다.
→ H. 신모의 천계 여행

셋째 딸은 남편을 찾으러 길을 떠나지만 그 길은 보통 험난한 길이 아니다. 셋째 딸은 신선비가 있는 곳을 알기 위해 콩마당질, 팥마당질을 해주거나, 검은 빨래는 희게 해주고 흰 빨래는 검게 해주는 등의 갖은 시련을 거쳐야 한다. 이러한 시련과 도움이야말로 신선비가 있는 장소가 쉽게 도달할 수 없는 곳임을 나타내준다. 따라서 이 단락의 내용은 「당금애기」나 「바리데기」에서 보았던 천계여행의 과정과 대응된다. 세 작품을 비교해 보면 길을 물어 찾아가는 대목에서 공식구처럼 동일한 구절이 들어가기도 하므로 신모의 천계여행이 우리 서사문학의 중요한 제재전통의 하나였음을 실감할 수 있다.

(9) 셋째 딸은 신선비가 살고 있는 집에 도착한다.
→ I. 신모의 천계 도착

색시는 좀 대달라구 자꾸자꾸 말하느꺼니 델루루 가문 굴엄물(굴 우물)이 있는데 그 굴엄물에는 금복지게(금으로 만든 밥그릇 뚜껑)레 있갔으니 그거루 물을 떠먹구 수욱 들어가문 고기 있다구 대줬다. 색시는 그 아레 대준 대루 가서 굴엄물에서 금복지게루 물을 떠먹구 글루루 들어갔더니 큰 기와집이 있구 그 집에 구렁덩덩신선님이 있었다.[79]

인용문을 보면 신선비가 사는 세계가 인간세계와 격리되어 있는 이계(異界)임을 알 수 있다. 상층이 아닌 지계 내에 천계를 설정하는 수평적 공간체계는 우리 서사문학 전반에 걸쳐 나타나는 보편적인 현상이다. 즉 전통적 관념에서 천계는 성의 공간을 지계는 속의 공간을 나타내는데, 하늘·서천서역·용궁·산·우물·샘 등은 보편적인 성의 공간에 속한다.[80] 그래서 이러한 장소로의 이동이 도보여행으로 나타난다 하더라도 기실은

79 임석재, 『한국구전설화』 평안북도편 1, 평민사, 1989, 45쪽.

80 조희웅, 『설화학강요』, 새문사, 1989, 99~107쪽.

천계여행을 상징하는 것이다. 또한 위 인용문에서 나타나는 굴 우물은 주몽이 하늘을 왕래하는 장소였다는 조천석의 기린굴[81]이나 용녀가 용궁으로 왕래하는 장소였던 우물과 상응한다. 따라서 이 대목은 셋째 딸이 신성공간으로 이행하는 입구를 통과하여 천계에 무사히 도달하였음을 의미한다.

⑽ 셋째 딸이 신선비가 낸 시험을 해결한다.
→ J. 혼사시험

천계에서 셋째 딸은 신선비와 재회하지만, 재결합은 쉽게 이루어지지 않는다. 신선비가 새색시를 얻었기 때문에 둘 중 한 명만을 아내로 선택해야 하는 것이다. 이에 셋째 딸은 신성혼의 재실현을 위해 통과제의적 시험을 수행하게 된다.

혼사시험에서는 굽 높은 나막신을 신고 물을 길어온다거나, 호랑이의 눈썹을 뽑아온다거나, 곡식을 쪼아 먹는 새를 잡는다거나 하는 과제가 부여된다. '물을 흘리지 않고 길어오기'는 물을 잘 조절할 수 있는 수신의 능력과, '호랑이 눈썹 뽑기'는 맹수를 다스릴 수 있는 동물의 어머니로서의 능력과 관계가 있다. '새를 잡아 곡물을 보호하기'는 농경신의 능력과 직결되며, 새는 천상과 지상을 연결하는 영매이니 새를 다룰 수 있는 능력 역시 신모가 갖추어야 할 자격요건이다. 따라서 혼사시험의 종목이 되는 화소들은 고대 신모의 자격요건과 상응하는 난제들이므로, ⑽ 단락은 신모의 능력을 셋째 딸이 보유하고 있는 지를 혼사시험을 통해 검증하는 과정인 것이다.

---

81 『신증동국여지승람』, 평양.

⑾ 셋째 딸은 신선비와 재결합한다.

→ K. 신모와 천신의 재결합

혼사시험에서 승리한 셋째 딸은 신선비와 재결합하고, 한동안 상실되었던 자신의 자격을 되찾게 된다. 이를 신모신화에 대입하면 자신의 실수로 말미암아 인간세계와 분리되었던 신성한 세계를 신모 스스로의 힘으로 회복함으로써 천인합일을 다시 이루어 인간세계를 성화시킨다는 상징의미를 갖는다.

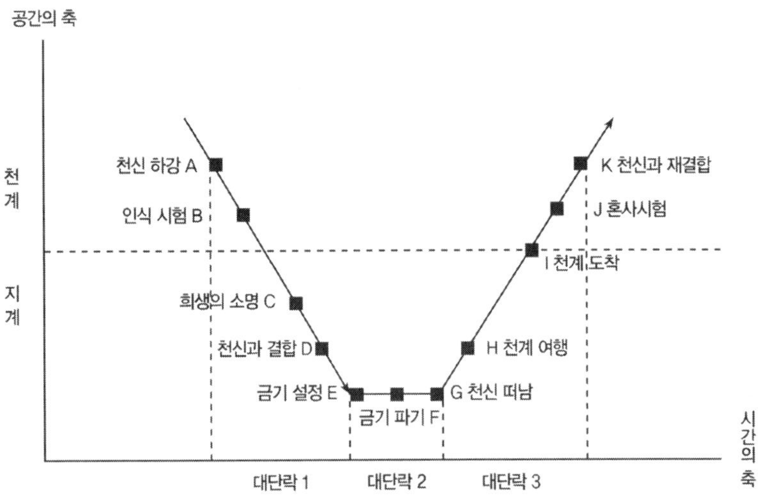

〈그림 4〉「구렁덩덩 신선비」 서사의 구조도

「구렁덩덩 신선비」의 서사구조는 「당금애기」와 유사하다. 이는 「구렁덩덩 신선비」가 신모신화의 원형 구조를 간직하고 있는 신화적 민담이라는 뜻이다. 이 점을 면밀하게 확인하기 위해 구조도를 <그림 4>와 같이 작성해 보았다. 「구렁덩덩 신선비」의 구조도를 보면 진행적 측면뿐만 아니라 장면적 측면까지도 「당금애기」와 닮은꼴이라는 것을 확인할 수 있다. 이렇듯 유사한 서사구조가 신모계통의 이야기에 지속적인 영향을 미치는 것은 이야기의 동인이 되는 신화적 관념이 동일하기 때문이다. 물론 관념이 이야기로 표출될 때는 나름대로의 변형 생성의 과정을 거치게 되고, 이러한 과정에서 다양한 작품들이 양산된다. 따라서 각 작품의 유형구조를 분석하여 나타낸 구조도는 같은 계통의 작품이라도 완전히 일치할 리는 없다. 하지만 구조도들 간에 공통적으로 반복해서 나타나는 부분을 발견할 수 있는데, 이 부분들을 통해 신모계 전승의 동일 근원지인 신화적 관념에 접근할 수 있는 것이다. 「구렁덩덩 신선비」와 「당금애기」의 구조도를 비교하면서 이 신화적 관념을 살펴보자.

「구렁덩덩 신선비」의 대단락 I 인 단락 (1)에서 (4)까지는 구렁이가 주도해서 셋째 딸과의 결혼이 이루어지므로 구렁이 → 셋째 딸의 방향으로 이야기가 전개되고, 「당금애기」에 보이는 천 → 인의 방향과 같은 양상이므로 하향선으로 나타냈다. 「당금애기」의 대단락 I 은 신성혼으로 이루어진 입무식의 이야기라고 했는데, 「구렁덩덩 신선비」의 대단락 I 도 고찰한 바와 같이 'A. 천신하강 → B. 인식의 시험 → C. 희생의 소명 → D. 천신과 결합'으로 되어 있어 이에 대응하는 구성을 보인다.

대단락 II는 천신과 신모가 분리되는 장면인데, 단락 (5), (6), (7) 로 이루어지며 상승도 하강도 아니므로 수평선으로 나타냈다. 「당금애기」에서는 단순히 천신이 떠나는 내용이므로 연결단락으로 설정했지만, 「구렁덩덩 신선비」에서는 서사적 확장을 보이므로 경우가 달라진다. 즉 천신이 떠나게 되는 사연이 'E. 금기의 설정 → F. 금기의 파기 → G. 천신의 떠남'이라는 인과적 서사로 구성되며 독립된 삽화로서의 역할을 하고 있다. 따라서 이 부분은 단순한 연결단락이라 볼 수 없으므로 대단락으로 설정한 것이다. 대단락II는 신과의 계약으로 맺어졌던 천인합일의 상황이 인간의 계약 불이행으로 말미암아 깨지게 되고, 그 결과 신이 인간을 버리고 떠난다는 '낙원 상실'에 버금가는 상징의미를 내포하고 있다.

대단락Ⅲ은 단락 (8)에서 (11)까지인데, 셋째 딸이 주체가 되어 구렁이와 재결합하는 셋째 딸 → 구렁이의 방향으로 이야기가 전개되며, 「당금애기」의 대단락II와 같이 인 → 천의 양상을 보이므로 상향선으로 나타냈다. 「당금애기」의 이 부분은 입사식의 통과제의 절차로 되어 있었다. 「구렁덩덩 신선비」의 대단락Ⅲ은 'H. 천계여행 → I. 천계도착 → J. 혼사시험 → K. 천신과 재결합'으로 구성된다. 이 또한 셋째 딸이 지계를 떠나 시련을 거치며 천계에 수용되는 분리 - 과도 - 통합의 통과제의 절차가 드러난다.

앞서 「당금애기」가 인간이 신의 세계에 편입되는 신모의 결혼식담이고, 입무식과 입사식의 구조로 이루어진 신모신화의 전형이라는 견해를 밝힌 바 있는데, 「구렁덩덩 신선비」 역시 동일한 구조로 되어 있는 신모신화의 민담 형태인 것이다. 따라서 「구렁덩덩 신선비」의 고찰을 통해 신모신화의 서사구조가 후대 결혼식 민담의 구성 원리로 작용하며 지속적인 영향을 미치고 있는 것을 확인할 수 있다.

「구렁덩덩 신선비」는 유럽의 「에로스와 푸쉬케」나 「미녀와 야수」와 흡사한 내용을 지니고 있어서 자주 비교가 되곤 한다. 톰슨(Tompson)은 이 유형의 이야기를 '잃어버린 남편을 찾아서(Search for lost husband)'[82] 라는 유형(AT - 425)으로 묶고, 이 유형을 이루는 화소를 다음과 같이 정리했다.

---

82 S. Tompson, "The Types of the Folktale", 1961. p. 140.

1) 괴물 남편 (the monster as husband)

2) 괴물의 마법이 풀림 (disenchantment of the monster)

3) 남편의 상실 (loss of the husband)

4) 남편을 찾아 나섬 (search for husband)

5) 남편을 되찾음 (recovery of husband)

「구렁덩덩 신선비」 유형의 이야기가 세계적 분포를 보인다는 사실은 이 유형의 유래가 아득한 옛날로 소급된다는 것을 시사해 주는 동시에 이 유형의 이야기들이 인류의 보편적인 심성과 맞닿아 있는 상징의미를 가지고 있다는 것을 암시해 준다. 톰슨도 이 이류교혼담의 주인공이 남편이 아닌 아내이고, 그녀에 의해 수행되는 남편의 되찾기가 신성성의 회복을 상징하고 있다는 사실을 간파하고 있었던 듯하다.

2) 불행한 「우렁각시」의 발생 원인

「구렁덩덩 신선비」는 단락 (1)~(11)로 되어 있는 각편이 대부분이지만, 간혹 단락 (1)~(7)로 마무리되어 허물을 태우자마자 신선비가 죽는 것으로 허무하게 끝나 버리는 각편도 발견된다. 이 행복한 결말과 불행한 결말의 상이한 유형은 민담에서 결혼식담이 다양해지는 현상을 규명하는데 중요한 단서를 제공한다.

> 화루에다 테넣서 태웠다. 그러느꺼니 새시방은 고만 멀리 가구 말았다. (고담에는 닞어 삐렀시요.)[83]

83 임석재, 『한국구전설화』 평안북도편 1, 46쪽.

인용문에 의하면 불행한 결말의 변이형이 생긴 원인은 제보자의 망각 때문이다. 그런데 이러한 망각이 발생하는 데는 숨어 있는 이유가 있다. 「구렁덩덩 신선비」의 경우를 참고하면, 원형의 이야기가 갈라져 새로운 유형을 생성하는 현상은 결혼식담이 몇 가지 부분으로 나누어진다는 분절의식이 전승과정을 통해 작용한 까닭이다. 「구렁덩덩 신선비」는 세 부분의 분절 단위로 구성된다. 대단락 I 인 (1)~(4)는 신이 여성을 선택하여 결합하는 이야기이고, 대단락 II 인 (5)~(7)은 여성이 금기를 위반하여 신과 이별하는 이야기이며, 대단락 III 인 (8)~(11)은 버림받은 여성이 신을 되찾아 재결합하는 이야기다. 대단락 I 혹은 대단락 I+II+III에서 끝난다면 행복한 결말이 되고, 대단락 I+II로 끝난다면 불행한 결말이 된다.

이야기의 분절의식은 다른 유형의 결혼식 설화에도 적용되어 다양한 변이형을 양산한다. 남녀의 신격이 뒤바뀐 유형이기는 해도 「선녀와 나무꾼」 역시 신모계의 결혼식담으로 분절 단위에 따라 세 가지 유형을 예상할 수 있다.

A형 대단락	I	: 나무꾼이 목숨을 구해 준 사슴의 조언으로 선녀의 날개옷을 감추고 선녀와 결혼하는 이야기
B형 대단락	I+II	: 나무꾼이 날개옷을 성급하게 돌려주는 바람에 선녀가 아이들을 데리고 승천하는 이야기
C형 대단락	I+II+III	: 나무꾼이 두레박을 타고 하늘에 올라 선녀와 재결합하는 이야기

그런데 실제 「선녀와 나뭇꾼」의 각편들을 검토해 보면 B형과 C형은 다수 발견되지만 A형은 찾아보기 어렵다. 대단락 I 에서 아이를 셋 낳을

때까지 날개옷을 돌려주지 말라는 금기가 설정되고, 이는 대단락II의 금기 파기를 전제로 하므로 대단락 I 과 II 사이에는 분절의식이 작용하지 않는 것이다. 따라서 이와 같이 금기의 설정과 파기가 나타나는 결혼식담에서는 대단락 I 로만 구성된 A형의 파생은 발생하기 힘들다. 물론 이 외에도 B형에 뒤이어 나무꾼이 두레박을 타고 올라가는데 선녀가 줄을 끊는 바람에 나무꾼이 떨어져 죽는 이야기도 있고, C형에 뒤이어 나무꾼이 어머니를 보러 내려왔다가 뜨거운 팥죽 때문에 말에서 떨어져 다시 하늘에 못 올라가고 수탉이 되어 우는 - 사실상 가장 보편적인 - 이야기까지 다양한 변이형이 존재한다.[84] 하지만 각 분절 단위 전후로 약간의 화소가 추가되며 서사가 확장될 뿐이지, 결혼식담의 기본 유형이 A, B, C형인 것은 변함이 없다.

「우렁각시」도 A형과 C형의 행복한 결말과 B형의 불행한 결말인 이야기가 공존하는 신모계 민담이다.

A형 : 대단락 I

(1) 홀로 사는 총각이 밭을 갈다 우렁이를 발견하고 독에 넣어 두었다.
(2) 총각은 항상 부엌에 밥이 차려져 있는 것을 이상히 여기고 숨어 있다가 여인으로 변한 우렁각시를 붙잡는다.
(3) (총각이 결혼하자고 하자 우렁각시는 아직 때가 되지 않았다면서 얼마간 참아 줄 것을 간청한다.)
(4) 총각은 (참지 못하고) 우렁각시와 결혼한다.[85]

84 이성희, 「여성주의 시각에서 <선녀와 나무꾼> 읽기」, 『고전문학다시읽기』, 민속원, 2004. 87~91쪽.

B형 : 대단락 I + II

(5) 남편을 대신하여 우렁각시가 밭에 나간다.

(6) 고을 현감이 지나가다 보고 우렁각시를 데려간다.

(7)-1 현감에게 아내를 빼앗긴 총각은 죽어 파랑새가 되고, 우렁각시도 죽어 참빗이 되었다.[86]

C형 : 대단락 I + II + III

(7)-2 총각은 우렁각시를 되찾기 위해 현감과 내기를 한다.

(8) 우렁각시의 도움을 받아 총각은 현감과의 내기에서 이긴다.

(9) 총각은 우렁각시와 재결합하여 행복하게 살았다.[87]

「우렁각시」는 「선녀와 나무꾼」과 같이 여성과 남성의 신격이 뒤바뀐 이류교혼담이다. 신모계 전승에서 신모가 인간과 결혼하는 유형에 대해서는 「성거산신모신화」를 다룰 때 이미 논의를 한 바 있다. 자체 신격을 지닌 신모가 결혼식 이야기에 등장할 때 그녀의 배우자로 천신을 대신해서 인간이 선택될 수 있다. 특히 민담에서는 평범한 남성이 주인공인 경우가 많으므로 신모계 전승에 속하는 민담에서는 이러한 유형이 더욱 보편화될 수밖에 없다. 남녀의 신격이 바뀌는 상황으로 인한 이야기의 논리화 과정에서 내용에 변화가 생기기도 하지만, 이러한 변화가 신모계 전승의 유형구조에까지 영향을 미치지는 못한다.

또한 「우렁각시」는 「구렁덩덩 신선비」와 같이 동물신이 등장하는데,

85 ( ) 표시한 부분이 나타나지 않는 각편도 있다.

86 손진태, 『한국민족설화의 연구』, 을유문화사, 1987, 31~33쪽.

87 임석재, 『한국구전설화』 평안북도편 1, 69~71쪽.

여성이 동물이라는 점에서 차이를 보인다. 여성이 동물 신격으로 인간 남성과 결합하는 이류교혼담은 왕건의 조부모인 작제건과 용녀의 이야기에서 이미 마주친 바 있었다. 그러고 보면 용녀와 우렁각시는 수신의 성격을 가진 여성이 인간 남성과 혼인하며, 둘이 이별을 하게 되는 원인이 금기의 설정과 파기 때문이라는 점에서 유난히 닮았다.

「우렁각시」에서 A형에 해당하는 행복한 결말의 이야기는 사흘 혹은 석 달 등 일정 기간 결혼을 미루어 달라는 금기가 설정되지 않는 각편이 대부분이다. 이 경우 대단락Ⅰ과 Ⅱ 사이의 연결고리가 느슨해져서 분절의식이 작용하게 되므로 어색함이 없이 이야기의 분리가 가능해진다.[88]

B형은 결혼식담의 후반부가 도태되어 지배층의 남성이 하층민의 여인을 빼앗는 관탈민녀형(官奪民女型) 설화로 변이된 이야기다. 이 유형에서는 대단락Ⅰ에서 설정된 금기가 대단락Ⅱ에서 파기되므로 두 대단락 간에는 분절의식이 작용하지 않는다. 그런데 대단락Ⅱ에서 결말을 맺는 비극적 이야기가 오히려 「우렁각시」를 대표하는 유형의 자리를 꿰차고 있어서 흥미본위의 이야기라는 민담의 속성에 어긋나므로 의외롭다.

C형은 '잃어버린 남편을 찾아서' 유형에서 남녀의 상황설정이 반대로 이루어진 이야기라고 보면 된다. 아내가 신격이고, 금기를 부여하는 쪽은 아내이며 파기하는 쪽은 남편이다. 남편의 잘못으로 아내를 빼앗겼기 때문에 남편이 시련을 통해 대가를 치르며 아내를 되찾아야 하는 이야기가 펼쳐지는 것이다.

그런데 여기서 간과할 수 없는 사항은 「우렁각시」처럼 B형과 C형이라는 하위 유형의 이야기를 파생시키는 분절의식 역시 모든 결혼식담에 적

88 A형에서 총각이 금기를 지켜 결혼하는 경우도 있으나, 이야기의 문법에는 어긋나므로 이러한 각편은 예외에 속하는 퇴화적 변이형에 불과하다.

용되지 않는다는 사실이다. 「잉어각시」는 우렁이에서 잉어로 여주인공만 교체되었을 뿐 서사내용은 「우렁각시」와 대동소이한데, B형의 비극적 결말은 극히 드물다. 이러한 현상은 잉어가 신성성을 유지하고 있는 데서 기인한다고 본다. 민간신앙에서 잉어는 용의 자식으로 여겨진다. 이는 어부에게 잡힌 잉어가 항상 용왕의 아들이나 딸이라는 이야기의 공식을 통해서도 확인할 수 있다. 이렇듯 여성의 신격이 유지되는 경우에는 대개 남편이 아내의 도움으로 시련을 극복하고 빼앗겼던 아내와 재결합한다는 행복한 결말로 마무리 된다. 설령 비극적 결말을 취한다 하더라도 용녀처럼 남편이 금기를 위반하자 용궁으로 가서 다시 돌아오지 않는 정도이지, 우렁각시처럼 수령에게 능욕을 당하는 경우는 없다.

따라서 불행한 결말로 끝나는 「우렁각시」의 변이형은 신모신화의 커다란 두 부분인 천 → 인의 과정과 인 → 천의 과정 사이의 분절의식과 전승과정 중 여주인공의 신격이 상실되는 현상이 맞물리면서 파생된 유형이라 사료된다. 이렇게 형성된 변이형이 보편적 유형으로 자리 잡게 된 이유는 지배층의 착취가 극심해지고 민중의식이 성장하던 시기에 비극적 유형의 「우렁각시」가 당대의 시대와 사회상을 반영하여 비판하고 있는 작품으로 인식되면서, 민간층의 호응을 얻으며 독자적으로 전승될 만한 가치를 획득했기 때문일 것이다.

3) 여성영웅서사의 민담형 「제 복에 사는 여인」

「우렁각시」의 비극적 유형이 결혼식담의 분절의식에 의해서 후반부가 도태된 형태라면 그 반대의 경우도 생각할 수 있다. 즉 결혼식담의 전반부가 생략되고 후반부가 분화·독립되면서 새로운 이야기의 유형을 형성할 수도 있는 것이다. 「쫓겨난 여인 발복 설화」 혹은 「제 복에 사는 여인」이라고 불리는 민담에서 그러한 양상을 발견할 수 있다.

「제 복에 사는 여인」은 고대신화와 유사한 내용으로 구성되는데, 이 민담이 고대 신모신앙에 기대어 성립된 설화라는 주장은 이미 제기된 바 있다.[89] 아버지가 원하는 대답을 하지 않아 쫓겨나야 하는 딸에 관한 화소도 섹스피어의 「리어왕」에 반영되었듯이 세계적으로 널리 분포하는 화소다. 다만 작품에 따라 '제 복에 산다', '아버지가 소금과 같은 존재다'라는 등 딸의 대답이 천차만별일 뿐이다.

제주도 무가 중 「삼공본풀이」라고도 불리는 「감은장애기」[90]는 「제 복에 사는 여인」과 동일 유형의 이야기인데, 현재도 무속신화로 구연되고 있다. 이 유형의 이야기가 신의 내력을 풀이하는 서사무가라는 사실이야말로 「제 복에 사는 여인」이 신모신화의 유풍을 간직하고 있다는 증거라 하겠다.

(1) 세 자매를 둔 영감이 딸들에게 누구 복으로 사느냐고 물었다.
(2) 첫째와 둘째는 아버지 덕에 산다고 했지만, 막내딸만은 제 복에 산다고 했다.
(3) 화가 난 아버지는 막내딸을 집에서 내쫓는다.
(4) 정처 없이 길을 떠난 막내딸은 산에서 어떤 총각(주로 숯 굽는 총각)을 만난다.
(5) 총각과 막내딸은 결혼을 한다.
(6) 막내딸은 총각이 일하는 곳에서 많은 금을 발견하고 그 금을 팔아 부자가 된다.

89 최운식, 「쫓겨난 여인 발복설화고」, 『한국민속학』 6, 민속학회, 1973.
김영만, 「쫓겨난 여인 발복설화의 여성상징 연구」, 『국어국문학』 20집, 부산대, 1983.

90 김태곤, 『한국의 무속신화』, 집문당, 1985, 226~229쪽.

제시된 단락들을 통해 확인할 수 있듯이 「제 복에 사는 여인」은 「당금애기」에서 고찰한 신모신화 후반부의 통과제의 절차와 일치하는 서사구조를 보여준다. (1)~(3) 단락은 아버지의 권위를 무시한다는 오해를 받은 막내딸이 집에서 쫓겨나는 내용이므로 분리단계이고, (4) 단락은 막내딸이 아버지의 곁을 떠나 방황을 하다가 자신의 배우자를 만나는 과정이므로 과도단계이며, (5)~(6) 단락은 막내딸이 총각과 결혼하고 부자가 되는 내용이므로 통합단계이다.

분리 : (1), (2), (3) 기존세계와의 갈등으로 인하여 추방당함
과도 : (4) 기존세계에서 새로운 세계로 이행함
통합 : (5), (6) 새로운 세계에 수용됨

따라서 「제 복에 사는 여인」은 결혼식담의 분절의식의 영향을 받아서 '인 → 천' 방향의 신모신화 후반부가 독립 전승됨으로써 나타난 결혼식담의 변이유형이라고 추정된다.

「제 복에 사는 여인」을 다루면서 거론하지 않을 수 없는 설화가 「서동설화」다. 여성이 쫓겨나게 되는 원인이 아버지의 권위를 손상시킨다고 여겨지는 말대답이냐, 아니면 외간남자와 정을 통했다는 소문이냐 하는 점만 다를 뿐 표면적인 내용은 동일한 것처럼 보인다. 즉 아버지에게 부당하게 쫓겨났던 여인이 총각과 결혼을 하고 금으로 발복(發福)한 후 보란 듯이 잘사는 내용이 일치하는 것이다. 「서동설화」는 『삼국유사』에 기록되어 있고, 「제 복에 사는 여인」은 현재도 구연되는 민담이므로 그만큼 전승의 역사도 만만치 않다. 심리주의적 관점에서 보면 여자아이가 겪는 외디푸스 콤플렉스[91]가 투사된 이야기이기도 하므로, 아버지에게 인정을

받고 싶어 하는 무의식적 욕구가 이 이야기의 강한 전승력에 힘을 보탰을 수 있다. 하지만 그보다 더 큰 이유는 이러한 유형의 이야기들이 우리 문학의 오랜 전통인 신모신화에 근원을 두고 있기 때문이라고 본다.

그런데 일별하면 동일한 유형처럼 보이는 「서동설화」와 「제 복에 사는 여인」은 서사구조의 측면에서 분석해 보면 전혀 다른 구조로 이루어진 이야기라는 사실을 발견할 수 있다.

(1) 과부와 지룡(池龍) 사이에서 태어난 맛둥이 마를 캐서 살아간다.
(2) 맛둥이는 선화공주를 마음에 두고 서라벌로 간다.
(3) 맛둥이는 선화공주와 정을 통했다는 노래를 서라벌에 퍼트린다.
(4) 선화공주는 진평왕의 노여움을 사서 궁에서 내쫓긴다.
(5) 선화공주는 궁궐 밖에서 기다리던 맛둥이를 따라가 함께 살게 된다.
(6) 선화공주가 준 금을 본 맛둥이는 마를 캐던 곳에 있던 금을 팔아 입신하고 후에 백제 무왕이 된다.

단락의 내용을 통해 짐작했겠지만 「서동설화」는 신모신화의 후반부가 아닌 전반부와 후반부가 연결된 작품 전체와 일치하는 서사구조를 갖추고 있다. 이 점을 확인하기 위해 「서동설화」의 서사단락을 신화소로 환원시켜 보자.

(1) A. 천신의 출생과 성장
(2) B. 천신의 하강
(3) C. 천신과 신모의 결합

91 브르노 베텔하임, 김옥순·주옥 옮김, 『옛이야기의 매력』, 시공주니어, 1998, 222~223쪽.

(4) D. 신모의 추방

(5) E. 천신과 신모의 재결합

(6) F. 신모로 좌정

단락 (1), (2), (3)은 신모신화의 전반부로 천신에 의해 신모가 선택되어 결합하는 내용이므로 「당금애기」의 대단락 I 에 해당하고, 단락 (4), (5), (6)은 신모신화의 후반부로 신모가 기존의 세계에서 분리되어 천신과 재결합하는 내용이므로 「당금애기」의 대단락II에 해당하는 것이다. 이러한 주장에 논란을 일으킬 부분은 단락 (3)과 (6) 정도다. 그런데 단락 (3)에서는 맛둥이와 선화공주의 첫 번째 결합이 「서동요」[92]라는 노래를 통해 암시되어 있다. 물론 이야기의 표면적 층위에서 둘의 결합이 사실무근의 참요(讖謠)로 설정되어 있다 해도, 노래의 내용은 야합이고 세상 사람들은 이를 진실로 믿어 진평왕이 딸을 추방하는 계기가 된다. 따라서 야합이 사실이건 아니건 유형구조의 변화를 가져오는 구성요소는 아니다. 단락 (6)의 경우는 후에 백제 무왕으로 즉위하는 맛둥이의 입장에서 서술되어 있지만, 선화공주의 입장으로 바꾸면 국모가 되는 것이므로 문제가 될 만한 대목은 아니다. 어차피 「서동설화」는 실제 백제 무왕의 이야기가 아니고, 무왕을 신성시하려는 의도로 기존의 신화를 차용하여 재구성된 이야기다. 그렇다면 「서동설화」에 영향을 미친 모본은 고대로부터 내려온 신모신화였다는 결론에 도달한다.

92 일연, 『삼국유사』 무왕.
선화공주님은 / 남 몰래 정을 맺어두고서
맛둥 서방을 / 밤에 몰래 안고 간다네

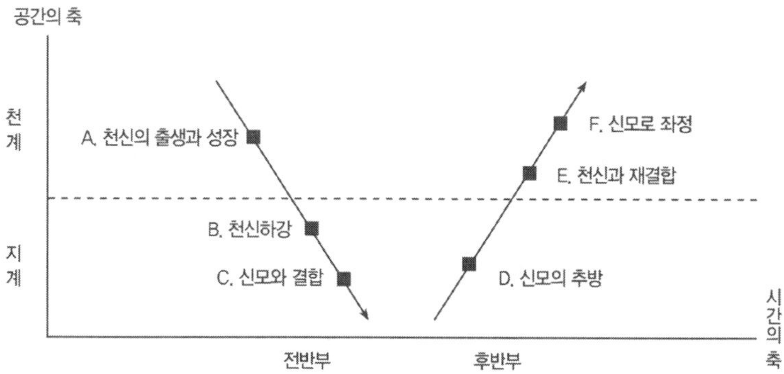

〈그림 5〉「서동설화」 서사의 구조도

「서동설화」의 구조도인 <그림 5>를 염두에 두고 「제 복에 사는 여인」을 이 구조도에 대입해 보자. 「제 복에 사는 여인」은 아버지에 의해 막내딸이 추방되는 장면부터 이야기가 시작되므로 신모신화의 후반부가 분화 독립되며 형성된 서사형태임을 확인할 수 있다.

「제 복에 사는 여인」의 각편 중에는 딸이 부자가 된 후에 거지가 된 아버지를 찾아 제 복에 산다는 자신의 말을 입증하는 내용으로 결말을 맺는 작품도 많다. 이러한 유형은 「바리데기」와 유사하다. 아버지에 의해 막내딸이 버림을 받고 시련을 극복하여 후에 아버지의 인정을 받는다는 서사구성이 동일한 것이다. 따라서 「바리데기」도 신모신화의 후반부가 분화 독립하면서 형성된 신화이며, 이러한 신모신화의 변이형이 후대 「제 복에 사는 여인」과 같은 유형의 신모계 전승에 영향을 준 것이라 판단된다. 앞서 「바리데기」는 신모가 신의 배우자로서 신격을 획득한다기보다는 자신의 행위를 통하여 신모로서의 자격을 획득하는 여성영웅서사시로서의 면모를 보인다고 했다. 이런 측면에서 「제 복에 사는 여인」은 제목이 말해 주듯이 여성영웅서사의 계보를 잇는 신모신화의 또 다른 유산이라 하겠다.

지금까지 신모신화가 남녀 간의 결연을 중심내용으로 하는 민담에도 지대한 영향을 미치고 있음을 살펴보았다. 이 고찰을 통해 신모계 전승이 신모신화의 분절의식에서 기인한 구연자의 망각과 부연 등으로 변이 유형들을 파생시키며 다양해지는 현상을 조명할 수 있었다. 그렇다고 해서 오랜 동안 우리 서사문학의 큰 축으로 작용하던 신모신화의 전통이 새로운 변이 유형들로 인해 소멸되지는 않는다. 문학적 전통은 일시적인 파기로 무너지는 것이 아니고, 잠재되어 있다가 후대전승을 통해 회복되는 경향을 보여주기 때문이다.

> 지혜로운 청자는 화자가 경솔하게 구연하였던 설화를 스스로 수정하며, 이렇게 해서 설화는 원래의 핵심적인 내용을 계속해서 유지할 수 있게 된다. 한 설화의 여러 가지 변이형을 들은 청자는 자연히 그것들을 종합해서 표준적인 형태를 만들어 내고, 그 결과 그는 그 설화의 본질적인 요소가 다른 의도로 사용되지 않도록 한다.[93]

앤더슨(Anderson)이 말한 이야기의 자기수정 법칙은 민간전승이 유형구조를 유지하며 존속될 수 있는 근본원리를 잘 설명해 준다. 이러한 자기수정의 법칙은 후대 결혼식담에도 적용되어 이야기의 분절이나 비고정체계면의 변이로 말미암아 다양한 변이형들이 발생하고 성행함에도 불구하고 신모신화가 본래의 유형구조를 유지하며 지속적인 영향력을 발휘하게 만드는 원인이 되는 것이다. 물론 성공적인 변이형은 지속성을 유지하게 되어 보편적 하위 유형으로 자리 잡겠지만, 퇴화적 변이형은 오래가지 못하고 본래의 구조를 회복하기 마련이다.

93 Stith Tompson, "Folktale", p. 437에서 재인용.

제7장

신모신화의 문학적 수용 양상

제7장
신모신화의 문학적 수용 양상

신모신화는 결혼식담으로 구성된 설화뿐만이 아니라 서사문학 전반에 걸쳐 지대한 영향을 미쳤다. 특히 여성서사문학의 경우는 내용적 측면에서는 물론이고, 형식적 측면에서도 신모신화가 전형적 틀로 작용하고 있는 작품들을 허다하게 발견할 수 있다. 이번 장에서는 신모신화가 우리 문학사에 내디딘 다음 발자취를 따라가며, 신모신화가 후대 서사문학에 어떤 모습으로 수용되고 있는지에 대한 문제를 함께 살펴보기로 하자.

1. 신이한 탄생담의 전통

서사문학 작품에 등장하는 인물을 초월적인 존재로 부각시키기 위해서는 일반인과는 다른 특성을 그 인물에게 부여해야 한다. 이러한 특성은 인물의 출생과정에서부터 비롯된다. 설화나 고소설에 나타나는 신이한 탄생담은 건국신화가 그랬듯이 새롭게 창작되는 경우보다는 종래 민간층이 인식하던 신성원리에 기대어 마련되는 경우가 많은데, 신모신화는 신이한 탄생담들의 보고(寶庫) 역할을 톡톡히 해냈다.

1) 천기감응으로 잉태하는 여인

신모신화에서 천신이 사라지는 현상은 남편 없이 잉태하는 신모 유형을 형성시키는 계기가 되었고, 이 과정에서 햇빛에 감응하여 아이를 낳는다는 화소가 발생했음을 고찰한 바 있다. 고대 건국신화에서부터 발견되는 일광감응에 의한 잉태는 햇빛만이 아닌 달, 별 등의 천기로 확대되면서 국왕이나 기타 주요 인물들의 탄생담에 지속적으로 응용되었다.

> 유례이사금이 즉위하니 그는 조분왕의 장자다. 어머니는 박 씨로 갈문왕 나음의 딸이다. 어느 때 밤길을 가다가 별빛이 입 속으로 들어와 이로써 아이를 배었는데 해산하던 날 밤에 이상한 향기가 집에 가득했다.[1]

신라 유리왕은 별빛 감응으로 잉태되는데 그가 태어나는 순간 집안은 신성 공간으로 변화한다. 큰 별이 인가로 들어가 그 집의 부인이 아들을 낳게 되었다는 강감찬의 경우[2]는 역사적 영웅의 탄생에 천기감응이 적용된 사례다. 천기감응에 의한 탄생담은 비단 왕이나 영웅의 출생만이 아니라 민간전승에도 영향을 미쳤다. 목욕을 하다가 물가에 나와 소변을 보던 여인이 달이 떨어져 모래에 박힌 다음 태기가 있어 아들을 낳는다는[3] 천기감응이 잔재된 형태를 요즘 설화에서도 심심치 않게 발견할 수 있다. 세속화된 모습으로 변질되어 갈지라도 천기감응에 의한 잉태가 꾸준히

---

1 김부식, 『삼국사기』, 신라본기, 유례이사금.

2 『고려사』, 열전.

3 『한국구비문학대계』 7-3, 507~513쪽. 첫날밤에 낳은 달님 아들.

서사문학의 전통으로 이어져 내려오고 있는 것이다.

천기감응이 꿈을 통해 제시되는 경우도 허다하다. 자장법사와 원효대사의 어머니는 별과 유성이 품에 들어오는 꿈을 꾸고 그들을 낳았다.[4] 태몽을 통한 천기감응은 남편 없이 잉태하는 화소에 합리적이고 도덕적인 인식이 작용한 변이형이라 하겠다.

이러한 현상은 민간전승에만 머물지 않고 고소설로 이어진다. 고소설은 주인공이 탄생하면서 이야기가 시작되는 것이 아니라 기자행위(祈子行爲)를 통해 아이를 점지 받고 태몽을 꾸는 장면에서부터 출발한다.

> 일일은 부인이 밤이 깊도록 잠을 이루지 못하더니 문득 여승이 부인께 구슬을 드려 왈 이것은 천상 유성이라 상제께 득죄하야 인간에 내치심에 금강산 부처 지시하심이오니 부인은 귀히 길러 후사를 이으소서 하거늘 부인이 그 구슬을 받아 자세히 보니, [……] 이는 구슬이 아니오 옥동자라 부인이 놀라 깨달으니 침상일몽이라.

인용문은 「장백전」의 태몽 대목인데 '유성 → 구슬 → 옥동자'의 상징적 연상 작용이 문맥에 그대로 드러난다. 동아시아 신화들을 비교하며 확인하였듯이 천기감응은 달걀 같은 기운을 거쳐 붉은 열매, 알 등의 은유물로 대체되는 변이 과정을 보였다. 「장백전」의 태몽에 나타나는 위와 같은 은유적 대체물의 연결이야말로 이 대체물들이 민간전승을 거쳐 고소설로 이어졌다는 사실을 증명해 준다.

이 외에도 무학대사의 어머니가 시내에서 놀다가 큰 오이를 먹고 무학을 낳았다거나, 최도성의 어머니가 빨래를 하다가 떠내려 온 복숭아를

4 일연, 『삼국유사』, 자장 정율, 원효불기.

먹고 도성을 낳았다는 이야기[5]도 천기감응의 또 다른 변이형에 속한다. 오이나 복숭아는 남녀의 성적 결합을 암시하기도 하지만, 열매나 구슬의 연장선상에 있기도 하므로 두 양상이 복합적으로 적용된 상징에 해당한다.

천기감응을 받는 장소에 물가가 많다는 사실도 간과할 수 없는 특징이다. 물이 생명의 근원을 상징하기도 하지만, 유화나 정견 등 고대 신모가 물가에서 잉태의 원인이 되는 사건을 겪는 신화적 전통에서도 영향을 받은 것으로 보인다.

2) 여인과 변이된 신격의 만남

신라의 진지왕은 자색이 곱고 아름다운 도화에게 음심을 품는다. 그녀는 남편이 있는 몸이라며 왕의 청을 단호히 거절하지만, 남편이 없으면 가능하다는 여지를 남긴다. 이러한 여지는 왕과 남편이 죽은 뒤에야 효력을 발휘한다.

> 이 해에 왕은 폐위되고 돌아가셨다. 그 후 이 년 뒤에 도화의 남편도 또한 죽었다. 십일이 지난 어느 날 밤중에 갑자기 왕은 평상시와 같이 여인의 방에 들어와 말한다. [……] 왕은 칠일 동안 머물렀는데 머무는 동안 오색구름이 집을 덮었고 향기는 방안에 가득했다. 칠일 뒤에 왕이 갑자기 사라졌고 여인은 이내 태기가 있었다. 달이 차서 해산하려 하자 천지가 진동하더니 한 사내아이를 낳아 이름을 비형이라고 했다.[6]

5 『한국구비문학대계』 2-3, 75~81쪽. 6-2, 735~737쪽.

6 일연, 『삼국유사』, 도화녀와 비형랑.

이렇게 해서 태어나는 비형은 귀신을 부리는 재주가 뛰어났다. 비형은 무리를 이끌고 하룻밤 사이에 큰 다리를 놓았고, 그의 이름만 들어도 귀신들이 두려워 달아났다. 왕의 귀신과 야합하여 낳은 자식이니 그럴 만도 하다. 비형의 정체가 도깨비인지는 확실치 않지만, 그가 진평왕의 쓰임을 받았다는 내용을 참조하면 당시 유명한 국무(國巫)의 역할을 수행했다는 것은 분명하다. 도화 역시 귀신이 된 왕과 칠일 동안 함께 지냈다고 하므로 무녀일 확률이 높다. 그렇다면 도화와 비형은 당시에 유명한 무당이고, 그 무당 집안의 신통성을 강조하는 가문신화로 이런 이야기가 만들어졌을 법하다.

인용문에서 보듯이 비형의 잉태 대목은 귀신이 된 왕이 도화의 집에 강림하는 장면으로 시작된다. 또한 왕이 머무는 동안 오색구름이 집을 덮고 향기가 방안에 가득 찼다고 했다. 이 내용은 혁거세가 강림하자 새와 달이 춤을 추고 천지가 진동하며 해와 달이 청명해졌다는 장면과 대응된다. 신의 강림은 지상을 성스러운 공간으로 변화시키는데, 왕의 혼내림 역시 규모가 작아졌을 뿐 굿판을 일상적 시공간에서 신성한 시공간으로 환원시키는 효과가 있다. 따라서 도화의 이야기는 천신과 신모의 신성혼이 후대 무속과 민간신앙에서 귀신과 여인이 결합하는 양상으로 변이되었다는 증거다. 이는 「고려세계」에서 산신이 된 호경이 옛 아내를 찾아와 강충을 낳았다는 대목과도 연결된다. 죽은 자의 혼이 신처럼 강림하여 여인과 결합한다는 신이한 탄생담이 중세 건국신화에까지 영향을 미칠 정도로 민간층에 널리 유포되었다는 뜻이다.

고소설에서도 변이된 신격과의 결합은 종종 발견된다. 이러한 용례들은 종래 신모신화의 영향을 받아 형성된 구비설화의 탄생담들이 일정한 유형을 이루며 전승되다가 고소설에 수용되었다는 논거가 된다.

신라 때 문창으로 부임하는 현령마다 부인이 실종되는 사건이 발생한다. 신임 현령으로 부임하는 최충은 미리 부인의 손에 명주실을 매어 둔다. 부인이 실종되자 최충은 실을 표지삼아 찾아 나서는데, 실이 뒷산 바위틈으로 들어간 것을 확인한다. 금돼지에게 잡혀온 부인을 발견한 최충은 부인의 도움으로 금돼지를 물리치고 무사히 부인을 구해 온다. 그 후 부인이 아들을 낳지만 최충은 금돼지의 자식이라 여기고 내다버린다.[7]

요약문은 고소설 「최고운전」에서 최치원이 탄생하기까지의 줄거리다. 이 소설에서 금돼지는 밤에 몰래 다녀가는 게 아니라 아예 부인을 납치해 간다. 부인이 낳은 아이도 후에 금돼지의 아들이 아니라 최충의 아들임이 밝혀진다. 그렇다면 이 소설에 나타난 최치원의 탄생 대목에는 야래자 화소나 이물교혼 화소가 없는 셈이다. 이럴 바에야 무엇 때문에 최치원과 관련도 없는 금돼지가 소설에 등장해야 하는지 의문이다. 그렇다고 해도 이 장면은 견훤의 탄생담을 떠올리게 한다. 민간전승에서 기존의 신모신화 유형에 야래자와 이물교혼 화소들을 적용하여 새로운 탄생담의 유형을 만들었던 사례는 앞서 「견훤설화」를 다루며 살펴본 바 있었다. 십중팔구 이 대목은 금돼지에 의해 최치원이 탄생한다는 민간층의 설화가 고소설에 수용되면서 이루어진 혼란상일 듯하다. 아무리 역사 기록이 없어져서 집안 내력을 알 수가 없고,[8] 허구적 소설이라 하더라도 최치원이 금돼지의 아들이라는 설정을 용납하지 못하는 중세 문벌사회의 가치관이 적용된 탓일 터이다.

고소설 「최고운전」에 나오는 금돼지는 부정적 대상이지만, 원래의 설화에서는 긍정적 대상인 용이었다고 본다. 「최고운전」의 금돼지 삽화와

7 김기동 역, 「최고운전」, 『한국전기소설선』, 을유문화사, 1974. 필자가 요약함.

8 김부식, 『삼국사기』, 열전, 최치원.

유사한 이야기인 「지하국대적퇴치설화」는 「미륵돼지이야기」라고 부르기도 했는데, 이 설화에 등장하는 대적(大賊)이 바로 '미륵돼지'다.[9] 여기서 '미르'가 용의 고어이고, 신라시대 미륵신앙이 각광을 받았던 이유가 외래신앙이 고유의 용신신앙, 즉 미르신앙과 융합되었기 때문이라는 역사적 사실까지 감안하면 미륵돼지는 용의 속된 명칭임을 알 수 있다. 따라서 「최고운전」에 나타나는 금돼지도 미륵돼지와 동일한 대상이고, 원래 「서동설화」처럼 신이한 인물을 탄생시키는 용이었다가 후대 인물의 탄생과는 무관한 여인의 납치자로 변질되면서 부정적 대상으로 인식이 바뀐 것으로 보인다. 이 점은 「지하국대적퇴치설화」도 마찬가지다. 어차피 두 작품은 납치되어 갔던 여인의 도움으로 괴물을 퇴치한다는 동일한 서사이니, 영향의 선후관계야 어떻든 같은 변이 과정을 겪었을 것이다.

용과 신모가 결합해서 뛰어난 인물을 낳는다는 신화적 화소가 가장 많이 남아있는 사례는 태몽이다. 꿈속에서의 결합이야 도덕적으로 지탄을 받을 이유가 없다. 고소설에서 뛰어난 인물이 점지되었다는 예표로 주어지는 태몽 중에는 용꿈이 압도적으로 많다.[10] 이 사실은 민간신앙에서 용이 신격으로 여전히 위력을 발휘하고 있었다는 뜻이다.

3) 이야기 속의 혼전 관계

신화에서 신들의 결합은 야합이다. 첫눈에 반한 상대와 아무런 거리낌없이 사랑을 나누는 일이 야생의 사고인 신화적 서사에는 부합할는지 모르나, 길들여진 사고인 후대의 가치관에서는 인습이라고 느껴질 수밖에

9 손진태, 『한국민족설화의 연구』, 110쪽.

10 최철, 「이조소설 주인공의 출생담고」, 『국어국문학』 39, 40 합병호, 1968, 103~104쪽.

없는 특징이다. 그럼에도 불구하고 우리의 서사문학에 나타나는 남녀 간의 관계 맺음은 거의 야합으로 이루어진다.

> 처음 서현이 길에서 갈문왕 입종의 아들인 숙흘종의 딸 만명을 보고 마음에 기뻐하며 눈짓으로 꾀어 중매도 없이 관계를 가졌다. 서현이 만노군 태수가 되어 함께 떠나려 하니 숙흘종이 그제야 딸이 서현과 야합한 것을 알고 미워해서 딴 집에 가두고 사람을 시켜서 지키게 했는데, 갑자기 벼락이 문간을 때리는 바람에 지키던 사람이 놀라 어지러이 흩어졌다. 만명이 들창문으로 빠져나와서 드디어 서현과 함께 만노군으로 갔다.[11]

인용문에 보이듯 김유신은 부모의 야합으로 태어난다. 전혀 신이할 것도 없고, 현실에서도 종종 일어나는 사건이므로 사실 자체의 반영일 것이다. 길에서 우연히 마주쳐 정을 통했다는 별반 자랑스럽지도 않은 혼전 관계가 왜 버젓이 열전에 상세히 기록되어 있을까? 이는 천신과 신모의 결합은 원래 이런 식이었다는 신화적 전통에서 일종의 면죄부를 받은 듯하다. 민간층에서는 이런 만남과 관계맺음이 오히려 신성혼의 정형화된 모습으로 비춰졌을 수 있다.

별다른 과정 없이 하강한 신과 정을 통하는 신화의 양상은 누차에 걸쳐 접한 바 있지만 서현과 정분난 만명부인을 부모가 딴 집에 가두어 두었다는 대목도 중과의 인연으로 임신한 당금애기가 그 징벌로 돌함이나 토굴에 감금되는 장면과 직결된다. 거슬러 올라가면 유화가 해모수와 관계했다는 이유로 우발수에서 귀양살이를 하는 대목과도 이어진다. 그러므로 야합과 감금이라는 화소로 이루어진 김유신의 탄생담이 전통적인 신화의

---

11 김부식, 『삼국사기』, 열전, 김유신.

구성 원리에 해당되었기 때문에 『삼국사기』에서도 거리낌 없이 열전에 기록할 수 있었다고 본다. 특히 감금은 기존세계와 격리됨으로써 이전의 상태를 소거하고 새로운 존재로 이행하는 통과제의적 죽음과 재생의 의미를 내포하는 대표적인 혼사장애의 화소였다.

용건과 위숙왕후의 만남도 길에서 마주친 여인과 결혼한다는 상황 설정은 이와 유사한 맥락인데, 이 이야기에서는 꿈속에서의 인연이라는 나름의 합리적 완화장치가 개입한다. 이렇게 꿈에서 본 여인과 혼전 관계를 맺는다는 화소는 설화에서 상당히 유행했던 모양으로 고소설에서도 자주 발견된다. 「숙영낭자전」에서는 백선군이 꿈속에서 만나 사랑을 속삭이던 숙영을 못 잊어 꿈에서 지시하는 대로 옥련동을 찾아가 숙영과 관계를 맺는다. 숙영은 선군에게 하늘의 인연이 아직 모자라니 오늘 몸을 허락하면 천벌을 면치 못할 것이라 하며 돌아가기를 권한다. 하지만 선군은 이 말을 듣지 않고 기어코 하룻밤을 같이 지낸 다음 이튿날 숙영을 데리고 집으로 돌아와 부모에게 자초지종을 아뢰고 결혼을 승낙 받는다.[12] 「숙영낭자전」의 경우는 신이한 인물의 탄생을 위한 결합도 아니고, 부모가 둘의 결혼을 결사반대하는 상황도 아니다. 그런데도 둘의 결합이 야합에서 벗어날 수 없었다는 점이야말로 우리 문학에서 이러한 방식의 연분이 얼마나 고정된 서사적 관습을 형성하고 있었던가를 가늠케 해준다.

물론 고대신화에 나타나는 야합은 약탈혼의 풍습이 반영된 것일 수 있고, 고소설에서의 야합은 자유연애에 대한 갈망에서 유행한 것일 수 있다. 이렇듯 시대에 따른 발생 원인은 달라질 수 있겠지만 혼전 관계가 우리 서사문학의 대표적 제재전통으로 이어져 온 것은 엄연한 사실이다. 그렇다면 우리 문학사에서 자유연애는 결코 신문학기에 외래문학의 영향

12 『숙영낭자전』, 아단문고 고전 총서 5, 2007.

을 받아 유행했던 내용이 아니라, 본디 우리 문학의 관습에서 비롯된 특징이라 할 것이다.

2. 신성혼의 전통

1) 전통혼례 속의 신성혼 절차

신모신화가 우리 서사문학에 끼친 영향은 신이한 탄생이나 변이된 신격들과의 만남, 혼전 관계 등의 소재에만 국한되는 것은 아니다. 여성이 주인공인 이야기는 대부분 결혼으로 이야기가 마무리되는데, 이야기의 틀이 되는 서사구조 또한 신모신화와 밀접하게 연결되어 있다.

> 결혼식도 마찬가지로 신적인 모델을 가지고 있다. 인간의 결혼은 신성혼 특히 하늘과 땅의 결합을 재연하는 것이다.[13]

엘리아데의 관점은 후대 결혼식담이 왜 신모신화의 영향을 받았는지에 대한 의문을 해결하는 데 중요한 열쇠가 된다. 인용문에 따르면 우리의 전통혼례도 신성혼을 모델로 이루어졌을 터이고, 연쇄적으로 전통혼례는 결혼식담에 영향을 주었을 것이다. 고대 신성혼의 양상은 건국신화를 다루며 이미 살펴본 바 있다. 「단군신화」와 「주몽신화」에서 보았던 신성혼의 개략적 모습은 천신인 환웅·해모수가 하강하여 신모인 웅녀·유화와 결합한 후 다시 승천한다는 것으로 요약된다. 만약 위의 견해가 맞는다면,

---

13 M. Eliade, “The Myth of the Eternal Return”, p. 23.

이 신성혼의 양상은 고대 혼례나 결혼식담에 긴밀히 연결되어 있을 것이다. 이 점을 확인하기 위해서 고구려의 혼속을 살펴보자.

> 혼인을 할 때는 말로 미리 정한 후 여자의 집 큰 건물 뒤에 조그만 건물을 짓는다. 그것을 사위의 집[壻屋 서옥]이라고 부른다. 사위는 저녁 무렵 여자의 집밖에 당도하여 자기의 이름을 아뢰고 인사를 드린다. 그리고 무릎을 꿇어 절을 하며 여자를 취하여 함께 할 수 있기를 청하는데, 이를 여러 번 반복한다. 여자의 부모는 이를 듣고 소옥(小屋)을 마련하여 머물게 한다. 옆에는 전백(錢帛)을 놓아두었다. 이에 자식을 낳아 장성하면 신부와 더불어 집으로 돌아간다.[14]

고구려의 서옥제도에서 확인하듯이 신랑이 신부의 집을 방문하여 관계를 맺고 일정한 기간이 경과된 후 본가로 돌아오는 관습은 신성혼과 연결된 고대 혼속이라 하겠다. 이러한 혼속은 현재의 전통혼례에도 적용된다. 전통혼례는 신랑이 본가를 떠나 신부의 집으로 가는 과정으로 시작되어, 처가에서 신부와 예식을 치르고 첫날밤을 보낸 후, 다시 신부를 데리고 본가로 돌아오는 절차로 구성된다.[15] 전통혼례가 시대에 따라 많은 변모를 거쳐 온 것이 사실이나 이 초행(醮行) – 대례(大禮) – 우귀(于歸)로 되어 있는 방처혼(訪妻婚)의 구성형식은 변하지 않고 굳어져 내려왔다. 유교식 혼례가 들어왔을 때 신랑집에서 혼례를 올리자는 친영(親迎)의 문제가 제기된 적도 있었다. 그러나 신부집에서 혼례을 올리고 처가에 머무는 기간만을 짧게 하여 이틀이나 사흘만에 신랑집으로 오는 절충적 형태로밖에 교정되지 않았다.[16] 이러한 사실은 방처혼의 전통을 고유의 혼속에

14 『삼국지』, 동이전, 고구려.

15 졸고, 「덕적군도의 통과제의」, 『한국의 민속』 제3집, 1986. 103~105쪽.

서 불가침의 영역처럼 인식하고 있었다는 점을 뒷받침한다. 그러므로 전통혼례는 신성혼을 바탕으로 형성되어 누대에 걸쳐 지속되면서 굳어진 혼속임을 알 수 있다.

그렇다면 전통혼례가 왜 신성혼을 바탕으로 삼아야 하는지, 그렇게 함으로써 도대체 어떤 효과가 얻어지는지에 대한 의문이 제기된다.

> 종교적 인간은 신화를 재연함으로써 신들에게 접근하고 존재에 참여하려는 시도를 행한다.[17]

인간은 일생을 사는 동안 존재 변화를 일으키는 위기의 시기를 겪게 마련이다. 전통사회에서는 그때마다 적절한 의식을 거행하여 존재 변화의 위기에 슬기롭게 대처해 왔다. 관혼상제라 부르기도 하는 일생의례가 그것인데, '인륜지대사(人倫之大事)'라 일컫는 혼례도 그중 하나였다. 의례는 모범이 되는 격식을 따르는 법이고, 그 격식은 신성성을 확보할 수 있는 것이라야 함은 당연한 이치다. 혼례 역시 이러한 관념을 바탕으로 신들의 결혼을 모방함으로써 정당성을 부여받는 동시에, 더 나아가 모방주술[18]의 원리에 입각하여 신성성을 회복하고 아울러 풍요다산의 효과도 얻을 수 있다고 믿었던 것이다.

이처럼 고유의 혼례가 신성혼에 기반을 두고 있는 것처럼 결혼식담 역시 신성혼의 영향을 받았다. 위에서 언급한 사항에 유념하여 신모신화에 나타난 신성혼의 양상과 전통혼례의 절차가 결혼식담으로 이루어진

16 장철수, 『한국전통사회의 관혼상제』, 한국정신문화연구원, 1984, 13쪽.
안병태, 「혼속의 친영에 대하여」, 『한국민속학』 5집, 민속학회, 1972. 41~44쪽.

17 M. Eliade, "The Myth of the Eternal Return", p. 106.

18 프레이저, 장병길 역, 『황금가지』, 46~47쪽.

고소설에 어떤 식으로 반영되어 있는지를 살펴보기로 하자.

2) 「춘향전」에 반영된 신성혼의 양상

고소설 중에는 「춘향전」, 「숙영낭자전」, 「옥단춘전」 등과 같이 여성의 이름 뒤에 '전(傳)'이라는 글자가 붙는 작품들이 있다. 이 중 애정소설 혹은 염정소설이라고 불리는 작품들은 혼사시험에 해당하는 시련을 중심으로 이야기가 전개되며, 이를 극복하고 결혼 혹은 재결합을 하는 내용으로 작품이 마무리되므로 결혼식 소설이라고 일컬을 만하다. '전(傳)'이라는 제목에서 알 수 있듯이 일대기 형식을 취하고 있어서 「숙향전」처럼 그녀가 일생동안 겪는 크고 작은 일들이 개입돼서 복잡해지는 작품들도 간혹 있지만, 배우자와의 결연이 핵심 내용이라는 사실에는 변함이 없다. 더욱이 대다수의 작품은 일대기라고 하기에는 출생 이후의 성장과정과 결혼 이후의 여생이 작품의 비중을 거의 차지하지 못한다. 따라서 이 소설들은 이전에 전승되던 결혼식 설화를 서사의 모본으로 차용하였다는 사실을 짐작할 수 있다.

「춘향전」[19]의 서사단락을 고찰하여 이 점을 증명해 보자. 구태여 「춘향전」을 분석 대상으로 선택한 이유는 이 작품이 '여자이름 +전'으로 되어 있는 애정소설의 대명사격으로 수많은 아류작들을 양산하였으며, 현대문학에까지 영향을 미칠 정도로 우리의 마음을 잡아끄는 서사적 힘을 여전히 간직하고 있기 때문이다.

---

19 「춘향전」의 판본은 다양한데 판본에 따라 세부적인 차이를 보이므로 기본 서사구조와 화소를 중심으로 다루었다. 『완판본 열녀춘향수절가』를 기본 텍스트로 삼았고, 인용문은 현대의 표기로 바꾸었다. 출전의 각주는 생략하기로 한다.
이가원 주석, 『춘향전』, 민음사, 1978.

(1) 남원에 사는 퇴기(退妓) 월매가 성참판과 관계를 맺고 춘향을 낳아 기른다.

단락 (1)은 춘향이 출생하게 되는 내력을 밝히는 부분으로 일대기의 출발점이다. 하지만 춘향과 관련된 특별한 성장과정이 없이 바로 남원부사가 부임하는 이야기로 이어진다. 이러한 특징은 고소설의 전통 혹은 전기(傳記)의 속성 때문에 주인공의 출생에서 이야기를 시작한 것이지 이 소설이 결코 춘향의 일생에 초점을 맞추는 이야기가 아니란 사정을 말해준다. 만약 춘향의 일생을 그리는 것이 작품의 목적이었다면, 출생 후에 겪는 시련과 이를 극복하며 비범한 인물로 성장하는 과정이 누락될 리 없다. 이 점은 「홍길동전」과 같이 '남자이름 + 전'으로 되어 있는 작품들과 비교해보면 차이가 선명하게 드러난다.

춘향이 예사롭지 않은 여인이라는 점은 태몽으로 암시된다. 월매가 춘향을 낳을 때 한 선녀가 내려와 자신은 낙포(洛浦)의 딸로서 죄를 짓고 인간세계에 귀양을 내려오게 되었다고 말하며 품에 안기는 꿈을 꾼다. 낙포의 딸은 수신[20]이므로 춘향은 고대 신모인 유화나 알영과 출생 신분이 동일한 셈이다. 이몽룡의 경우는 출생 장면이 아예 나타나지 않지만, 이름이 몽룡(夢龍)이므로 그의 어머니가 용이 적강하는 태몽을 꾸고 낳았음이 틀림없다. 태몽만으로 따진다면 그야말로 용신과 신모의 인연이다.

"꿈이라 하는 것이 전부 허사가 아니로다. 간밤에 꿈을 꾸니 난데없는 청룡이 하나 벽도지(碧桃池)에 잠겨 보이거늘 무슨 좋은 일이 있을까 하였더니 우연한 일이 아니로다. 또한 들으니 사또 자제 이름이 몽룡이라 하니 꿈 몽자

20 복희씨의 딸 복비로 낙수에서 익사하여 낙수의 신이 되었다.

용 용자 신통하게 맞히었다. 그러나 저러나 양반이 부르는데 아니 갈 수 있겠느냐? 잠깐 다녀오너라."

월매의 꿈에는 이러한 상황 설정이 적나라하게 드러난다. 몽룡과 춘향의 첫날밤을 하늘에서 하강한 신들 사이의 신성혼에 빗대서 합리화하고 있는 것이다.

(2) 한양에서 내려온 남원 부사의 아들 이몽룡은 광한루에서 그네를 타고 있는 춘향과 만난다.

몽룡과 춘향의 첫 만남이 이루어지는 장소는 광한루다. 우연히 바람을 쐬러 나온 몽룡은 그네를 타는 춘향을 보고 한눈에 반한다. 이 만남의 장면은 월매의 꿈을 통해 제시된 꿈속의 인연이라는 점도 그렇거니와 길을 가다 마주친다는 설정도 용건과 위숙왕후의 만남과 유사하다. 이렇듯 길에서 마주친 여인과 정분이 나는 사례는 「영영전」, 「백학선전」 등에서도 발견할 수 있는 고소설의 단골 화소다. 그러므로 이 화소가 신모신화 → 신모계 전승 → 고소설로 이어지는 결혼식담의 제재전통으로 자리 잡고 있음을 확인할 수 있다.

몽룡과 춘향이 만나는 때도 천중가절이라는 오월 단오일이다. 춘향은 그때 광한루에서 그네를 타고 있었는데, 그네타기는 원래 풍요다산을 기원하는 제의적 놀이였다.[21] 그러므로 둘이 처음 만나는 장면 역시 풍요굿을 펼치기 위해 천신과 신모가 만난다는 제의적 상황을 떠올리게 하는 대목이다.

21 김명자, 「한국세시풍속연구」, 경희대 대학원, 박사학위논문, 1989, 109쪽.

(3) 몽룡은 그날 밤으로 춘향을 찾아가 사랑을 나눈다.

애정소설에서는 당연히 남녀가 사랑을 나누기 마련이다. 그러나 둘의 사랑 나눔은 혼사 이전에 이루어지는 야합이다. 더욱이 이 혼전 관계는 번갯불에 콩 볶듯 이렇다 할 애정의 확인 과정도 없이 치러진다. 이런 둘의 관계를 묵인하는 정도를 넘어 조장하고 있는 월매의 태도도 현실적인 관점에서는 이해하기 힘들다.

신모신화를 다루며 확인했듯이 해모수와 유화, 중과 당금애기 등 천신과 신모의 결합은 하강과 동시에 지체 없이 그날로 이루어지며 야합의 성격을 띤다. 『가락국기』에서 수로왕과 허황옥이 대궐로 가기 전에 장막에서 지내는 장면도 야합이 제의에서 실연되었던 기록이다.

따라서 첫날밤 장면은 「춘향전」이 구상되는 단계에서 기존에 이야기되던 결혼식담에 강한 영향을 받았다는 것을 시사해 준다. 이와 유사한 혼전 관계의 사례들이 대부분의 애정소설에서 발견되는데, 문제는 「숙영낭자전」처럼 작품의 전후 문맥과 상관없이 공식처럼 적용되고 있다는 사실이다. 이러한 특징은 신모신화의 '결합 - 이별 - 재결합'으로 이루어진 이중혼의 구성 형식이 결혼식담의 관습으로 굳어졌기 때문이라는 점 외에는 달리 설명할 길이 없다.

(4) 부친의 내직전출(內職轉出)로 말미암아 몽룡은 춘향과 헤어진다.

몽룡과 춘향이 이별하는 이유는 변학도 탓이 아니라 몽룡의 부친이 한양으로 전출을 가야 했기 때문이다.

> 온갖 장난을 다 하고보니 이런 장관이 또 있으랴. 이팔 이팔 둘이 만나 미친 마음 세월 가는 줄 모르던가 보더라. 이때 뜻밖에 방자 나와 "도련님 사또께옵서 부르시오." 도련님 들어가니 사또 말씀하시되 "여봐라. 서울서

동부승지 교지(敎旨)가 내려왔다. 나는 문부사정(文簿査定)하고 갈 것이니, 너는 내행(內行)을 배행하여 명일(明日)로 떠나거라."

춘향과 사랑의 행각에 빠져 있던 몽룡에게 한양으로 올라가라는 부친의 명이 떨어진다. 몽룡이 춘향과 헤어져야 하는 상황의 변화는 당혹스러울 정도로 급진전된다. 소설의 구성상 몽룡과 춘향의 결별이 예정되어 있다 하더라도 사건 전개를 원활하게 연결시킬 만한 이렇다 할 삽화가 개입하지 않는다는 점이 의아스럽다. 남녀가 관계를 맺음과 동시에 남자가 떠나고 만다는 상황의 설정은 신모와 결합하자마자 천신이 사라지는 현상과 흡사하다. 이러한 이별 장면이 결혼식담의 관습으로 굳어져 있었기에 당시의 독자들에게는 급작스러운 돌변 상황이 전혀 어색하게 느껴지지 않았을지도 모른다.

(5) 변학도가 부임하여 춘향에게 수청(守廳)을 강요하고, 이를 거부한 춘향은 모진 고초를 겪은 후 하옥된다.

단락 (5)는 결혼식담에 필수적으로 나타나는 혼사시험에 해당하는 부분이다. 몽룡과 첫날밤을 보낼 때 춘향은 이렇다 할 애정의 확인 과정이나 요조숙녀다운 조심성이 없이 사랑을 받아들였다. 이에 반해 변학도의 수청 요구에는 지나칠 정도로 완강한 감이 있다. 두 경우를 비교할 때 춘향의 성격에 일관성이 없다는 생각이 들 정도로 몽룡과의 연분이 맹목적으로 이루어졌다는 사실은 지적할 만하다. 부당한 수청 요구는 거절되어야 마땅하고, 이부종사(二夫從事)하지 않겠다는 여인의 정절의식 또한 중요하다. 하지만 정절이 목숨보다 소중하다는 춘향의 결심에는 공감하기 어렵다.

춘향이 겪는 혼사시험에 하옥이라는 감금 화소가 포함된다는 점도 지나칠 수 없다. 「춘향전」에서는 감금이 변학도의 수청을 거절했기 때문에 주어지는 응징이기는 하지만, 천신과 관계를 가진 후 감금되는 유화나 당금애기의 사례와 연관된 상징의미를 지닌다. 하옥되어 있는 동안 춘향은 죽음을 각오하고, 거지 행색으로 면회를 온 몽룡은 춘향이의 속마음을 떠본 후 재결합을 결심한다. 이러한 정황에서 「춘향전」에서의 감옥이라는 장소도 죽음과 재생을 상징하는 통과제의적 공간의 역할을 담당함을 알 수 있다.

> "문 위에 허수아비 달렸으면 사람마다 우러러 볼 것이요, 해갈(海渴)하니 용안견(龍顔見)이요, 산붕(山崩)하니 지택평(地澤平)이라. 바다가 마르면 용안 얼굴을 능히 볼 것이요, 산이 무너지면 평지가 될 것이라. 좋다. 쌍가마 탈 꿈이로세. 걱정 마오. 멀지않네."

춘향은 옥중에서 문 위에 허수아비가 매달려 있고, 바다가 말라버리며, 산이 무너지는 꿈을 꾼다. 그녀는 이 불길해 보이는 꿈을 통해 죽음을 예감하지만 봉사의 꿈 풀이는 전혀 뜻밖이다. 사람들이 우러러 볼 것이고, 용의 얼굴을 보게 될 것이며, 앞날이 순탄해질 꿈이라는 것이다. 원래 꿈보다 해몽이 좋아야 하는 법이고 이야기 속의 꿈풀이는 주술과 같은 힘을 발휘한다. 그런데 용이 몽룡을, 땅이 춘향을, 쌍가마가 결혼을 암시하므로 꿈 자체가 천지의 결합이라는 신성혼의 상징적 의미를 내포하고 있다는 해석도 가능하다. 이 해몽 화소는 작품의 결말에 대한 복선임과 동시에 흥미를 유발하기 위해 개입된 내용인데, 「춘향전」과 같은 결혼식담에는 고대 신성혼의 관념이 알게 모르게 스며들어간다는 사실도 알려준다.

(6) 몽룡은 과거에 급제하고 암행어사가 되어 남원으로 돌아온다.

몽룡이 과거에 급제하는 장면이 이 소설의 핵심 부분 중 하나일 텐데, 기대와는 달리 간결하게 서술된다. 반면에 몽룡이 남원으로 내려오는 노정기(路程記)는 사건의 전개에 별로 기여하는 대목이 아닌데도 불구하고 지루하리만치 상세한 편이다. 「춘향전」은 판소리계 소설이므로 상층문학보다는 민간전승에 기반을 두고 형성된 내용이 많다. 이러한 이유로 사건의 비중과는 상관없이 민간전승에서는 어색한 과거급제 장면보다 친숙한 공간이동 장면이 더 많은 분량을 차지하게 되었다고 볼 수 있다.

- 이때 어사또는 임실 구화들 근처를 당도하니 이때 마침 농절(農節)이라…….
- 또 한 편을 바라보니 이상한 일이 있다. 중씰한 노인들이 끼리끼리 모여서서…….
- 하직하고 한 모롱이를 돌아드니 아이 하나 오는데 주령막대 끌면서…….
- 오작교 다리 밑에 빨래하는 여인들은 계집아이 섞여 앉아…….

그렇다고 해도 각 인용 부분마다 이어지는 삽화들을 가지고 있는 특징은 여전히 납득하기 어려운 면이 남아 있다. 첫 번째와 두 번째의 경우는 「농부가」와 「백발가」 같은 민요들이 삽입되므로 「춘향전」이 판소리로 구연되던 모습을 반영하고 있다고 하겠지만, 이 설명만으로는 세 번째, 네 번째 대목이 길어지는 문제를 해결할 수 없다. 그런데 몽룡이 길에서 만나는 농부, 노인, 아이, 빨래하는 아낙네들은 구면인 대상들이다. 「바리데기」나 「구렁덩덩 신선비」 등의 작품에서 천계여행을 할 때 마주쳤던 인물들인 것이다. 천계여행은 지계와 천계 사이의 공간이동이므로 미지의 길을 물어서 찾아가거나, 힘들고 기나긴 여정을 드러내는 과정에서 많은 사람의 도움을 얻고 다양한 시련을 거쳐야 하므로 노정 대목이 장황해지기 마련이다. 몽룡이 남원으로 가는 도중에 여러 사람과 마주치며 사설이 길어지는 특징은 서사무가나 설화에서 천계로 이동하는 장면에 영향을 받았기 때문이라 보아진다.

(7) 몽룡은 걸인행세를 하며 춘향의 사랑을 시험한다.

몽룡이 걸인행세를 하는 주된 이유는 암행어사로서 남원사또의 동태를 관망하기 위함이다. 그런데 실제로 몽룡이 걸인의 모습으로 행하는 일들을 보면 이러한 측면은 그리 크지 않고, 춘향의 절개를 확인하는 혼사시험의 수단으로 사용되었다는 느낌이 강하다.

> "만수우환(萬愁憂患) 흐트러진 머리 이렁저렁 걷어 얹고 이리 비틀 저리 비틀 들어가서 장폐(杖斃)하여 죽거들랑 삯군인 체 달려들어 둘러업고 우리 둘이 처음 만나 놀던 부용당의 적막하고 요적(寥寂)한데 뉘어놓고 서방님 손수 염습(殮襲)하되 나의 혼백 위로하여 입은 옷 벗기지 말고 양지 끝에 묻었다가 서방님 귀히 되어 청운(青雲)에 오르거든 일시도 두려 말고 육진장포(六鎭長布) 개렴(改殮)하여 조촐한 상여 위에 덩그렇게 실은 후에 북망산천 찾아 갈 제 앞 남산 뒤 남산 다 버리고 한양으로 올려다가 선산 발치에 묻어 주고 비문에 새기기를 수절원사춘향지묘(守節寃死春香之墓)라 여덟 자만 새겨주오."

몽룡에 대한 춘향의 절대적인 신뢰는 그에게 전하는 유언을 통해서 잘 드러난다. 몽룡이 당장은 거지 신세일지라도 언제인가는 성공할 것이라는 기대도 그렇지만, 비록 시신일지라도 그녀를 버리지 않을 것이며 자신도 이 씨 가문의 선산 발치에나마 묻힘으로써 그를 버리지 않을 것이란 각오가 더 인상적이다. 이 유언이 수많은 독자들의 심금을 울려왔던 원인도 그녀의 굳은 절개가 표출된 구절 때문이라기보다는 그녀가 몽룡을 사랑하는 방식과 가늠할 수 없는 사랑의 깊이 때문일 것이다. 이러한 춘향의 감정은 애정이라기보다는 모성이라는 표현이 더 적합하다고 보는데, 이렇게 연인에게 모성의 모습이 투영되는 것은 춘향전뿐만 아니라 우리의 여성서사에서 두드러지게 나타나는 특징이다.

(8) 몽룡은 암행어사로 출두하여 변학도를 파직시키고 춘향과 정회를 푼다.

변학도의 생일잔치에서 몽룡이 쓴 한시를 보고 그의 정체를 알아차린 운봉현감이 구제된다. 이 지인지감의 화소는 결혼식담에 한정된 것은 아니지만 천신이 인간세계에 현현할 때는 자신의 신격을 숨기는 버릇이 있고, 변신한 신을 알아보는 사람이 꼭 하나쯤은 존재한다는 신화적 서사의 습관을 떠올리게 한다. 걸인의 행색을 한 몽룡과 이를 알아본 운봉현감도 이와 같은 사례가 될 수 있다.

「춘향전」하면 으뜸으로 손꼽히는 암행어사 출두 장면도 과거급제 때와 마찬가지로 많은 분량을 차지하지는 않는다. 소설에서 사건의 중요도가 반드시 분량에 비례하는 것은 아니지만 우리가 배웠던 만큼 「춘향전」이 탐관오리의 학정과 그에 따른 서민층의 비판의식을 반영하는 데 주안점을 두는 소설은 아닌 듯하다. 아무튼 어사출두를 신화로 환원하면 몽룡이 맡은 역할은 지상에 하강한 신이 무질서로 엉클어진 세상의 질서를 바로잡는 일이다.

> 어사또 분부하되, "너만한 년이 수절한다고 관정포악하였으니 살기를 바랄쏘냐. 죽어 마땅하되 내 수청도 거역할까?" 춘향이 기가 막혀, "내려오는 관장마다 개개이 명관이로구나. 수의사또 들으시오. 층암절벽 높은 바위 바람 분

들 무너지며, 청송녹죽 푸른 나무 눈이 온들 변하리까? 그런 분부 마옵시고 어서 바삐 죽여주오." 하며 "향단아 서방님 어디 계신가 봐라. 어제 밤에 옥문간의 와 계셨을 제 천만 당부 하였더니 어디를 가셨는지 나 죽는 줄 모르는가." 어사또 분부하되, "얼굴 들어 나를 보라." 하시니 춘향이 고개 들어 대상을 살펴보니 걸객으로 왔던 낭군 어사또로 뚜렷이 앉았구나.

몽룡은 임시사또가 되어 춘향의 마음을 떠보는 짓궂은 질문을 던진다. 그 대답은 이미 춘향의 독백과 같은 유언으로 들은 바 있다. 이번 질문은 춘향이 고개를 드는 순간의 극적 반전을 도모하기 위해서 던지는 면이 강하지만, 다른 일면도 엿보인다. 신모신화에서는 신과의 재결합 바로 직전에 시험을 거쳐 신모의 자격을 인증하는 절차를 필수적으로 수반한다. 이 인증 과정을 거쳐 신모는 인격에서 신격이라는 새로운 신분으로의 존재변화를 공인받는다. 인용문 역시 재결합 직전에 던져진 질문이고, 열녀로서 춘향의 자격을 공증함으로써 마땅히 신분상승을 할 만한 존재임을 명시해 준다. 따라서 마지막 질문도 신성혼담의 통과제의적 시험행위와 밀접한 연관성을 찾을 수 있다.

(9) 춘향은 몽룡과 함께 서울로 올라가 정렬부인이 된다.

춘향과 몽룡의 재회 이후의 내용은 고소설의 요식적인 형식으로 채워진다. 민담의 결구에 나타나는 '아들 딸 많이 낳고 행복하게 살았더래요.'라는 공식구에 벼슬 등의 직함을 나열하는 방식으로 살을 조금 붙인 형태다. 이러한 형태는 서사무가에서 신직을 부여하는 대목을 연상케 하지만, 춘향전만이 아닌 고소설의 전반적 특색이니 장르 간의 영향 수수 관계를 따져야 답이 나올 문제다. 아무튼 상승구성에 마침표를 찍는 이러한 결말 부분도 '여성 +전'으로 된 소설은 말이 전(傳)이지 결혼식담의 성격을 지닌다는 사실을 확인시켜 주는 특징이다.

지금까지 신모신화가 여성을 주인공으로 하는 애정소설에 강력한 영향을 주었다는 것을 밝히기 위해, 「춘향전」의 단락별 내용을 분석하여 신모신화의 특성이 작품에 어느 정도 반영되었는지를 살펴보았다.

「춘향전」의 형성과정에 관한 선행연구에서 눈에 띄는 논의 중 하나는 이 작품이 남원에서 처녀로 죽은 춘향의 한을 풀어주기 위해 행해졌던 '춘향굿'의 영향을 받아 판소리로 구연되다가 정착한 소설이라는 학설이다.[22] 「춘향전」이 성립되기 이전 '춘향굿'을 통해 춘향과 몽룡의 영혼결혼식에 해당하는 무가가 구연되었다는 말인데, 그렇다면 이 굿거리의 모본은 「당금애기」와 같은 신모계의 서사무가였을 공산이 크다.

「춘향전」이 내용적 측면뿐만이 아니라 서사구조의 측면에서도 신모신화와 유사하다는 점 또한 이와 같은 형성과정에서 기인한 듯하다. 「춘향전」은 단락 (1)~(3)의 결합과정과 (4)의 분리, 그리고 (5)~(7)의 혼사시험과 (8)~(9)의 재결합이라는 신성혼절차로 구성되어 있는 것이다. 이 점을 보다 면밀하게 검토하기 위해 「당금애기」, 「구렁덩덩 신선비」, 「춘향전」을 비교하여 도표로 제시하면 <표 6>과 같다.

〈표 6〉「당금애기」, 「구렁덩덩 신선비」, 「춘향전」의 서사 비교

	당금애기	구렁덩덩 신선비	춘향전
출생신분	양갓집 규수	정승의 딸	퇴기의 딸
하강	중이 산에서 내려옴	구렁이로 태어남	몽룡이 남원으로 내려옴
결합	야합	결혼	야합

22 설성경, 「<춘향가> 사설의 형성 연구」, 『한국고소설연구』, 이우출판사, 1983, 435쪽.

분리	중이 산으로 떠남	신선비가 이계(異界)로 떠남	몽룡이 한양으로 떠남
혼사시험	가족에 의한 고난 감금 혹은 추방 중의 시험	언니들의 시기 질투 이계 여행시 고난 신선비의 시험	변학도에 의한 고난 감금(하옥) 몽룡의 시험
과도	당금애기가 중을 찾아감	셋째 딸이 신선비를 찾아감	몽룡이 급제하여 남원으로 내려옴
통합	시험을 통한 재결합	시험을 통한 재결합	시험을 통한 재결합
획득신분	삼신, 무조	신의 배우자	정렬부인

세 작품에 등장하는 여주인공들은 별반 공통점이 없어 보인다. 인물과 신분은 천차만별이므로 작품마다 달라지는 것은 당연한 일이다. 하지만 남녀의 결연을 통해 신분의 변화가 생기는 쪽은 여성들이며 모두 신분이 상승하는 것으로 마무리된다는 공통점을 간과할 수는 없다. 당금애기는 일반 규수에서 삼신 혹은 무조로 좌정하며, 춘향은 퇴기의 딸에서 정렬부인이 된다. 셋째 딸의 경우는 표면적으로 획득 신분이 나타나지 않지만 신의 배우자이므로 존재가치의 상승을 일으킨 것은 확실하며 정황상 무조의 신분일 것이다.

남녀의 첫 번째 결합은 모두 남성의 공간이동을 통해 이루어진다. 이 이동은 신화에서는 천신의 하강에, 전통혼례에서는 신랑의 초행에 해당한다. 신선비는 동물신격이 할머니의 몸에 점지되어 태어나는 형태이므로 하강의 변이형이라 볼 수 있다. 또한 신선비와 셋째 딸의 결합은 정식 혼인이지만, 일시적인 결합일 뿐으로 이별의 상황을 극복하고 이루는 재결합이 진정한 결혼의 완성이므로 서사구성에서 갖는 의미는 나머지 두 작품과 동일하다.

결합 후 이별하는 상황도 남성 쪽에서 주도하며 그들이 길을 떠나는 결과로 이어진다. 여기서 남녀가 이별하는 분리와 통과제의 절차로서의 분리는 개념이 일치하지는 않는다. 그러나 이별로 인해 여성들도 기존의 존재질서에서 벗어나야 하는 상황을 맞게 되므로 이러한 점들을 감안하여 분리로 판단한 것이다.

혼사시험은 혼사장애라는 용어로도 사용하듯이 시험과 장애를 동반하는 화소다. 혼사시험의 구체적 내용은 작품마다 다양하지만, 대략적으로 정리하면 남성과의 결연을 반대하는 대상 쪽에서 놓는 훼방이거나, 남성 쪽에서 재결합의 자격을 확인하는 시험이라는 공통점을 발견할 수 있다.

과도는 통합에 이르기까지 거쳐야 하는 이행과정이다. 이러한 이행의 상징의미 때문에 대부분의 이야기에서 과도의 단계는 수직적, 수평적 공간 이동으로 나타난다. 신모계 전승에서는 주로 여성들이 천계여행을 떠나는 데 반해 「춘향전」의 경우는 몽룡이 한양에서 남원으로 공간 이동을 한다.

통합은 재결합의 과정으로 남성이 여성에게 부과하는 시험을 거친다. 재결합은 여성의 신분상승을 가져오며, 여성이 남성이 속한 세계로 편입하는 전통혼례의 우귀에 해당한다. 「당금애기」의 몇몇 각편들에서는 삼형제가 대신 시험을 받기도 하지만 혈육이 받는 시험이므로 의미는 진배없다.

표를 통해 비교된 작품들은 서사무가, 민담, 고소설로 각각 다른 장르에 속해 있고, 성행하던 시대도 다르다. 따라서 표면적인 층위의 이야기는 각양각색의 차이점들이 나타날 수밖에 없지만, 비교를 통해 살펴보았듯이 신모신화의 유형구조가 작품의 내적 구성 원리로 작용하고 있음을 알 수 있다.

3. 여성영웅소설에 반영된 신모의 면모

조선 후기에는 여성 영웅이 등장하여 활약을 펼치는 소설들이 성행했다. 「금방울전」, 「박씨전」, 「정수정전」, 「홍계월전」, 「이현경전」 등이 대표적인 작품들인데, 고소설 중 '여자이름 + 전'의 다른 한 축을 형성한다. 여성영웅소설이 유행한 원인은 조선 후기 가부장 제도를 비판적으로 인식하고 여성의 자아의식이 각성되는 등 당대의 시대적, 사회적 상황과 밀접한 관계가 있다. 하지만 여성 영웅이 조선 후기의 소설에서 비롯되었을 리도 없고, 여성영웅소설 역시 아무런 전통적 기반이 없이 갑자기 생겨났을 리도 없다. 여성영웅서사는 이미 고대의 신모신화에서 싹 트고 있었다. 알영의 신이한 탄생담, 허황옥이 하늘이 맺어준 배우자를 찾기 위해 인도에서 가락국으로 항해를 하는 여정, 그리고 신모들이 혼사시험에서 발휘하는 신이한 능력 등의 이야기들을 조합해도 자연스럽게 한 편의 여성영웅문학이 완성된다.

「바리데기」는 이러한 화소들로 이루어진 여성영웅서사시로서의 면모를 갖추고 있다. 「바리데기」가 무조신화임을 감안하면 적어도 고대의 무속의례에서는 여성영웅서사가 태동하였을 가능성이 농후하다. 수메르의 이난나 신화는 지하세계로 내려간 여신의 죽음과 부활을 다루고 있으므로 무조신화의 특성을 보인다. 이 작품은 B.C. 2300년경 아카드인이 메소포타미아 지역을 정복하기 이전에 존재했던 신화라고 하니 여성영웅서사의 역사가 자못 깊음을 확인시켜준다.

민담에서도 신격을 가진 여주인공들이 초월적인 능력을 발휘하는 작품을 심심찮게 접할 수 있다. 여주인공들은 대개 남성이 위기에 처했을 때 조력자로서 신이한 능력을 발휘하지만, 여성이 몸소 괴물을 퇴치하는 「버드나무 잎이 제일 무섭다」[23]와 같은 작품들도 찾아볼 수 있다. 따라서 신모신화에서 태동하여 신모계 전승을 거치며 성장한 여성영웅서사의 흐름이 전통적인 문학현상의 한 축을 담당해 오다가 조선 후기 여성영웅소설로 정립되었을 것으로 판단된다.

물론 여성영웅소설이 정착되고 유행하게 된 데는 남성영웅소설이 적지 않은 역할을 담당했던 것도 사실이다. 하지만 전래하던 구비설화를 기반으로 하여 여성서사가 확장된 「금방울전」이나 「박씨전」과 같은 작품들은 남성영웅소설의 영향 하에서 성립되었다고 보기는 힘들다. 따라서 전반적인 여성영웅소설의 정체성을 규명하기 위해서는 전통적인 여성서사에서 유래된 특징들에 방점을 둘 필요가 있다.

1) 금방울의 잃어버린 남편 찾기

「금령전」이라고도 불리는 「금방울전」은 민간전승의 영향을 다분히 받은 전기소설(傳奇小說)로 초월적인 능력을 지닌 여주인공이 등장하여 서사를 주도해 나간다. 「금방울전」의 서사단락과 줄거리를 검토하여 금방울의 모습에 숨어있는 신모의 면모를 찾아보기로 하자.

(1) 장원 부부에게서 태어난 해룡은 피난 중 부모를 잃고 도적 장삼에 의해 키워진다. (장원은 전장에 나가 상관의 신임을 얻고 뇌양현의 현령으로 부임한다.)

금방울의 배필인 해룡은 전생에 동해 용왕의 셋째 아들인데 신혼길에 요괴를 만나 달아난다. 해룡은 마침 길을 가던 장원 부부를 만나게 되고 붉은 기운이 되어 장원 부인 뱃속에 들어감으로써 환생한다. 이

23 제주도의 무가 「삼두구미본」에 해당하는 민담이다.
『한국구비문학대계』 1-7, 강화군 화도면, 564~570쪽.

단락에서 장원부부가 요괴에게서 용을 구해 내는 내용은 거타지나 작제건의 이야기와 유사하고, 붉은 기운에 의한 잉태는 천기감응의 또 다른 모습이다.

(2) 막씨가 죽은 남편과 관계하여 금방울을 낳는데, 금방울은 신이한 재주로 어머니를 돌보며 자란다.

금방울은 전생에 남해 용왕의 딸인데 신혼길에 요괴에게 죽임을 당하고 뇌양현에 사는 김삼랑의 처 막씨의 몸에 의탁하여 태어난다. 막씨는 전장에서 죽은 남편이 생시와 같이 찾아와서 동침함으로써 금방울을 잉태한다. 이처럼 죽은 혼령과 관계함으로써 잉태하는 화소는 비형이나 강충의 탄생담에서 보았듯이 민간전승에서 자주 접하는 내용이다.

금방울이 방울로 태어난다는 대목도 주의를 요한다. 「김원전」의 김원도 원(圓)으로 태어나며, 방울과 원은 알의 형상이므로 이들은 난생화소의 변이된 모습이다. 막씨가 방울을 불길하게 여겨서 길이나 물에 버리기도 하고 불로 태우기도 하다가 신이함을 깨닫고 기르는 내용도 「주몽신화」에 보이는 기아(棄兒)의 화소와 다를 바가 없다.

(3) 금방울을 무손이 훔치려 하고, 장원도 없애려 하지만 금방울의 조화로 실패한다.

여기서 주목해야 할 사항은 금방울이 지닌 주술적 능력이다. 방울이라는 외피는 신격을 유지시키는 탈의 역할을 하여 그녀에게 신이한 능력을 제공하는 도구가 된다. 방울은 고대로부터 무속의례에서 사용하는 주술적 무구이며 그 재료가 된 금 역시 신성하게 여기던 금속이다. 방울을 없애기 위해 동원하는 수단으로 물과 불에 번갈아 넣는 과정이 반복적으로 나타나지만 오히려 담금질의 효과인 듯 방울을 강인하게 만들 뿐이다.

그런데 방울은 차고 뜨거운 기운을 발산하며 스스로 크기를 조절하는 능력을 지니고 있다. 이는 제련과정에서 획득한 속성이 방울에 깃들어 있다는 감염주술적 발상에서 기인한 특성일 것이다. 따라서 금방울이 보유하고 있는 초월적 능력에는 고대의 주술사였던 야장(冶匠)과 무당의 이미지가 스며들어있다고 추정할 수 있다.

(4) 금방울은 죽을병에 걸린 장원의 부인을 살려낸 후 족자를 남기고 사라진다.

장원의 부인은 전장에서 잃어버린 해룡 생각에 죽을병이 들지만 금방울이 가져온 보은초를 먹고 깨어난다. 금방울이 관아에 놓고 가는 족자에는 장원 부부가 해룡과 헤어지는 광경과 장상이 해룡을 업고 가는 장면이 그려져 있다. 족자에 그려진 내용을 통해 짐작할 수 있듯이 이 족자는 후에 장원 내외와 해룡의 상봉을 주선하는 단서로 사용된다. 금방울의 이러한 행동을 통해 알 수 있듯이 그녀는 이 작품에 설정된 등장인물들 간의 얽히고설킨 매듭을 풀 수 있는 예견력을 가지고 사건의 진행을 인도하는 길라잡이의 역할을 한다. 이 길라잡이의 모습은 해룡이 길을 잃었을 때 금방울이 앞서 굴러가며 방향을 알려 주는 장면으로 구체화되기도 한다.

(5) 금선공주가 요괴에게 납치되고 황제는 방을 붙여 공주를 찾는다.

이 단락은 괴물퇴치담의 전형적인 도입부분이다. 황제가 애지중지하던 공주가 광풍과 함께 들이닥친 요괴에 납치되어 온데간데없이 사라지며, 황제는 온 나라에 방을 붙여 공주를 찾는 사람에게 나라의 절반을 주겠다고 공포한다.

(6) 장삼의 아내 변씨는 해룡을 구박하고 그때마다 금방울이 나타나 도와준다.

해룡을 데려다가 지극정성으로 돌보던 장삼이 죽자 변씨는 해룡을 종처럼 부린다. 엄동설한에 방아질을 시키거나 밭을 갈게 하고 호랑이에게 잡아먹히도록 유인하기도 한다. 해룡에게 주어지는 난제는 「콩쥐팥쥐」와 같은 결혼식담에 보이는 혼사시험과 유사하다. 다만 「금방울전」에서는 남성에게 난제가 부여되며 여성이 조력자로 등장한다는 차이를 보인다. 그런데 콩쥐를 돕는 검은 소나 아센푸텔을 돕는 개암나무[24]처럼 설화에서 주인공이 난제를 해결할 수 있도록 돕는 조력자는 죽은 어머니의 화신인 경우가 많다. 금방울 또한 전생에서 요괴에게 죽임을 당하지만 이승으로 환생하여 전생의 배필인 해룡을 돌보는 존재가 된다. 어머니가 아닌 배우자의 자격이라 해도 해룡을 보살피는 금방울은 전통적인 결혼식담에 등장하는 모성의 화신과 다를 바가 없다.

(7) 해룡은 금방울과 함께 요괴를 물리치고 금선공주를 구해내어 공주와 혼례를 치른다.

변씨에게서 벗어나 길을 가던 해룡이 요괴와 마주친다. 해룡은 금방울을 삼키고 사라져 버린 요괴를 찾아 굴속의 세계로 들어가서 요괴를 물리친 후 금방울과 금선공주를 구해낸다. 「금방울전」에 삽화로 들어가는 괴물퇴치담은 「지하국대적퇴치설화」와 유사한 내용이므로 전래한 민간전승의 영향을 받은 것으로 보인다. 하지만 「김원전」의 경우 「지하국대적

---

24 이혜정, 『그림형제 독일 민담』, 뮤진트리, 2011, 142~145쪽.
「아센푸텔」(KHM21)의 개암나무는 어머니의 무덤가에 심어 자라난 나무로 그녀가 위기를 겪을 때마다 찾아가 기도하고 도움을 받는 대상이다.

퇴치설화」가 거의 변형 없이 수용된 데 비하여 「금방울전」에서는 금방울이 개입함에 따라 요괴를 물리치게 되는 동기나 과정 등에서 변형이 가미된다.

(8) 해룡은 오랑캐를 무찔러 공을 세우고 금방울은 족자를 남긴 후 사라진다.

부마도위가 된 해룡이 오랑캐를 무찌르는 내용은 소설의 흥미를 더해주지만 서사전개에 필수적인 요소는 아니므로 당시 유행하던 군담소설의 영향을 받아 첨가된 부분일 것이다. 군담에서도 금방울은 전장의 전면에 나서지 않고 해룡이 죽을 고비를 맞을 때에만 조력자로서 등장하여 그를 구해낸다. 이러한 금방울의 행동은 원경왕후의 예와 같이 종래의 여성서사에서 여성이 배우자를 돕는 전형적인 방식이다.

(9) 막씨와 장원부부에게 돌아온 금방울은 아름다운 여인으로 변신한다.

금방울은 해룡의 조력자로서의 역할이 마무리 되자 막씨와 장원부부에게 돌아온다. 그녀가 방울을 벗어던지고 인격으로 화신함은 더 이상 신이한 능력을 발휘해야 할 일이 그녀에게 남아 있지 않다는 의미다. 또한 웅녀나 알영의 경우에서 보았듯이 신모신화에서 인격으로의 변신은 혼사 직전에 일어나는 보편적인 화소였다. 이 공식은 「금방울전」에서도 그대로 적용된다.

(10) 해룡은 관아에 걸린 족자를 보고 부모를 되찾고 금방울과도 해후한다.

해룡은 어사가 되어 지방을 시찰하던 중 뇌양현에 이르러 자신의 낭중(囊中)에 있는 것과 동일한 족자가 관아의 벽에 걸려 있음을 발견한다. 이를 계기로 해룡은 장원부부가 자신의 친부모임을 깨닫는다. 금방울의 선견지명에 의한 계획대로 단락 (4)와 (8)에 등장했던 족자가 부절(符節)처럼 쓰이며 마침내 효력을 발휘하는 것이다.

금방울은 이 소설에 등장하는 주요 인물들이 고난에 처했을 때 기꺼이 도움을 줄 뿐만 아니라 그들의 엇갈린 운명을 풀어주기도 한다. 그런데 그녀가 그들을 돌보는 방식은 신모가 베푸는 음덕을 떠올리게 한다. 공치사를 바라지 않고 드러나지 않게 배후에서 보살피는 방식이다.

(11) 해룡은 금방울을 두 번째 부인으로 삼고 행복한 나날을 보내다 승천한다.

「금방울전」은 금방울이 온갖 장애를 극복하고 전생의 인연이었던 해룡을 되찾아 결혼을 성취하는 과정을 그리고 있다. 결국 「금방울전」은 잃어버린 남편찾기의 서사인 것이다. 신모신화에서 이 유형의 서사 전개는 '결합 - 분리 - 재결합'의 구성을 취하고 있었다. 「금방울전」의 경우는 전생에서의 혼례가 최초의 결합이고, 해룡과 금방울이 인간 세계로 환생하여 고난을 겪는 과정이 분리이며, 둘이 다시 만나 결혼에 성공하는 상황이 재결합에 해당한다.

「금방울전」은 「김원전」의 영향을 받아 형성된 고소설이라는 것이 학계의 통설이다. 주인공이 방울 혹은 원의 모양으로 태어난다는 공통점이나, 「지하국대적퇴치설화」 유형의 괴물퇴치담을 공유한다는 점에 있어서는 어느 정도 영향수수관계가 성립할 것이다. 하지만 「김원전」이 사람의 모습으로 변한 후에 본격적인 서사가 펼쳐지는 데 비해 「금방울전」은 방울의 형상으로 대부분의 서사가 진행된다. 또한 「김원전」은 괴물퇴치담을 중심서사로 하므로 이 대목을 제거하면 남는 내용이 거의 없어서 소설 자체가 성립이 안 되지만, 「금방울전」에서는 하나의 삽화에 불과하므로 이 대목을 제거한다 해도 해룡과 금방울의 결연담이라는 주된 서사의 진행에는 지장을 받지 않고 나름대로의 작품을 구성할 수 있다. 「금방울전」에서 괴물퇴치담은 단락 (5), (7)에 불과하고, 소설을 구성하는 주요 단락과 화소들도 신성혼담과 관련된 것들이 대다수이므로 전체적인 내용은 신모신화의 서사 전개 방식을 따르고 있다. 그러므로 「금방울전」은 신성혼담을 중심 내용으로 하고, 여기에 괴물퇴치담이나 여타 마법담 등 구비설화의 요소를 추가함으로써 형성된 소설이고, 독자적인 여성영웅소설로서의 위상을 구축한 작품이라고 판단된다.

2) 박씨부인에 나타난 여성 수호신의 모습

「박씨전」[25]은 병자호란이라는 실제의 사건을 배경으로 이시백, 임경업 등 실존인물들이 대거 등장하는 역사소설이다. 하지만 「박씨전」의 중심 서사는 현실적 역사에 있는 것이 아니라 허구적 역사에 있으므로 이 허구성에 대한 고찰을 통해서야만 진정 이 소설이 창작되고 읽혀진 동기와 목적에 다가갈 수 있다. 오랑캐로 여겼던 청나라에 항복할 수밖에 없었던 치욕적 역사를 정신적인 승리로 추스르려는 보상 욕구가 이 작품의 동인이 되었다는 점에 이의를 제기하는 것은 아니다. 그러나 이러한 민족적 아픔을 위무해주는 존재가 박씨부인이라는 사실은 결코 소홀히 넘길 수 없는 문제다. 이는 '일개 아녀자에 의해서'라는 측면이 아니라 '신모의 후신에 의해서'라는 측면에서 접근해야만 이해될 수 있는 특징이다.

25 『박씨전』, 아단문고 고전 총서4, 현실문학, 2007.

(1) 한양의 재상 이득춘은 금강산 박처사의 딸과 자신의 아들 이시백을 결혼시킨다.

박씨부인은 금강산의 신선인 박처사의 딸이다. 금강산은 성산에 속하며 전통적으로 성산은 신의 공간이므로 그녀는 출신 성분부터 여신의 면모를 갖추고 있다. 그런 그녀가 평범한 남성인 이시백에게 시집을 온다. 설화로 환원하면 여산신과 인간 남성의 결합인 셈이다. 따라서 조선 후기라는 시대상에 대한 선입견을 덧씌우지 않는다면, 이 소설에 보이는 여성의 우위성은 이야기의 세계에서는 특이한 현상이 아닌 일반적인 현상에 속한다.

(2) 박씨부인은 추한 외모로 인하여 남편과 시댁식구에게 박대를 받자 후원에 별당을 마련하여 기거한다.

신이 인간 세상에 현현할 때는 본모습을 드러내지 않는 법이다. 박색에 추물로 등장하는 박씨부인도 신이 변신한 모습일 텐데, 이러한 외모는 적당한 시기에 이를 때까지 그녀의 본성을 감추는 가면의 역할을 수행한다. 추한 외모의 신화적 원형은 곰이나 계룡의 모습일 수 있고, 민담에서는 우렁이나 뱀, 잉어 등 동물신부의 형태에 대응한다고 볼 수 있다.

박씨부인의 신이한 능력을 알아보는 사람이 시아버지밖에 없다는 지인지감의 화소도 눈에 띈다. 박씨부인은 나머지 시댁식구와 남편에게 외면당하고, 후원에 별당을 마련하여 삼 년의 세월을 독수공방하며 보내는데, 이는 신모의 격리와 감금을 연상케 하는 대목이다. 별당의 이름이 '피화당(避禍堂)'이라는 점도 이 공간이 신성성을 지닌 신당과 같은 장소임을 암시하고 있다.

(3) 박씨부인은 별당에서 지내는 동안 시댁을 부유하게 하며 시백의 장원급제를 돕는다.

별당에서 홀로 지내는 기간은 통과제의의 과도기이며, 이 기간 중 박씨부인은 시댁을 뒷바라지하는 일을 묵묵히 수행한다. 시아버지의 조복을 하룻밤만에 지어낸 일은 직조의 여신으로서 선도산 신모가 행한 일과 대응되고, 비루먹은 망아지를 천리마로 키워 시댁을 부유하게 만든 일은 유화의 조언을 받아 주몽이 행한 일과 비견된다. 또한 박씨부인은 신이한 연적을 남편에게 주어 그의 장원급제를 돕기도 한다. 이 단락은 조선시대의 가치관에서는 내조의 의미로 해석되겠지만, 집안을 일으키고 남편을 출세시키는 여성서사는 이미 고구려「온달설화」의 평강공주에게서 발견할 수 있다. 따라서 전통적 여성서사에서 내조의 특징이 두드러지는 이유는 신의 배우자로서 신모의 모습이 후대 전승에서 가정의 수호신적인 아내의 모습으로 변이되어 나타난 데서도 찾을 수 있다고 본다.

(4) 박씨부인은 허물을 벗어 절세의 미인이 되고, 이시백과 진정한 부부의 관계를 맺는다.

박씨부인은 주어졌던 액운이 다하자 허물을 벗고 아름다운 여인으로 변한다. 탈각(脫殼)에 의한 변신은 여성 입사식의 통과제의 절차가 완료되었다는 의미다. 신모가 인격화한 연후에 천신과 결합하듯이 이때서야 비로소 이시백이 그녀의 방을 찾으며 명실상부한 결혼생활이 시작된다.

단락 (1)~(4)까지가「박씨전」의 전반부인데, 역사소설과 무관한 전형적인 결혼식담으로 구성되어 있다. 즉「박씨전」의 전반부는 (1)의 결합, (2)~(3)의 분리, (4)의 재결합의 형식을 보이며, 특히 (3)에서는 분리기간 중에 겪게 되는 혼사시험의 모티프가 두드러진다. 따라서「박씨전」의 전반부는 여신이 인간 남성과 결혼하는 기존의 신모계 전승에 영향을 받아 형성된 이야기인 것으로 사료된다.

(5) 호왕(胡王)이 박씨부인을 제거하기 위해 공주를 보내지만 박씨부인에게 제압당한다.

「박씨전」의 후반부는 병란의 조짐으로 시작된다. 호왕은 조선을 침략하려는 뜻을 가지고 있었는데, 조선에 이시백과 임경업이라는 영웅이 있어서 걸림돌이 되리라는 사정을 알아차린다. 이에 호왕은 그들을 제거하고자 공주 기홍대를 자객으로 보내지만 박씨부인은 그녀를 가볍게 제압하고 쫓아낸다. 이 단락은 청의 공주와 조선의 박씨부인이라는 양국 간의 여성 영웅의 대결에서 박씨부인이 승리한다는 의미를 지닌다. 특히 대결과정에서 강조되는 박씨부인의 예견력이나 도술과 조화를 부리는 능력은 그녀에게 투영된 여성 수호신으로서의 면모를 확연히 드러내준다.

(6) 박씨부인은 호적이 침입하려 한다는 사실을 조정에 알리지만 받아들여지지 않고 결국 병자호란이 발발한다.

박씨부인은 이시백으로 하여금 호적이 침입하려고 한다는 사실을 왕에게 고하게 한다. 하지만 김자점 등 간신의 반대로 받아들여지지 않은 탓에 결국 청나라가 쳐들어오고 왕은 남한산성으로 피신하였다가 항복하고 만다. 이 대목은 현실적 결과를 그대로 수용할 수밖에 없는 역사소설의 성격을 드러낸다. 그런데 박씨부인의 말을 무시한 까닭으로 전란이 발생하였다는 설정은 당시 무능력한 남성 중심의 가치관과 가부장적 의식이 국가의 폐해가 됨을 비판하고 있지만, 여신의 경고를 무시한 인간이 받는 징벌이 떠오르는 장면이기도 하다.

(7) 박씨부인은 피화당에 침입한 용울대를 처치하고 용걸대까지 무릎 꿇린다.

'피화당'이 신성공간이라는 사실은 호적에 의해 국토가 유린되는 상황에서도 이 공간만은 무사했다는 내용을 통해서도 확인된다. 박씨부인은 몸종 계화를 시켜 용울대를 처치하고 형제의 복수를 위해 들이닥친 용걸대마저 무릎을 꿇게 만든다. 이 단락에서 박씨부인은 우리 민족에게 치욕을 안겨준 청나라 장수를 능욕함으로써 손상된 민족적 자존심을 추스르고 대리만족을 시켜주는 역할을 담당한다. 지리산 신모가 임진왜란 때 그 지역 사람들에게 수호신으로 여겨졌듯이 「박씨전」을 읽거나 들은 당대 사람들은 박씨부인에게서 민족의 수호신이었던 신모의 모습을 발견하였을 듯하다.

(8) 왕은 박씨부인을 충렬부인에 봉하고, 이시백과 박씨부인은 여생을 평안히 지내다 한날한시에 세상을 떠난다.

「박씨전」은 민간전승을 바탕으로 형성된 전반부와 역사적 사건을 바탕으로 형성된 후반부로 구성된다. 전반부는 병란과는 전혀 상관이 없는 내용으로 후반부와는 별개의 독립된 서사를 이루고 있다. 전반부의 서사는 인간 세상으로 시집온 여산신의 이야기와 진배가 없으므로 역사소설이 아닌 신모계 전승의 성격을 띤다. 그녀가 '피화당'에 좌정하여 집안을 돌보는 내용은 서낭신이나 가신(家神) 중 인업에 대한 유래담이 아닌가 하는 생각이 들게 한다.

제주도의 조상신 본풀이는 가문의 혈연적 조상과는 상관없이 집안을 지켜주고 보호해 주는 수호신에 대한 내력을 노래한 무가다. 특히 「나주 기민창 본풀이」에서는 창고를 지키던 업신이 조상신으로 등장하는데 뱀이 여인으로 변신한 존재다. 「구렁덩덩 신선비」를 다루면서도 뱀서방은 업신이나 서낭신일 수 있다는 견해를 밝힌 바 있다. 이와 마찬가지로 박씨부인도 추한 외형의 허물을 벗고 인간과 결혼하여 가문을 일으키는 여성이므로 조상신 본풀이나 여성판 「구렁덩덩 신선비」에 해당하는 이야기다. 따라서 「박씨전」의 전반부는 가정과 마을의 수호신으로 받들어지는 업신이나 서낭신에 대한 신모계 전승의 영향을 받아 이루어진 서사이며, 후반부와 상관없는 독립된 작품이었다고 판단된다. 「박씨전」의 시대적 배경이 인조 때가 아닌 세종이나 세조 때로 설정된 이본들이 다수인 점도 이러한 논지를 뒷받침해 준다.

「박씨전」의 후반부에서는 병란의 역사적인 부분과 허구적인 부분이 교차되며 사건이 진행된다. 허구적인 부분을 이끄는 주체는 박씨부인이다. 그녀는 국토를 유린했던 적장을 무릎 꿇리며 정신적 설욕을 맛보게 하지만, '피화당'을 박차고 나와서 나라를 온전히 구하지는 못한다. 역사에 기록되어 있는 바대로 왕은 청태종에게 항복을 하고 왕자들은 인질로 끌려간다. 박씨부인은 이는 천기이기 때문에 어쩔 수 없는 일이라며 가정의 여인으로 머문다. 그러나 이러한 결말은 여성영웅소설의 한계가 아니라 역사소설의 한계다. 여성이 전장에 나가 무훈을 세우고 입신양명하는 이야기가 다음 단계의 여성영웅소설로 이어지는 것이다.

3) 「정수정전」을 통해 본 여성영웅의 변이 양상

17세기 이후 성행한 고소설 중에는 여성장군이 등장해서 전공을 세우는 일군의 작품들이 돋보인다. 「정수정전」, 「홍계월전」, 「이현경전」 등 거의 유사한 사건 전개를 보이는 소설이 거의 20여 편에 이른다고 하니[26]

---

26 조동일, 『한국문학통사』 3권, 지식산업사, 1989. 470쪽.

상당히 인기가 있었던 소설임이 분명하고 여성영웅소설의 대표적 유형으로 꼽을 만하다. 그런데 이 유형의 여성영웅소설은 앞서 다뤘던 「금방울전」이나 「박씨전」과는 달리 설화의 영향보다는 남성영웅소설 중 창작적 군담소설의 영향을 더 많이 받은 듯하다. 이러한 사실은 이 유형의 작품에 나타나는 수련의 과정이나 군담(軍談), 입신양명에 초점을 맞추는 서사적 전개의 양상 등에서 보이는 유사성을 통해서 확인할 수 있다. 하지만 여성을 주인공으로 함으로써 발생하는 여성서사 나름대로의 특성 또한 소홀히 다룰 수 없다. 「정수정전」을 중심으로 여성서사의 특징들을 검토해 보자.

(1) 정국공의 부인 양씨는 선녀가 벽력화를 주는 꿈을 꾸고 정수정을 낳는다.
(2) 정국공은 이부상서 장운의 아들 장연과 수정의 결혼을 약속하며 서로 신물을 교환한다.
(3) 정국공에게 앙심을 품고 있던 간신 진량의 모함으로 정국공은 귀양을 가서 죽음을 맞이하고, 이 소식을 접한 양씨도 병을 얻어 죽는다.
(4) 수정을 위로하던 장운마저 병을 얻어 죽자 수정은 남복을 입고 무예를 닦는다.
(5) 장연은 삼년상을 치른 후 학업에 열중하여 과거에 급제하고, 수정도 별과에 급제한다.
(6) 북방의 오랑캐가 쳐들어오자 수정이 원수가 되고 장연이 부원수가 되어 전장에 나간다. 수정은 뛰어난 용맹과 무예로 적군을 물리친다.
(7) 천자가 수정을 공주와 결혼시키려하자 수정은 자신이 여자임을 자백하고 벼슬에서 물러난다.
(8) 천자는 계책을 써서 장연과 수정을 혼인시킨다.

(9) 장연의 애첩 영춘이 수정에게 방자하게 굴자 수정은 영춘의 목을 베는데, 이 일로 태부인과 장연이 수정을 냉대하게 되고 수정은 시가에서 뛰쳐 나온다.

(10) 오랑캐가 다시 쳐들어오자 수정은 원수가 되어 전장에 나가 오랑캐를 항복시킨다.

(11) 수정은 군량미가 늦은 죄를 물어 부부지의를 떠나 군법을 어겼다며 장연의 무능함을 이르고 결곤 10장에 처한다.

(12) 회군하던 수정은 진량을 죽여 부모의 원수를 갚은 후 천자를 알현한다.

(13) 태부인은 수정에게 서찰을 보내고 수정은 시가로 돌아와 화목하게 살다가 장연과 함께 승천한다.

「여장군전」이라고도 불리는 「정수정전」은 간신의 모략에 의한 가문의 몰락, 주인공이 어릴 적 부모를 여의거나 헤어져 고아신세가 됨, 시련을 극복하고 무예를 연마함, 전장에 나가 무훈을 세움, 나라를 구한 공으로 부귀공명을 이룸 등 전형적인 영웅소설의 내용을 따르고 있다.[27] 「정수정전」의 (1)~(8), (12) 단락을 장연의 입장으로 바꾸어 서술하면 남성영웅소설이 된다. 「김희경전」의 경우 정작 이 소설의 주된 주인공이 여성영웅인 장설빙인데도 불구하고 제목을 남성영웅인 김희경에서 취한 이유도 남성과 여성영웅소설 사이의 구별이 모호하다는 데서 기인한 현상이라고 할 수 있다. 하지만 이 글의 관심사는 이러한 공통점이 아니므로 여성영웅소

27 차충환, 『한국고전소설작품연구』, 도서출판 월인, 2004. 438쪽.
영웅소설이면 갖추고 있는 필수적인 사건 국면으로 분리 및 시련, 구원과 수학, 대결력 획득과 출전, 무공과 회복의 네 가지 국면을 들고 있는데, 이 점은 여성이 주인공인 경우에도 해당한다.

설로서의 특징으로 시선을 돌려 보자.

남성영웅소설과 여성영웅소설의 가장 두드러진 차이점은 말할 나위 없이 여장군이 주인공이라는 특징이다. 그런데 조선시대 남성 전유의 직위였던 장군이 되기 위한 필수 조건은 남자로 태어나는 일이다. 여성의 경우 이 조건을 만족시키려면 남자로 재탄생해야 하는데, 이를 위해 취하는 방법이 남장이다. 여기서 남장 여성의 문제가 발생한다. 조선 후기 여성영웅소설에서 나타나는 남장은 남성적 능력을 원망(願望)하는 모방이든, 여성이 자신의 능력을 발현하기 위해 어쩔 수 없이 선택하는 도구이든 간에 여성의 영웅적 면모를 강하게 드러내는[28] 역할을 하고 있다.

그러나 남장 여성의 화소는 비단 여성영웅소설에만 국한되는 것은 아니므로 그 상징의미를 조선 후기의 사회상에서만 찾을 것이 아니라 전반적인 문학의 전통에서 파악할 필요가 있다. 이야기에서 남장은 남복을 걸치는 등의 변장으로 간단히 해결되지만, 외형만이 아니라 내면의 변화까지 포함한다. 여성영웅소설에서도 여성이 일단 남장을 한 이후에는 성격이나 능력 등 모든 면에서 여성성보다는 남성성이 두드러지게 된다. 마치 동물의 가죽이나 탈을 쓰면 그 동물의 능력을 획득할 수 있다고 믿는 고대의 주술적 관념이 적용되는 것과 같다. 이렇게 보면 여성영웅소설에 나타나는 남장 역시 신화나 민담에서 기원한 변신의 또 다른 모습일 수 있다.

여성영웅소설은 군담의 비중보다는 남녀의 결연이 우선시되며 소설의 중심축으로 작용한다는 특징도 가지고 있다. 「정수정전」의 경우를 보아도 수정은 태어나기 전 선녀에 의해 하늘이 정해 준 배필이 있음이 언급되며, 다섯 살 때 정국공과 장운에 의해 정혼이 이루어진다. 이후의 사건

28 진은진, 『여성탐색담의 서사적 전통연구』, 보고사, 2008, 125쪽.

전개도 장연과 수정의 갈등과 결연과정을 중심으로 펼쳐지는데, 군담은 수정의 지위를 상승시키거나, 능력과 용력이 장연보다 우월함을 강조하는 수단으로서의 역할을 담당하는 정도다. 물론 남성영웅소설도 이와 같은 여성과의 결연 내용이 나타나기도 하지만 연애사로 인해 남성의 운명이 제약을 받지는 않으며, 사건의 전개에도 결정적인 영향을 미치지 못한다.

여성영웅소설에서는 여주인공이 무훈을 세워 자신의 위상을 최고 정점까지 끌어올렸을 때 스스로 여성임을 밝히며 남장을 벗어던진다. 표면적으로는 공주와 결혼을 주선하는 천자의 명을 거부하기 위한 어쩔 수 없는 선택이지만, 결국 이 일로 말미암아 그녀는 남장에서 벗어나 평범한 여성으로 돌아온 후 정혼자와 결혼한다. 여성으로의 변신은 결혼으로 이어진다는 신모계 전승의 공식이 적용되는 것이다. 「김희경전」, 「옥주호연」 등 다수의 작품들은 이 대목에서 작품이 마무리되므로 여장군이 등장하는 여성영웅소설의 초기 유형들은 원래 이러한 결말을 취했을 것으로 보인다. 여기까지의 서사전개는 '정혼 - 분리 - 결혼'의 구성이므로 일반적인 결혼식담 구성인 '결합 - 분리 - 재결합'과 다를 바가 없다. 따라서 여성영웅소설은 영웅의 일대기 형식에 결혼식 절차를 덧씌운 복합적 서사 유형인 셈이다.[29]

「정수정전」은 결혼에서 마무리되지 않고 '분리 - 재결합'의 사건 전개를 반복하며 서사를 확장해 나간다. 「홍계월전」, 「이현경전」 등도 이러한 확장형에 속하며, 여성영웅소설의 후기 작품군으로 정립된다. 정수정은 장연과 결혼하고 난 후 가부장제에서의 종속적인 삶과 처첩간이나 고부

29 「방한림전」의 경우는 예외적 사례인데, 자신이 여성임을 숨기고 남성임을 고집하지만, 그 결과 동성끼리 결혼하고 양자를 두어야 하는 등 비정상적인 사건이 전개되고 만다.

간의 갈등 등 여성을 억압하는 현실들을 거부하고 가정에서 뛰쳐나와 장군으로 돌아간다. 손상된 그녀의 위상을 되돌려 놓기 위해서 두 번째의 군담이 필요한데, 여기서의 군담은 재결합을 이루기 위한 과도기 단계의 시련을 의미한다. 전장에서 승리한 수정은 결국 시댁의 항복문서와도 같은 시어머니의 서찰을 받고 시댁으로 귀환한다. 이 '분리 - 과도 - 재결합(통합)'이라는 통과제의 과정이 그녀에게 또 한 번의 신분 상승을 가져다준 것이다.

「정수정전」과 같은 후기 여성영웅소설은 전통적인 여성서사의 흐름에서 어긋나는 측면이 있는 것이 사실이다. 공적인 권위를 이용해서 가정 내의 문제를 해결하려 한 점이나, 여성성의 지향이 아니라 남성성의 지향을 통해 여성의 우위를 강조하는 데 치중한 점이 그러한 측면에 속한다. 이는 「금방울전」이나 「박씨전」과 비교를 해보면 명백한 차이점을 확인할 수 있다. 금방울이나 박씨부인이 행했던 배우자나 가정을 돌보는 일은 중세적 가치관의 입맛에 맞는 내조일지 모르나 음덕에 상응하는 모성의 발현이었고, 여성의 우위성 역시 여성성을 극대화하는 방향이었지 남성성을 모방하는 방향은 아니었다. 「정수정전」과 같은 작품에 나타나는 여성영웅상은 조선 후기 여성들의 현실 참여 욕구와 외향적 가치의 지향을 과도하게 반영한 모습인 듯하다. 하지만 불합리한 가부장적 질서에서 오는 대립과 갈등을 정면 돌파함으로써 여성의 위상을 확보하고 행복한 삶을 추구했다는 측면[30]에서 여성의 정체성 찾기라는 포괄적 의미를 발견할 수 있다. 따라서 이러한 변모 양상 역시 전통의 단절이 아닌 여성서사의 시대적 적응 양상이라고 여겨진다.

30 진은진, 『여성탐색담의 서사적 전통연구』, 131쪽.

신모신화에서 발원한 여성서사는 문학의 전통을 구축하며 우리 서사문학의 일익을 충실히 담당해 왔다. 또한 고대사회부터 진행된 외래문화의 끊임없는 영향 하에서도 신모계 전승의 내면적 고유성은 그 바탕을 잃지 않고 면연하게 이어져 왔다. 물론 문학이 시대적·사회적 변화에 적응하며 반응하는 현상은 필연적이다. 하지만 어느 민족의 문학이든지 고유의 전통을 백지상태처럼 만든 후 외래의 문학을 이식시키지는 못한다.

원론적인 소론이 되겠지만 문학작품은 개성을 획득하면서도 보편성과 항구성을 보유할 수 있을 때 전승력을 유지하며 살아남을 수 있다. 지금까지의 고찰을 통해서 신모신화는 이미 고대로부터 그러한 전승력을 확보했으며 현재까지도 영향력을 잃지 않고 있다는 사실을 검증할 수 있었다고 본다. 앞으로도 우리 문학의 근간이 되는 여성서사의 전통은 이야기가 존속하는 한 사라지지 않고 이어지며 진화를 거듭할 것이다.

신화는 과거의 유물처럼 우리 문학사에 전시되어 있는 것이 아니라 살아 있는 문학현상으로 작용하고 있다. 현재 우리가 향유하고 있는 드라마, 연극, 영화에서부터 게임, 만화에 이르기까지 다양한 문화콘텐츠의 소재로 신화가 차지하고 있는 비중은 상당히 높은 편이다. 이러한 사실은 신화적 상상력과 세계관에 우리의 심리적 근원이 맞닿아 있고, 우리가 여전히 이에 반응하고 있다는 뜻이다. 따라서 신화는 과거회귀적인 관점에서만 연구되는 대상이 아니라 미래지향적인 관점에서도 연구되어야 할 대상이다. 이 글은 신모신화를 표본으로 하여 신화의 전통적 가치를 제고하고 이를 조망할 수 있는 신화연구의 방향성을 모색하려는 시도이기도 했다.

제8장

마무리

제8장
마무리

이 연구의 목적은 신모신화의 정체성과 상징의미를 밝히고, 신모신화가 후대 서사문학에 미친 영향을 고찰하려는 것이었다. 이러한 논의들을 체계적으로 진행하기 위해 서두에서 연구과정의 이정표에 해당하는 여섯 가지 과제를 설정하여 제시한 바 있다. 글을 온전히 마무리하기 위해 과제별로 논의되었던 사항들을 요약하면서 재검토해 보기로 하자.

첫 번째 과제는 고대 건국신화에 수용되어 있는 원신화(原神話)로서의 신모신화를 찾아내는 작업이었다.

신화는 특정 시기에 일개인에 의해서 창작되는 것이 아니라 전승집단의 공통적 신앙체계를 기반으로 형성되어 오랜 기간에 걸쳐 구연되다가 정착되는 적층문학이다. 건국신화 역시 예외는 아니므로 민간층에서 전승되던 기존의 원신화들에서 신성원리를 차용하여 국조의 신성성을 보장받으려 하였다.

「단군신화」는 여러 문헌들의 기록을 이본으로 보고 각 기록에 나타난 변이 양상을 중심으로 살펴보았다. 변이가 일어난 부분을 감안하면 「단군신화」는 A. 환웅신화, B. 신모신화, C. 단군신화라고 지칭할 만한 세 가지 에피소드가 연결되어 있는 형태임을 알 수 있다. 이 중 신모신화에 해당하는 B가 환웅과 단군의 이야기를 연결시키는 고리의 역할을 담당하고 있다. 또한 신모신화 부분은 웅녀가 등장하는 삼국유사 유형과 천신의 손녀가 등장하는 제왕운기 유형이 외형상 상이한 내용으로 되어 있으므로 각자 독립 전승되던 신화였음이 드러난다. 하지만 이 두 유형은 천신과 신모의 신성혼 절차를 형상화한 '동일하지만 다른 이야기'이며, 전자는 신화적 양상이 후자는 제의적 양상이 엿보인다.

「동명왕편」 소재의 「주몽신화」는 A. 해모수의 하강담, B. 해모수와 유화의 결합담, C. 유화의 일광감응과 주몽의 탄생담, D. 주몽의 성장담, E. 주몽의 건국담 등 다섯 가지의 에피소드로 구성되어 있다. 이 중 B와 C가 신모신화에 해당하는데 B는 해모수와 유화가 직접 결합하는 내용이고, C는 유화가 일광감응을 통해 남편 없이 잉태하는 내용이다. B와 C의 이중적인 잉태과정은 종류가 다른 두 신모신화가 중복 수용됨으로써 기인한 현상으로 보인다. 해모수와 유화가 직접 결합하는 이야기는 유화가 신의 배우자가 되어 신모로 좌정하는 유래담의 성격이 짙다. 다수의 문헌 기록에서는 해모수가 등장하지 않고 유화가 일광감응에 의해 주몽을 잉태하는 내용만 나타난다. 따라서 「주몽신화」 역시 북부여의 해모수 신화와 서로 다른 유형의 유화계 신모신화를 차용하여 조합된 신화임을 알 수 있다. 고구려의 제사에 해모수가 포함되지 않았다는 사실과 고구려의 건국 후에도 유화의 사당이 동부여에 있었다는 사실은 이러한 견해를 뒷받침해 준다.

「혁거세신화」와 「김수로신화」는 국조가 하늘에서 내려온 알에서 태어나므로 구태여 신모신화를 끌어들일 이유가 없다. 하지만 이 신화들 역시 시조가 탄생한 후 곧바로 알영이나 허황옥과 결혼하는 신성혼의 이야기로 이어진다. 이는 국조의 탄생에 신모가 개입하지 않는 천강란 계통의 건국신화도 전통적인 신화의 관습을 이루고 있었던 신성혼 구조에서 자유로울 수 없었음을 말해 준다. 더욱이 알영의 탄생담이나 허황옥의 회상담 등은 그녀들의 이야기가 독립적인 민간전승으로 구전되었을 가능성을 시사해 주며, 기록을 통해서도 알영과 허황옥이 당대 신모로서 민간신앙의 대상으로 숭앙되었음을 확인할 수 있다.

이러한 고찰을 종합하면 고대 건국신화는 전대의 원신화들인 천신신화와 신모신화에서 신성원리를 차용하여 형성되었으며, 그 생성의 중심축으로 신모신화가 자리하고 있었다는 결론을 도출할 수 있다. 천신신화는 유목사회의 이주족 사이에서 성행했던 신화로 천신의 하강과 천인합일이 주요내용이었고, 신모신화는 농경사회의 정착민들 사이에서 성행했던 신화로 신모의 결혼과 출산이 주요내용이었다.

신모신화는 원래 '어머니로서의 대지'라는 원시 지모의 관념을 형상화한 소박한 형태의 이야기로 출발하였지만, 농경정착사회로 접어들면서 신모가 생산과 농경의 신으로서 급부상함에 따라 천신과 신모의 결합이라는 풍요굿과 동일한 구조를 갖춘 신성혼의 이야기로 발전했다. 신모신화는 한동안 천신과 신모가 직접 결합하는 유형이었다가 후대 천신에 대한 신앙이 소원해지고 신모의 위상이 높아지면서, 신모가 천기감응에 의해 남편 없이 잉태하는 유형 등의 다양한 변이형들이 나타났다.

두 번째 과제는 고대의 여산신신화가 건국신화로 역변이를 일으키는 현상을 검토하는 작업이었다.

도교의 영향을 받기 이전 우리 고유의 산신은 여성 신격이 압도적이었는데, 여산신은 원시 지모에 대한 관념에서 비롯된 전통이었다. 따라서 여산신신화는 고대 건국신화 이전부터 형성 유포되어 있던 신모신화에 해당한다.

「선도산신모신화」는 본래 여산신의 좌정담이었지만 선도산 신모에 대한 신앙이 지속되는 동안 신앙계층에 의해 그녀의 신이한 행적의 이야기가 첨가된다. 이 과정에서 선도산 신모는 혁거세의 어머니로 이야기되었고 민간층에서는 천강란 계통의 「혁거세신화」를 대신해서 건국신화의 역할까지 담당했다.

「가야산신모신화」에서는 고령지역의 여산신 정견에 의해 태어난 형제 중 형인 이진아시가 대가야의 왕이 되고, 동생인 김수로가 금관가야의 왕이 된다. 이 신화는 금관가야 중심의 초기 가야연맹이 붕괴되고 대가야 중심의 후기 가야연맹이 성립되자 전대 「김수로신화」의 신화적 가치관을 재편하고자 대가야에서 형성되었거나 개작된 신화로 보인다.

고대 여산신신화들은 재래의 신모신화가 산신신앙과 연계되면서 기존의 신화체계에 여파를 미칠 정도로 민간층에서 강한 전승력을 발휘하고 있었음을 확인시켜 준다. 또한 고대 여산신신화가 건국신화로 전이되는 현상이야말로 이전의 건국신화 역시 독립적으로 숭앙되던 신모를 국조의 어머니로 차용하면서 형성되었다는 사실을 방증해 준다.

세 번째 과제는 중세 건국신화에 나타난 신모신화의 모습을 살펴보는 작업이었다.

후백제의 「견훤설화」는 지렁이가 야래자로 등장하며 이류교혼을 통하여 견훤이 탄생한다는 수부지모형 신화다. 「견훤설화」는 호남지역에 기반이 없던 견훤 집단이 민심을 얻기 위한 방편으로 고대 마한 계통의 신화를 모방하면서 성립되었던 신화로 보인다. 「서동설화」에서와 같이 본래 수신인 지룡(池龍)이 신모와 결합하는 신화였을 텐데, 견훤이 후대에 부정적인 인물로 인식되면서 지룡이 지렁이로 변질되었다고 판단된다.

고려의 건국신화를 기록한 「고려세계」에도 신모에 버금가는 여인들이 등장하며 그들의 결연담에는 신성혼의 모습이 잔재되어 있음을 발견할 수 있다. 성거산 신모는 호경을 남편으로 선택하며, 호경의 옛 부인은 죽은 남편과 관계를 갖는다. 진의는 언니의 선류몽을 사서 당 숙종과 인연을 맺고, 용녀는 용왕를 구한 작제건과 결혼하며, 위숙왕후는 꿈 속의 인연으로 용건을 만난다.

합리적인 정신으로 무장한 중세왕조가 그들의 건국신화에 신모신화를 수용했다는 사실은 건국의 정당성을 선전하는 도구로 사용할 만큼 신모신화가 민간층에서 여전히 위력을 발휘하고 있었다는 증거다.

중세신화는 신화와 민담의 중간 단계라고 할 수 있는 특색을 띤다. 「견훤설화」의 야래자와 이물교혼 화소는 물론이고, 「고려세계」의 여산신 혹은 죽은 자와의 결합, 선류몽과 예지몽을 통한 인연 등의 화소는 후대 민담이나 고소설에서 자주 발견되는 화소들이다. 이렇듯 민담의 대표적 화소들이 중세신화를 장식하고 있다는 사실은 이 화소들의 근원지가 신화였고, 이 화소들이 여전히 신화적 상징의미를 간직하고 있었다는 뜻이다. 따라서 중세신화는 신화의 세속화 현상에서 민담이 발생했다는 근거가 되며, 그 과정에서 발생하는 신화적 화소들의 변이 양상을 추적할 수 있는 훌륭한 자료적 가치를 지닌다.

네 번째 과제는 서사무가 「당금애기」와 「바리데기」를 분석하여 신모신화의 원형을 재구하고 신모신화가 내포하고 있는 상징의미를 밝히는 작업이었다.

서사무가는 굿이라는 고유의 종교현상 안에서 폐쇄적으로 전승되어 왔으므로 고대신화의 편린이 많이 잔재되어 있다. 특히 서사무가 중 무조신화는 지계의 여성이 천신과 결합하여 신으로 좌정하는 신성혼이 중심 내용이므로 현재 구연되고 있는 살아있는 신모신화인 것이다.

「당금애기」는 신성혼을 중심으로 하는 무조신화의 특징을 가장 잘 간직하고 있는 서사무가다. 「당금애기」는 대단락 I 인 'A. 천신하강 → B. 지계 도착 → C. 혼사시험 → D. 당금애기와 결합'과 연결단락인 'E. 분리와 징표', 그리고 대단락 II 인 'F. 당금애기의 잉태 → G. 상징적 죽음과 부활 → H. 천계여행 → I. 천계수용'으로 구성된다. 대단락 I 은 입무식의 신성혼 양상과 대단락 II 는 입사식의 통과제의 양상과 일치하는데, 이 두 양상은 별개의 서사가 조합된 것이 아니라 신모의 결혼식 절차로 아우러진다. 따라서 「당금애기」는 고대 신성혼의 모습이 잔존된 전형적인 신모신화의 서사구조로 이루어졌다는 사실을 확인할 수 있다.

「바리데기」는 버림받은 딸이 천계여행을 통해 신약을 구해 와서 부모를 소생시킨다는 내용의 서사무가다. 「바리데기」는 대단락 I 인 'A. 비정상적 출생 → B. 기아를 통한 재탄생 → C.구원자와의 만남과 성장 → D. 모험의 동기 부여 → E. 모험의 출발'과, 대단락 II 인 'F. 천계여행 → G. 신성혼과 출산 → H. 영웅적 모험의 완성', 그리고 대단락 III 인 'I. 귀환 → J. 영웅의 능력 입증'으로 구성된다. 대단락 I 은 지계의 불행을 천계의 신성에 기대서 해결하기 위한 출발 과정을, 대단락 II 는 신모가 천계여행을 거쳐서 천계의 영원성과 초월성을 획득하는 모험 과정을, 대단락 III 은 천계의 신성을 지계에 베풂으로써 신앙의 대상이 되는 귀환 과정을 나타낸다. 따라서 「바리데기」는 최초로 천계여행을 수행한 샤먼의 유래담이며, 전형적인 통과제의 절차로 이루어진 여성영웅서사시의 면모를 보인다.

이렇듯 신모신화가 시공을 초월하여 끊임없이 구연되는 이유는 신모신화가 지니고 있는 상징의미와 기능 때문이다. 신모신화는 여성 원리를 상징하는 신격이 주인공으로 등장하고, 곡물·결합·알·물·잉태와 출산·

입굴(감금) 등 생생력을 상징하는 화소들로 이루어지며, 전체적인 내용도 신성혼담이므로 풍요다산의 상징의미를 지닌다. 풍요롭고 안정된 삶이야말로 인류의 불변하는 염원이기에 풍요다산을 기원하는 행위로서 신모신화는 원시시대부터 풍요굿의 구비상관물로 구연되면서 현재에까지 이어지고 있는 것이다.

그런데 신모신화가 지닌 풍요다산으로서의 상징은 표층적인 의미이므로 「당금애기」와 「바리데기」에서 추출된 신모신화의 유형구조를 분석하여 심층적인 의미를 규명해 보았다. 신모신화는 성의 공간인 천계와 속의 공간인 지계가 양분된 상황에서 시작한다. 이 격절된 상황은 천신이 하강하여 신모와 결합함으로써 극복되어 천인합일을 이루게 되고 지계의 공간은 성화된다. 그러나 천신은 지상에 머물지 않고 떠나버리며 지계는 다시 속의 공간이 된다. 신모는 지계의 존재로서 천계 여행을 통해 천신과 재결합함으로써 천인합일의 상태를 회복한다. 이러한 서사구조를 통해 신모신화의 심층적 상징의미가 신성시공의 회복을 추구하는 존재근원으로의 회귀라는 사실을 포착할 수 있다.

신화는 제의의 구비상관물이다. 고대 건국신화에서도 신모신화에 해당하는 부분이 제의로 실연되었다는 단서들을 발견할 수 있다. 더욱이 「당금애기」와 「바리데기」가 구연되는 현행 굿의 현장에서는 이러한 사실을 목격할 수 있다. 따라서 서사무가는 신화가 결코 사라져 버린 원시문화의 잔재가 아니라 살아서 기능하고 있는 문화현상이라는 사실을 증명해주는 가치 있는 신화의 유산인 것이다.

다섯 번째 과제는 신모계 전승을 검토하여 신모신화의 다양한 파생유형과 변이양상을 살피는 작업이었다.

여산신과 여서낭신화는 신모계 전승을 대표하는 범주이며 지금까지 마을신앙과 연계되어 전해지고 있다. 이 중에는 「지리산신모신화」와 「대관령국사서낭신화」처럼 고대 신모신화의 형태가 잔존하고 있는 유형이 있는가 하면, 「죽령산신신화」처럼 후대 공덕담으로 대체되어 원형의 모습을 찾아보기 힘든 유형도 있다. 또한 「치술령신모신화」에서는 신모의 위상이 격하되어 원혼신앙으로 변질되어 가는 단초를 엿볼 수 있다. 그러나 「아기업개당신화」와 「해랑당신화」처럼 표면적으로는 원혼신앙의 특성을 보이지만, 그 이면에는 신의 배우자로 선택된 여성이 제물로 바쳐진다는 고대 희생제의의 신모관념이 숨어 있는 사례들도 발견할 수 있다.

「마고할미신화」와 같은 거인여성 이야기는 신모신화의 원초적 형태를 보여주는 신모계 전승이다. 거인여성신화는 그녀들의 행위에 의하여 산·강·섬·바위 등이 만들어진다는 지모에 의한 천지창조에 상응하는 서사이므로 원시 모계사회에서 유래되었음 직한 신화적 관념이 내재되어 있다. 또한 설망대할망, 개양할미, 안가닥할미 등의 거인여성신화는 주로 해안 도서지역에서 전승된다. 이는 바다가 여성 원리를 상징하며 만물을 생성하는 근원이라는 관념에서 비롯된 것으로 지모에 비견되는 해모에 대한 고대 신앙이 존재했음을 말해 준다.

남녀의 결혼을 중심내용으로 하는 민담도 신모계 전승에 포함된다. 신모신화가 신앙의 제약에서 벗어나면서 오히려 신모계 전승들은 다양한 변이 유형들을 파생시키며 발전하였는데, 특히 민담에서는 흥미 본위로 문예화되는 현상을 발견할 수 있다. 그런데 이러한 변이 유형들은 대부분 새롭게 창작된 내용 때문이 아니라 신모신화를 구성했던 대단락 단위의 서사부분들이 전승집단의 망각에 의해 분절되거나, 부연 과정을 통해 시대에 알맞은 삽화들을 첨가함으로써 확장된 유형들이다. 「구렁덩덩 신선비」는 「당금애기」 유형의 신모신화가 서사의 확장을 일으킨 경우이고, 불행한 결말의 「우렁각시」 유형은 신모신화의 후반부가, 「제 복에 사는 여인」은 이와 반대로 전반부가 도태되어 형성된 신모신화의 변이형들이라 추정된다.

이렇듯 신모계 전승은 시간이 흐름에 따라 세속화 과정을 거치며 신화적 색채가 약화되지만 시대상과 사회상에 걸맞은 적응력을 보이며 다채로워진다. 이는 신모에 대한 신앙과 이야기가 민간층의 의식 속에서 지워진 것이 아니라 잔존 형태로 남아 지속적으로 영향을 미치고 있음을 시사해 준다.

여섯 번째 과제는 신모신화가 후대 서사문학에 끼친 영향을 검토하는 작업이었다.

신화 연구는 개별신화의 특성과 의미를 규명하는 작업을 소홀히 할 수 없지만, 이를 종합하여 우리 신화의 총체적인 특성과 후대 서사문학과의 연관 관계를 밝히는 데도 관심을 기울일 필요가 있다. 이러한 연구들이 축적됨으로써 우리 문학에서 신화가 차지하는 본연의 위치와 문학적 가치가 오롯이 드러날 수 있기 때문이다.

서사문학 작품들은 일반적으로 주인공의 탄생대목에서 출발하는데, 주인공의 잉태는 해·달·별 등에 의한 천기감응이나, 혼령 혹은 동물과 인간의 결합에 의해 이루어지는 경우가 허다하다. 이는 천신과 신모의 결합이 변이된 형태이므로 신모신화의 영향을 받은 내용들이라 하겠다. 또한 남녀의 결합에 있어서 혼전 관계가 두드러지는 현상도 신모신화의 문학적 전통에서 면죄부가 부여된 특성으로 보인다.

「춘향전」과 같은 남녀의 결연을 중심으로 하는 애정소설들은 내용적 측면도 그렇지만 '결합 → 분리 → 혼사장애 → 재결합'이라는 형식적 측면도 신모신화의 서사구조와 직결되는 신성혼 절차로 구성된다. 그러므로 신모신화의 신성혼에서 비롯된 결혼식 구성은 영웅의 일생이라는 일대기 양식과 더불어 우리 서사문학의 양대 축을 이루며 나름대로의 전통을 형성해 왔음을 알 수 있다.

신모신화에서 싹튼 여성서사는 조선 후기 여성영웅소설에서 꽃을 피운다. 그 중 「박씨전」의 전반부와 「금방울전」은 신모와 다를 바 없는 신성을 지닌 여인이 등장하여 가정과 배우자를 보살피며, '결합 - 분리 - 재결합'의 과정을 통해 혼인하는 이야기라는 점에서 신모신화의 소설판이라고 할 수 있다. 「박씨전」의 후반부는 병란을 배경으로 하는 역사소설의 성격을 띠지만, 박씨부인이 적장을 제압하는 군담의 요소가 추가되는데 그녀의 모습은 민족의 수호신으로 군림했던 신모와 다를 바 없다. 여성을 주인공으로 하는 군담은 후대 여장군이 등장하여 활약을 펼치는 「정수정전」, 「이현경전」과 같은 여성영웅소설로 이어진다. 이 소설들은 남성영웅소설의 일대기 양식에 결혼식 구성이 복합된 형태로 서사가 전개된다. 종래 신모신화의 '결합 - 분리 - 재결합'의 절차는 '정혼 - 이별 - 결혼'의 양상으로 나타나며, 경우에 따라 '분리 - 재결합' 양상이 반복되며 서사가 확장되기도 한다.

이렇듯 신모신화는 신모계 전승을 거쳐 애정소설, 여성영웅소설로 이어지는 여성서사의 계보를 마련하였으며, 장르를 넘나들며 여성서사의 발전을 이룩하는 동인이 되어왔다.

지금까지의 신모신화에 대한 연구를 통해서 원시 지모관념에서 연원한 신모신화가 여산신, 여서낭신화와 무속신화로 이어지며 우리 문학사에 뚜렷한 발자취를 남기고 있었고, 지금도 서사무가나 민간전승으로 구연되고 있다는 사실을 검증해 보았다. 또한 신모신화는 문학 장르의 변용을 통해 전설·민담·소설에 이르기까지 후대 서사문학에 지속적인 영향을 미쳐 왔고 앞으로도 그러한 영향은 계속될 것이다. 그러므로 신모신화는 통시적 입장에서 뿐만 아니라 공시적 입장에서도 우리 신화의 형성원리와 특성을 조명해 주고, 우리 문학의 전통을 이해하고 재창조하는 데 소중한 기반을 마련해 주는 필수적인 연구대상이다.

우리 문학에 나타나는 신모는 위대한 어머니로서 지상에 모성을 베푸는 여신이었다. 신모는 신의 배우자일 수도 있고, 신이나 영웅의 어머니일 수도 있으며, 독자적 신성성을 지닌 여신일 수도 있다. 그런데 신모가 지닌 위대한 어머니라는 속성은 이 중 두 번째의 경우에만 국한되지는 않는다. 상식적으로 생각해 보아도 위대한 어머니는 부모에게는 자식으로서, 남편에게는 아내로서, 자식에게는 어머니로서 희생적 사랑을 실천하는 존재다. 이러한 신모의 모습이 바리데기의 부모에 대한, 금방울의 남편에 대한, 유화의 자식에 대한 헌신과 사랑으로 형상화되었던 것이다. 그리고 그녀들의 이러한 행위는 어디까지나 능동적이고 자발적인 여성성의 발현이었다. 이 여성성의 배후에는 모성이 자리하고 있다. 만약 우리 문학사에 나타나는 이러한 모성의 전통을 중세 이후 가부장제의 가치관에서 강요된 삼종지도(三從之道)에서 찾아 여성서사가 지닌 한계로 인식한다면, 중세 이후 극심했던 가부장제도 하에서 타자화(他者化)될 수밖에 없었던 여성관을 지나치게 의식한 데서 기인한 오해일 수 있다. 적어도 신모신화에서 발원한 전통적인 여성서사의 주인공들은 행위의 주체였지 객체는 아니었기 때문이다.

물론 유구한 역사의 흐름 속에서 신모가 만만치 않은 시련을 겪으며 위상이 변화되었던 정황을 본문을 통해서도 확인할 수 있었다. 외래종교의 유입으로 고유의 신앙이 위축됨에 따라 신모는 도교의 신선에게 산신의 자리를 내주기도 하였고, 신격이 격하되어 신모에 대한 신앙이 원혼신앙으로 대체되기도 하였다. 또한 유교적 사회이념이 보편적 가치기준이 됨으로써 중세신화 이후에는 수동적으로 역할이 축소되고, 현모양처형의 내조에 치중하는 신모의 모습이 강조되기도 하였다. 하지만 이야기에는 자기수정의 법칙이 있어서 변질된 서사는 일시적인 현상일 뿐, 시대와 사회 상황에 때로는 순응하고 때로는 반발하는 작용과 반작용의 과정을 거치며 장기적으로는 올바른 방향으로 바로잡히게 마련이다. 이 수정의 준거가 되는 힘이 바로 축적된 전통이고, 여기서 전통이 보유하고 있는 또 하나의 가치를 발견할 수 있다.

신모신화 역시 오랜 전승의 과정을 통하여 나름의 전통을 이어오고 있다. 전통적 여성서사에서 신모는 모성의 화신이었으며, 신모신화는 모성찾기의 이야기였다. 신모신화의 심층적 의미가 존재근원에 대한 회귀라는 견해를 제시한 바 있지만, 이는 모든 신앙과 신화가 추구하는 일반적인 상징이기도 하다. 그런데 신모신화는 종교학에서 말하는 '근원회귀'와 심리학에서 말하는 '기본 신뢰(Basic trust)'[1]가 맞닿아 있다는 특징에서 일반적인 신화와 다른 변별점을 갖는다. 어머니의 품은 인간의 또 다른 존재근원이기 때문이다. 인간은 젖먹이 시절 어머니의 무조건적인 사랑과 보호를 경험한다. 유감스럽게도 이러한 완전무결했던 세계는 그리 오래 유지되지 못한다. 그래서 인간은 어머니의 품에서 처음 눈을 맞췄던, 세상의 모든 일이 안전했던 '아득한 그때'를 평생 마음에 품고 살아가야 하는지도 모른다. 모성으로의 회귀 본능은 우리가 위기를 겪을 때마다 어머니를 찾는 현상처럼 끊임없이 꿈으로, 신앙으로, 문학으로 형상화되었는데, 이러한 본능의 문학적 형상화가 바로 신모신화인 것이다.[2]

---

1 E. Erikson, "Identity and the Life of Cycle", New York: Norton, 1980.

2 『부도지』(符都誌)에는 창세의 여신으로 마고가 등장하고, 그녀가 있는 마고성은 태초 천인합일의 신성공간으로 묘사된다. 위서의 논란과 상관없이 언제, 누구에 의해 기술되었든 이 창세기에 해당하는 부분은 역사적 사실과 무관한 민간층이 인식하는 신화적 진실을 담고 있다. 이 진실 속에서 마고는 세상의 어머니이며, 마고성은 존재의 근원으로 자리한다.
박제상, 김은수 역해, 『부도지』, 한문화, 2002.

이렇듯 신모신화는 존재의 근원을 추구하는 신화적 기본 구상과 모성 찾기라는 본능의 교집합에 해당하는 이야기다. 신모는 근원회귀든 기본 신뢰든 간에 인간에게 최초로 풍요와 안정을 제공했던 존재 근원과 동일시되는 대상으로, 우리가 한동안 잊고 지낼 수는 있어도 결코 우리의 본능 속에서 지워질 수 없는 존재다. 신모신화가 오랜 시간 동안 전승변이를 거치면서도 끊임없이 구연될 수 있었던 이유는 신모가 지닌 이러한 상징의미에 있다고 본다. 신모신화를 재연할 때마다 이 이야기가 함축하고 있는 모성 찾기의 의미는 의식적이건 무의식적이건 화자와 청자의 존재 근원으로의 회귀를 추구하는 심성을 위무해 주는 기능을 수행하겠기 때문이다. 신모신화는 마치 아이가 엄마의 품을 그리워하듯 인간의 아득했던 시원지로 우리의 기억을 되돌린다.

참고 문헌

Ⅰ. 자 료

김부식, 『삼국사기』

이규보, 『동국이상국집』

일연, 『삼국유사』

이승휴, 『제왕운기』

『세종실록지리지』

김종직, 『점필제집』

『신증동국여지승람』

홍석모, 『동국세시기』

서긍, 『고려도경』

『논형』

『만주원류고』

『몽고원류』

『박물지』

『사기』

『삼국지』

『수서』

『원조비사』

『후한서』

『국역 고려사』, 동아대학교 석당학술원, 경인문화사, 2008.

『고사기』, 노성환 역주, 민속원, 2009.

『규원사화』, 신학균 역, 명지대 출판부, 1986.

『박씨전』, 아단문고 고전 총서4, 현실문학, 2007.
『숙영낭자전』, 아단문고 고전 총서 5, 현실문학, 2007.
『춘향전』, 이가원 주석, 민음사, 1978.
『한국전기소설선』, 김기동역, 을유문화사, 1974.
『환단고기』, 임승국 역, 정신세계사, 1987.
김영진, 『충청도무가』, 형설출판사, 1976.
김진영·홍태한, 『서사무가 바리공주전집』, 민속원, 1997.
김진영·김준기·홍태한, 『서사무가 당금애기전집』, 민속원, 1999.
김태곤, 『한국무가집 I』, 집문당, 1971.
______, 『한국무가집II』, 집문당, 1976.
______, 『한국무가집III』, 집문당, 1978.
______, 『한국무가집IV』, 집문당, 1979.
김태곤·최운식·김진영, 『한국의 신화』, 시인사, 1988.
손진태, 『조선신가유편』, 향토문화사, 1930.
임석재·장주근, 『관북지방무가(추가)』, 문교부, 1966.
임석재·장주근, 『관서지방무가』, 문화재관리국, 1966.
임석재, 『한국구전설화』, 평안북도편 1, 평민사, 1989.
장덕순·서대석, 「제석본풀이」, 『동아문화』 9집, 동아문화연구소, 1970.
진성기, 『남국의 전설』, 일지사, 1968.
최정여·서대석, 『동해안무가연구』, 형설출판사, 1974.
한상수, 『한국인의 신화』, 문음사, 1987.
현용준, 『제주도 전설』, 서문당, 1968.
『부안군지』, 전북향토문화연구소, 1991.
『한국구비문학대계』, 한국정신문화연구원, 1980-1988.
『한국구비문학선집』, 구비문학회편, 일조각, 1981.
『한국민속문학사전』, 국립민속박물관, 2012.
『한국민속종합조사보고서』, 강원편, 문화재관리국, 1977.
『한국민족문화대백과사전』, 한국정신문화연구원, 1991.
赤松智城·秋葉隆, 『朝鮮巫俗の 硏究』上, 大阪屋號書店, 1937.
Edith Hamilton, 『Mythology』, Boston: Little, Brown & Company, 1969.

II. 저 서

국립전북박물관, 『바다와 제사－부안 죽막동 제사유적』, 신유문화사, 1995.

김동욱, 『춘향전연구』, 연세대출판부, 1965.

김정배, 『한국민족문화의 기원』, 고려대출판부, 1974.

김재용·이종주, 『왜 우리 신화인가-동북아 신화의 뿌리 <천궁대전>과 우리 신화』, 동아시아, 2004.

김열규, 『한국신화와 무속연구』, 일조각, 1982.

______, 『한국의 신화』, 일조각, 1979.

______, 『한국민속과 문학연구』, 일조각, 1971.

김태곤, 『한국민간신앙연구』, 집문당, 1987.

______, 『한국무속연구』, 집문당, 1981.

김화경, 『한국설화의 연구』, 영남대학교출판부, 1987.

김헌선, 『한국의 창세신화』, 길벗, 1994.

김현룡, 『한국고설화론』, 새문사, 1984.

나경수, 『한국의 신화연구』, 교문사, 1993.

박용식, 『한국설화의 원시종교사상연구』, 일지사, 1992.

서대석, 『한국무가의 연구』, 문학사상사, 1980.

서정범, 『우리말의 뿌리』, 고려원, 1989.

설성경, 『<춘향가> 사설의 형성 연구』, 이우출판사, 1983.

______, 『춘향전의 통시적 연구』, 서광학술자료사, 1994.

손진태, 『한국민족설화의 연구』, 을유문화사, 1987.

송효섭, 『삼국유사설화와 기호학』, 일조각, 1990.

유동식, 『한국무교의 역사와 구조』, 연세대출판부, 1975.

이능화, 이재곤 역주, 『조선무속고』, 백록출판사, 1983,

이은봉, 『한국고대종교사상연구』, 집문당, 1984.

이정재, 『동북아의 곰문화와 곰신화』, 민속원, 1997.

이창식·안상경, 『단양지역의 죽령국행제』, 단양문화원, 2002.

이형구, 『한국 고대문화의 비밀』, 새녁, 2012.

이혜정, 『그림형제 독일 민담』, 뮤진트리, 2011.

임기중, 『신라가요와 기술물의 연구』, 반도출판사, 1991.

장덕순, 『설화문학개설』, 이우출판사, 1989.

장철수, 『한국전통사회의 관혼상제』, 한국정신문화연구원, 1984.
정진홍, 『종교학서설』, 전망사, 1980.
조동일, 『삼국시대 설화의 뜻풀이』, 집문당, 1990.
______, 『인물전설의 의미와 기능』, 영남대학교 민족문화연구소, 1979.
______, 『서사민요연구』, 계명대출판부, 1979.
______, 『한국문학통사』 3권, 지식산업사, 1989.
조영록, 『동아시아 불교교류사 연구-남종선의 도입과 관음설화의 전개』, 동국대출판부, 2011.
조현설, 『우리신화의 수수께끼』, 한겨레출판사, 2006.
______, 『마고할미 신화연구』, 민속원, 2013.
조희웅, 『설화학강요』, 새문사, 1989.
진은진, 『여성탐색담의 서사적 전통연구』, 보고사, 2008,
차충환, 『한국고전소설작품연구』, 도서출판 월인, 2004.
최래옥, 『한국구비전설의 연구』, 일조각, 1981.
최상안, 『불국사에서 만난 예수』, 돌베개, 2012.
최운식, 『한국고소설연구』, 계명문화사, 1995.
______, 『한국설화연구』, 집문당, 1994.
황패강, 『한국서사문학연구』, 단국대출판부, 1972.
현용준, 『무속신화와 문헌신화』, 집문당, 1992.
홍기문, 『조선신화연구』, 지양사, 1989.
한국향토사연구전국협의회, 『한강유역사연구』, 도서출판 산책, 1999.
다카하라 나루미, 이만옥 옮김, 『여신』, 도서출판 들녘, 2002.
다케루베 노부아키, 박수정 옮김, 『켈트, 북구의 신들』, 도서출판 들녘, 2010.
디오세지 외, 최길성 역, 『시베리아의 샤머니즘』, 대우학술총서, 1988.
브르노 베텔하임, 김옥순·주옥 옮김, 『옛이야기의 매력』, 시공주니어, 1998.
스티스 톰슨, 윤승준·최광식 옮김, 『설화학원론』, 계명문화사, 1992.
아키바 다카시, 최길성 역, 『조선무속의 현지연구』, 계명대 출판부, 1987.
요시다 아츠히코 외, 하선미 옮김, 『세계의 신화 전설』, 혜원, 2005.
위앤커, 정석원 역, 『중국의 고대신화』, 문예출판사, 1989.
프라이, 김병욱 역, 『문학과 신화』, 대람출판사, 1982.
______, 김상일 역, 『신화문학론』, 을유문화사, 1971.
프레이저, 장병길 역, 『황금가지』, 삼성출판사, 1982.
프로프, 최애리 역, 『민담의 역사적 기원』, 문학과 지성사, 1990.

프로프, 황인덕 역, 『민담형태론』, 대방출판사, 1987.
칼 융, 조승국 역, 『인간과 상징』, 범조사, 1981.
Arnold Van Gennep, 『The Rite of Passage』, Chicago : The University of Chicago Press, 1960.
Ernst Cassirer, 『An Essay on Man』, New Haren & London : Yale Univ.Press, 1944.
E. Erikson, 『Identity and Life of Cycle』, New York: Norton, 1980.
G. S. Kirk, 『Myth』, Cambridge Univ. Press, 1970.
J. Campbell, 『The Hero with Thousand Face』, Princeton univ. Press, 1968.
M. Eliade, 『Shamanism』, Trans. Willad R. Trask, Princeton Univ. Press, 1972.
_________, 『The Myth of Eternal Return』, Trans. Willad. R. Trask, Princeton Univ.Press, 1965.
_________, 『The Sacred and The Profane』, Trans. Willad R. Trask, New York : A Harvest/HBI Book, 1959.
Sigmund Freud, 『The Interpretation of Dream』, Trans. James Strachey, London : Hazell Watson & Visney Ltd, 1977.
Sthith Tompson, 『The Folktale』, New York : Holt, 1946.
_______________, 『The Types of the Folktale』, Indiana University, 1961.

Ⅲ. 논 문

강은해, 「한국신화와 여성주의문학론」, 『한국학논집』 17, 계명대 한국학연구소, 1990.
______, 「삼국유사 기이편의 굿노래와 감통편의 창작주사 연구」, 『민속어문론집』, 계명대출판부, 1983.
김명자, 「한국세시풍속연구」, 박사학위논문, 경희대 대학원, 1989.
김열규, 「바리데기」, 『비교문학 및 비교문화』 1집, 비교문학회, 1977.
김영만, 「쫒겨난 여인 발복설화의 여성상징 연구」, 『국어국문학』 20집, 부산대, 1983.
김영수, 「지리산 성모사에 취하여」, 『한국민속연구론문선』, 일조각, 1982.
김인희, 「한 중 해신신앙의 성격과 전파: 마조신을 중심으로」, 『한국민속학』 33집, 한국민속학회, 2001. 6.
김재붕, 「난생신화의 분포권」, 『문화인류학』 4, 한국문화인류학회, 1971.
김진영, 「문헌소재 김유신설화고(1)」, 『한국소설문학의 탐구』, 일조각, 1978.

김태곤, 「무가의 형태적 유형」, 『국어국문학』 58-60 합병호, 국어국문학회, 1972.
______, 「한국서사문학의 전기적 유형변이」, 『경희대 논문집』 14, 경희대, 1985.
______, 「무가의 전승변화체계」, 『한국민속학』 제7집, 민속학회, 1974.
______, 「한국무가의 원형」, 『구비문학』 3집, 한국정신문화연구원, 1980.
______, 「한국무속신화의 유형」, 『고전문학연구』 제4집, 고전문학연구회, 1988.
______, 「서낭당 연구」, 한파 이상옥박사 회갑기념논문집, 1970
김현룡, 「나중미부설화형성고」, 『국어국문학』 55-57 합병호, 국어국문학회, 1972.
나경수, 「제석무가의 연구」, 석사학위논문, 전남대 대학원, 1983.
박종호, 「사신설화의 형성과 변이」, 『국문학연구』 제103집, 서울대 국문학연구회, 1991.
서대석, 「구렁덩덩 신선비의 신화적 성격」, 『고전문학연구』 3, 한국고전문학연구회, 1986.
______, 「백제신화연구」, 『백제론총』 1집, 백제문화개발연구원, 1985
______, 「창세시조신화의 의미와 변이」, 『구비문학』 4집, 정신문화연구원, 1980.
손진태, 「조선고대산신의 성에 취하여」, 『진단학보』 I, 진단학회, 1934.
송화섭, 「지리산의 노고단과 성모천왕」, 『도교문화연구』 제27집, 한국도교문화학회, 2007.
송효섭, 「삼국유사 소재 시조전승의 서사문법」, 『어문논총』 9, 전남대 어문학연구회, 1986.
안병태, 「혼속의 친영에 대하여」, 『한국민속학』 5집, 민속학회, 1972.
이복규, 「부여건국시조신화고」, 『인문과학연구』 제1집, 국제대 인문과학연구소, 1982
______, 「「주몽신화」의 문헌기록 검토」, 『국제어문』 제1집, 국제대 국어국문과, 1979.
이성희, 「여성주의 시각에서 <선녀와 나무꾼> 읽기」, 『고전문학다시읽기』, 민속원, 2004.
이영금, 「칠산어장권의 해신 신앙과 특징」, 『인문과학논총』 27권, 순천향대 인문과학연구소, 2010,
장장식, 「한국의 풍수설화 연구」, 박사학위논문, 경희대 대학원, 1992.
장종인, 「지리산굿당」, 『굿』 제 14호, 굿연구소, 2000.
장주근, 「고주몽신화의 민속학적 연구」, 『민속학연구』 창간호, 국립박물관, 1994.
정진홍, 「신화의 구조적 분석」, 『종교학 서설』, 전망사, 1980.
조동일, 「영웅의 일생-그 문학사적 전개」, 『동아문화』 10집, 서울대 동아문화 연구소, 1971.
조희웅, 「한국서사문학의 공간개념」, 『고전소설연구』, 정음사, 1979.
천혜숙, 「여성신화연구(1): 대모신 상징과 그 변용」, 『민속연구』 1집, 안동대 민속학연구소, 1991
최래옥, 「현지조사를 통한 백제설화의 연구」, 『한국학 논집』, 한양대학교 한국학연구소, 1982.
최운식, 「쫓겨난 여인 발복설화고」, 『한국민속학』 6, 민속학회, 1973.
최철, 「이조소설 주인공의 출생담 고」, 『국어국문학』 39.40 합병호, 1968.

황패강, 「단군신화의 한 연구」, 『단군신화논집』, 새문사, 1990.

현용준, 「고대신화와 한국문학의 원류」, 『한국문학연구입문』, 지식산업사,1982.

______, 「한국신화의 구조에 대한 일고」, 이숭녕선생고희기념국어국문학논총, 1977.

______, 「무속신화 본풀이의 형성」, 『국어국문학』 26호, 국어국문학회, 1963.

졸고, 「신모신화의 문학적 변용」, 『민속연구』 제5집, 안동대 민속학연구소, 1995.

____, 「서사무가의 형식적 특징」, 『한국민속학보』 제3호, 한국민속학회, 1994.

____, 「덕적군도의 통과제의」, 『한국의 민속』 제3집, 경희대 민속학연구소, 1986.

____, 「서사무가 당금애기 연구」, 석사학위논문, 경희대 대학원, 1984.

David Bidney, 김영일역, 「Myth Simbol, and Truth」, 『문학과 신화』, 대람출판사, 1981.

Ina-Maria Greverus, 김윤환역, 「Thema,Typus,Motiv」, 『구비문학』 4집, 한국정신문화연구원, 1980.

Theodor H. Gaster, 「Myth and Story」, 『Sacred Narrative』, Alan Dundes ed. Los Angels : University of California Press, 1984.

T.A.Sebeck, 「Myth, Symbolism and Truth」, 『Myth: A Symposium』, Bloomington: Indiana Univ. Press, 1972.

찾아보기

ㅈ